避险的智慧

从国家、企业到个人的财富管理

刘文财　李路 ◎ 编著

首都经济贸易大学出版社
Capital University of Economics and Business Press
·北京·

图书在版编目（CIP）数据

避险的智慧：从国家、企业到个人的财富管理/刘文财，李路编著．
--北京：首都经济贸易大学出版社，2019.3

ISBN 978-7-5638-2084-9

Ⅰ.①避… Ⅱ.①刘… ②李… Ⅲ.①对冲基金—投资管理—风险管理 Ⅳ.①F830.593

中国版本图书馆 CIP 数据核字（2018）第 302634 号

避险的智慧——从国家、企业到个人的财富管理
刘文财 李 路 编著

责任编辑	洪 敏
封面设计	砚祥志远·激光照排 TEL: 010-65976003
出版发行	首都经济贸易大学出版社
地　　址	北京市朝阳区红庙（邮编 100026）
电　　话	（010）65976483　65065761　65071505（传真）
网　　址	http//www.sjmcb.com
E-mail	publish@cueb.edu.cn
经　　销	全国新华书店
照　　排	北京砚祥志远激光照排技术有限公司
印　　刷	人民日报印刷厂
开　　本	710 毫米×1000 毫米　1/16
字　　数	264 千字
印　　张	15
版　　次	2019 年 3 月第 1 版　2019 年 4 月第 2 次印刷
书　　号	ISBN 978-7-5638-2084-9/F·1597
定　　价	54.00 元

图书印装若有质量问题，本社负责调换
版权所有　侵权必究

本书是中国金融期货交易所课题"金融期货服务实体经济的路径和案例研究"的阶段性研究成果，并获中央高校基本科研业务费资助（2018114037，上海外国语大学）。

避险联盟网

避险联盟网为中国第一家面向实体企业的专业化风险对冲与资产配置服务平台。通过线上与线下相结合的方式为企业提供应对汇率、商品、权益与利率这四大类风险的解决方案及人才与技术支持。

网址：www.d-union.net

二维码

序言

国际经验告诉我们,在全球化的今天,搞市场经济,利用好期货市场对于规避国家风险、企业风险和个人风险是十分重要的。无论是大宗商品的出口国,还是大宗商品的进口国,是否利用期货市场事关国家经济安全,不可以等闲视之!《避险的智慧》一书试图利用若干正反案例告诉人们这一点。

期货市场尤其是商品期货市场与大宗商品贸易息息相关,因而也与一国经济安全息息相关。

从大宗商品出口国看。许多大宗商品出口国是资源型经济结构,比如,俄罗斯、墨西哥、挪威、委内瑞拉等国家。这些国家的财政收入高度依赖出口资源型商品,比如石油的收入。当国际政治经济军事等因素导致这些国家出口的大宗商品价格下跌时,如果没有在期货和衍生品市场进行风险对冲,时常会因国际市场价格波动而进退失据,国家经济安全风险完全暴露于市场风险之中。本书案例提到国际油价下跌对俄罗斯财政预算的影响。俄罗斯在2014年财政预算中,油气相关收入占全部国家财政收入的48%。这一年,摩根士丹利预测,如果每桶油价下跌10美元,俄罗斯出口将受到324亿美元的损失,财政收入损失约190亿美元。当年要维持预算平衡,油价必须在每桶96美元以上。而当年的油价大部分时间在此价格以下波动。低油价影响了俄罗斯财政预算的实现。对此,美国人比较高兴。2014年3月乌克兰事件发生后,2014年3月13日《参考消息》转发美国前国务卿赖斯在《华盛顿邮报》上的一篇文章,文中指出:由于市场波动,支撑俄罗斯运转的财团无法承受更低的油价;俄罗斯政府的财政预算也同样承受不起油价的下跌。通过能源制裁可以惩罚俄罗斯。《华尔街日报》2014年10月20日消息,美国能源部宣布释放500万桶石油,马上导致WTI原油期货价格每桶下跌1.57美元,被指是美国向俄罗斯示警。这是美国人制造市场价格波动来惩罚俄罗斯。当年,俄罗斯总统普京回应说:油价下跌不排除是一场针对俄罗斯的阴谋(俄塔斯社2014年10月20日消息)。可见,大宗商品价格波动对国家安全的影响之大。

俄罗斯前身是1991年解体的苏联。那时苏联的财政收入也主要依赖于石油。

本书的案例说，曾经担任过俄罗斯的代总理、经济学家盖达尔认为，因为国际油价下跌导致财政危机，最后导致苏联解体的经验表明，对于遭遇不利行情风险的资源丰富的国家而言，重要的是政府应预先知道在原料价格下跌时该做些什么，原料油价下跌对预算、收支平衡、消费市场、偿付外债、银行系统的稳定又会有些什么后果，同时要有一套在类似情况下能够使用的详尽而切实可行的行动计划。盖达尔说"为什么苏联不在期货市场进行石油价格风险的套期保值呢？"作为经济学家的盖达尔自问自答，尽管在经济上利用期货市场对石油进行套期保值是符合逻辑的，但在政治上却很危险。如何向社会公众解释期货和衍生品这个技术性很强，且复杂难懂的金融市场问题，是一个两难的问题，寻求稳定的财政预算，必然要求国家到金融市场上寻找解决方案，但使用衍生工具进行避险对冲却是非常技术性的，结果难以向公众解释，一旦价格向相反的方向运动，必然要有人对此负政治责任。

由于怕承担政治责任，无论是今天的俄罗斯还是昨天的苏联，都不敢利用期货和衍生品市场进行国家经济安全的风险管理。有报道说，2017年9月，高盛公司曾经提醒俄罗斯利用期货市场规避原油价格波动风险。但俄罗斯财政部一位副部长却对媒体说："俄罗斯没有必要进行对冲，因为国家法律规定预算费用不能用在油价对冲上。"（Gulf Times，2017-09-10）

如果俄罗斯利用了期货和衍生品市场，结果会是这样吗？

本书还选择了另外一个运用期货市场来对冲油价风险的成功案例——墨西哥。墨西哥的财政收入也是高度依赖于石油行业，其石油相关行业收入占财政收入的35%。但由于政府利用国际期货和衍生品市场来管理和对冲油价波动风险，石油收入在墨西哥的预算中一直是稳定的。即使在2008年金融危机发生后的油价暴跌期间，墨西哥比索的跌幅远小于俄罗斯卢布的跌幅，主要原因就是墨西哥事前就在期货市场锁定了原油出口价格。

两个案例说明，是否选择期货和衍生品市场对大宗商品市场的风险进行对冲，对国家经济安全的后果大不一样。

从大宗商品进口国看。大宗商品价格波动是影响进口国国家经济安全的一个重要因素。中国在大宗商品上对国外的依存度非常高，大部分都在50%以上，是世界第一的原油、铁矿石、大豆、铜、天然橡胶、棕榈油等大宗商品进口国。中国要崛起，需要进口大量的大宗商品。保障大宗商品进口安全是国家经济安全的重要内容。国外进口大宗商品从两个方面影响国家经济安全：一是进口商品短缺或断货，整个产业链的上下游就会出问题，引起社会不稳定；二是进口商品价格受到国际政治经济军事等因素影响而大幅波动，市场价格暴涨，导致购买资金严重缩水,本来该买一桶油的钱只能买半桶,增加产业链上下游企业生产成本。国内外的经验证明,第二个风险的化解必须依靠期货市场。

其实,利用期货市场为大宗商品进口规避风险的操作,中国在40多年前的"文革"期间就存在了。这一点比当时的苏联做得好。那时国家实行计划经济,为了国家经济安全,当时的国务院副总理陈云同志亲自指导香港的华润公司开展期货交易。从1973年开始,中国在国际市场上采购砂糖、粮食、棉花等急须的大宗商品,就经常利用伦敦、美国等期货市场进行套期保值,规避风险。

改革开放后,从1990年开始,中国的期货市场很快建立和发展起来,无论是国家还是企业都在利用国内外期货和衍生品市场管理价格风险。当然,这种利用还是初步的,还不能满足国家经济安全的需要。最近两个对外国投资者开放的大宗商品——原油和铁矿石期货表现较好,尽管它们上市的时间还不长,但已经初步显露出在保障国家经济安全方面的积极作用。

2018年3月上市的原油期货,在9月初已经实现首个合约顺利交割。5个月时间走完了一个期货合约运行的完整周期,说明中国首个国际化大宗商品期货合约是成功的。这也引发了西方媒体的高度关注。2018年8月31日路透社消息称,上海推出的中国首份原油期货合约为全球石油行业增添了一个期待已久的亚洲指标,这给西方价格指标的主导地位带来挑战,其影响之广泛可能超越出能源行业。路透社还说,该合约交易4个月后,其市场份额就达到14.4%,而英国布伦特和美国原油期货分别为28.9%和56.7%。上市4个月,就远超过已经上市许多年的迪拜商品交易所的阿曼原油期货合约许多倍,成为全球原油期货第三位。由于上海原油期货的交易量已经超过迪拜商品交易所的阿曼原油期货,中东销往亚洲的原油定价方式出现了一些微妙变化。2018年7月6日路透社报道,沙特阿美石油公司宣布,从2018年10月开始,它向亚洲供应的长约原油定价方式将参照阿曼原油期货价格来确定。这是从20世纪80年代以来首次修改定价基准。媒体分析说,由于阿曼原油期货市场与上海原油期货市场存在高度关联性,在上海原油期货上市不到半年时间内,阿美石油公司的公告说明了上海原油期货市场的影响力,它改变了多年来存在的"亚洲溢价",即中东运往远东地区的每桶油的价格比运到其他地区贵1~3美元的情况。这对中国国家经济安全来讲是一件非常好的事情。

再看看铁矿石期货。2013年,中国大连商品交易所铁矿石期货上市。2018年5月起外国投资者也可以参与铁矿石期货交易。这与上海原油期货一样是中国经济对外开放的一个非常重要的举动。观察发现,铁矿石期货上市5年来,中国钢铁行业和国际铁矿石供应商之间的利润消长发生了有利于中国企业的变化。在2013年之前，中国钢铁企业进口铁矿石和国际供应商的贸易定价基准主要参考"普氏指数"铁矿石价格。这是一个由少数投行、贸易商之间的柜台报价，容易被操纵。尽管中国钢铁企业认为这个定价不合理，但由于自己拿不出一个价格与之比较，只好被动接受。大连商品交易所铁矿石期货上市后，一定程度上改变了铁矿石定价基准的选择。现在铁矿石定价谈判时，多了一个公开市场竞价发现的中国铁矿石期货价格，这个市场发现的价格更加公平，我们的企业在谈判时提供此价格供铁矿石贸易商参考，从而缓解了长期以来"普氏指数"对中国钢铁行业利润的挤压。2011年，中国国内吨钢利润为275元；2017年，中国的吨钢利润为853元。研究显示，产成品螺纹钢和原材料铁矿石价格比逐年扩大，钢铁企业购买铁矿石的成本逐步下降，表明钢材价格上涨已经越来越多地转化为国内钢铁行业的真实利润。

发展和壮大对外开放的本土期货市场是保障国家经济安全的重要内容。20世纪70年代初，美国建立外汇期货市场时，货币学派代表人物弗里德曼精辟地指出，建立本土的期货市场是国家安全的重要保障，美国政府应该大力支持。因此，芝加哥商业交易所顺利推出外汇期货，在全球首先建立了外汇期货市场。我们知道，目前全球大宗商品无论能源，还是粮食等农产品的定价基准是以美国为主。中国每年进口大量的大宗商品，其价格决定权主要是在美国期货市场。国际大宗商品定价权的本质是美元定价权及其主导的期货定价机制，在美国期货市场定价的情况下，中国企业只能被动接受定价，无法有效对冲外部风险的渗透，在竞争中处于不利地位。因此，中国作为一个迅速发展的经济大国，发展壮大本土期货市场是非常重要的战略考虑。

全球化背景下，影响大宗商品价格的因素非常之多。政治、经济、军事、外交以及气候变化等因素常引起国际大宗商品市场价格大起大落。因为一些政治原因而被期货交易所所在国家利用，前面讲到的苏联（俄罗斯）的例子便是如此。中国庞大的大宗商品进口量，如果本土没有一个强大的期货和衍生品市场来有效地汇聚信息、反映真实供求关系、参与全球定价，我们在国际贸易活动、全球资源配置中就会缺乏话语权。国际经验表明，本土期货市场的监管当局可以通过调整监管政策来矫正过度投机，或者制定有利于本土经济发展的规则，但如果没有强大的本土期货市场，企业只能到境外市场套期保值管理风险，被动接受当地的监管要求和制度规则。对于一个经济大国来说，没有这种监管主动权，对国家经济安全是极为不利的。

期货市场是通过市场来确定游戏规则的平台，一国的利益和诉求可以在这个平台上市场化地展现。如果这个平台能吸引全球投资者参与交易，就能发挥定价中心的作用，能提高中国在国际大宗商品贸易定价上的话语权。从而更好地保障国家经济安全。

发展和壮大对外开放的本土期货市场有利于提高对大宗商品的控制力。目前，美国期货市场最强大。场内、场外衍生品市场的期货期权合约、未平仓协议以及货物交割仓单，大部分掌握在以美国为首的西方金融机构手上，其中相当一部分是大宗商品，重要的两项是石油和粮食。**格林斯潘在自传《我们的新世界》一书中说，许多石油公司透过期货合约出售石油给投资者，于是便暴露在油价飙涨的需求下而没有避险。他们迅速想办法补充这些附出售义务的新库存……结果，所累积的库存包括传统的预防性库存和业者为履行期货合约交付义务而以"附条件"方式所持有的库存。换言之，全球的储油槽和管线里的石油，有一部分已经属于投资人了。金融机构大量参与石油期货期权交易所累积的石油实物交割请求权的量已经非常大**，也就是说，金融机构的石油期货期权持仓中，相当一部分是以库存方式存在，随时可以兑现提走。据国际清算银行报告，2004年12月到2006年6月，以石油为主的大宗商品衍生品名义合约价值增长了将近6倍。这表明，全球地下和管道的石油通过期货期权合约集中到投资银行和对冲基金等美、欧金融机构（美国占65%、欧洲占25%）手上。格林斯潘在书中表达了这个意思，如果你强行到一个国家去买油，人家还有警惕性，但是如果通过金融市场交易，就是一个市场行为，具有隐蔽性。由于有本土期货市场交易机制，美国慢慢完成了把他国地下的石油向自己国家转移的过程，不显山、不露水地完成了这样的事。

发展和壮大对外开放的本土期货市场有利于建立大宗商品的定价影响力。美国通过原油、粮食期货期权市场等金融衍生品的交易和规则的制定权力，牢牢地控制着全世界能源市场和粮食市场的定价话语权。目前，国际大宗商品贸易定价主要是以美国期货市场价格为基准。**如果期货交易所在中国本土，全球投资者来参与，期货交易价格将影响全球大宗商品贸易定价。本土的期货交易规则和制度是影响价格的一个重要因素。**我们知道，大宗商品价格的形成，受供求、市场预期、金融投机和期货交易所规则、所在国政策、监管制度等多种因素影响。这些因素对市场价格的影响是巨大的。美国是这方面的行家里手。

发展和壮大对外开放的本土期货市场有利于掌握大宗商品贸易规则的制定权。如果期货交易所在一个国家内，必然要遵守这个国家的法律制度，所有参与市场交易活动的各方都需要按照交易所的规则办事。法律法规制定的主动权在这个国家。如果是在境外参与期货交易，虽然企业也能够利用国外期货交易所发现的价格进行贸易谈判，对企业经营进行套期保值管理，但是要被动接受外国期货交易所的规则和制度和所在国的法律法规。而这些制度和规则受期货交易所所在国家的政治制度、法律制度以及价值观的影响比较大，法律法规也主要考虑的是本国利益。如果在中国本土的期货交易所内进行交易，则是本国的规则和制度起作用，国家的意志和价值取向可以通过期货市场监管制度的传导来体现。这一点，对中国的重要性非同一般。因为中国结合自身国情在社会主义市场经济中创造的一些经验，可以向世界提供，而不是被动地去接受完全有利于西方的交易结算、监管制度安排。这方面美国的经验可资借鉴。

《避险的智慧》一书从三个维度的许多案例说明期货市场的重要性，对读者了解期货和衍生品市场很有帮助。书中的案例说明，在面对市场经济的不确定性时，是否利用期货和衍生品市场来管理风险，无论对国家还是对企业乃至个人的经济安全影响都是很大的。该书作者刘文财博士曾经在上海期货交易所从事博士后研究，出站后继续留在上海期货交易所和中国金融期货交易所工作多年，之后又去市场从事资本市场投资工作。他对期货市场和证券市场既有理论功底又有市场实践经验。此书的出版对于中国政府的管理者、企业的经营者和个人投资者都有极大的积极意义。对期货市场感兴趣的人本书也具有一定的参考价值。

原中国证监会副主席

2018年9月19日

目录

前言 / i

第一篇 国家避险篇

1 从帝国的消亡到国家避险 / 3
2 墨西哥原油避险策略 / 7
  2.1 引言 / 7
  2.2 原油避险项目 / 7
  2.3 避险工具 / 9
  2.4 避险效果 / 11
  2.5 避险的政治风险 / 11
3 乌拉圭天气与原油避险策略 / 13
  3.1 引言 / 13
  3.2 天气避险策略 / 13
  3.3 油价避险策略 / 15
4 马拉维天气避险策略 / 18
  4.1 引言 / 18
  4.2 目标 / 18
  4.3 天气衍生品的结构 / 19
  4.4 结果 / 21
  4.5 经验 / 21
    4.5.1 建构指数 / 21
    4.5.2 天气与商品价格风险管理结合 / 22
    4.5.3 基于指数的天气风险管理不能解决国家面临干旱的所有挑战 / 22
    4.5.4 能力建设与技术支持对于天气衍生品合约的成功执行至关重要 / 23
5 加纳原油避险策略 / 24
  5.1 引言 / 24

5.2 风险管理政策 / 24
5.3 对冲项目的执行 / 25
5.4 对冲项目的效果 / 26
5.5 对冲项目后续执行情况 / 26

第二篇 企业避险篇

6 企业避险理论与操作流程 / 31
6.1 避险理论 / 31
    6.1.1 风险的概念 / 31
    6.1.2 避险 / 32
6.2 避险操作流程 / 35
    6.2.1 确定风险 / 35
    6.2.2 区分避险和投机 / 35
    6.2.3 根据不避险成本评估避险成本 / 36
    6.2.4 使用正确的方法评估避险的绩效 / 36
    6.2.5 不要将避险计划基于市场预测 / 37
    6.2.6 了解避险工具 / 37
    6.2.7 建立控制系统 / 38

7 欧洲宇航防务集团与空中客车外汇避险策略 / 40
7.1 引言 / 40
7.2 避险策略 / 41
7.3 商业环境与避险策略选择 / 42
7.4 对手方信用风险 / 44
7.5 空中客车公司外汇避险策略 / 45
    7.5.1 测量外汇敞口 / 45
    7.5.2 执行、会计与对冲活动的监督 / 46
    7.5.3 对冲工具 / 48

8 汽车行业汇率避险策略 / 50
8.1 引言 / 50
8.2 戴姆勒公司汇率避险策略 / 50
    8.2.1 欧元—美元之战 / 50
    8.2.2 行业 / 51
    8.2.3 戴姆勒的历史 / 52
    8.2.4 交易和货币兑换风险规避策略 / 53

8.3 沃尔沃公司外汇避险策略　/　55
 8.3.1 汽车行业的激烈竞争　/　56
 8.3.2 记账货币的强势　/　56
 8.3.3 对外销售收入占总收入比例以及地域销售差异　/　57
 8.3.4 业务灵活性和财务指标　/　58
 8.3.5 避险的策略　/　59

9 海德堡水泥公司外汇避险策略　/　61

9.1 引言　/　61
9.2 海德堡水泥公司的风险敞口　/　61
9.3 对冲策略决策　/　62
 9.3.1 风险敞口差异　/　62
 9.3.2 时间范围　/　63
 9.3.3 风险态度　/　63
 9.3.4 信息要求和预测应用　/　64
 9.3.5 四种外汇对冲策略　/　64
 9.3.6 海德堡水泥公司的对冲策略　/　65
 9.3.7 海德堡水泥公司的信用评价　/　66
 9.3.8 公司对于平价条件的观点　/　66
 9.3.9 海德堡水泥公司的金融风险管理架构　/　67
 9.3.10 对冲技术　/　67
 9.3.11 对冲策略的制定　/　67
 9.3.12 预测机制的必要性与应用　/　68
 9.3.13 海德堡水泥公司的披露要求　/　68
9.4 分析　/　69
 9.4.1 外汇风险敞口　/　69
 9.4.2 对冲策略　/　69
 9.4.3 财务困境与风险态度　/　71
 9.4.4 风险管理组织结构　/　72
 9.4.5 法律体系　/　73
 9.4.6 对冲策略的目标与结果　/　74
9.5 结论　/　75

10 美国公司外汇避险策略　/　77

10.1 引言　/　77
10.2 外汇风险管理结构　/　77
10.3 外汇风险管理实践　/　79

  10.4 外汇风险的直接影响 / 81

  10.5 外汇风险管理动机 / 91

    10.5.1 规定目标 / 91

    10.5.2 传统动机 / 92

    10.5.3 另类动机 / 94

  10.6 衍生证券投资组合结构 / 100

    10.6.1 衍生证券投资组合的构造过程 / 100

    10.6.2 衍生证券组合对冲比率的特征 / 106

    10.6.3 衍生证券组合对冲比率的决定因素 / 112

  10.7 结论 / 117

11 米其林公司外汇避险策略 / 121

  11.1 引言 / 121

  11.2 米其林公司风险对冲政策 / 121

  11.3 对冲的优化 / 122

  11.4 对冲目标与策略 / 124

    11.4.1 企业目标1：套保会计的有效性 / 124

    11.4.2 企业目标2：财务业绩的可预测性和稳定性 / 124

    11.4.3 企业目标3：提高风险调整后的收益 / 125

  11.5 概述和结论 / 126

12 雀巢公司外汇避险策略 / 127

  12.1 瑞士法郎 / 127

  12.2 案例分析：雀巢 / 128

  12.3 建议策略 / 129

    12.3.1 普通期权 / 129

    12.3.2 买入超额保护远期 / 129

    12.3.3 购买红利远期 / 131

    12.3.4 购买风险逆转期权 / 132

    12.3.5 分享式远期合约 / 132

    12.3.6 连续重置合约 / 133

    12.3.7 迅速换手策略 / 134

  12.4 结论 / 135

13 希尔顿酒店利率避险策略 / 138

  13.1 引言 / 138

  13.2 对冲方案描述 / 138

13.3　欧洲美元期货替代互换交易　　/　139
　　13.4　欧洲美元期货合约的市值　　/　143
　　13.5　对收益的影响　　/　144

14　知识问题服务有限公司外汇避险策略　　/　150
　　14.1　引言　　/　150
　　14.2　货币问题　　/　150
　　14.3　前途未卜　　/　152
　　14.4　对冲策略　　/　153

15　超越公司外汇避险策略　　/　155
　　15.1　引言　　/　155
　　15.2　背景　　/　155
　　15.3　现状　　/　156
　　15.4　特拉维斯的进一步解释　　/　158

16　西南航空燃料避险策略　　/　160
　　16.1　引言　　/　160
　　16.2　成本节约战略　　/　160
　　16.3　燃油对冲　　/　161
　　16.4　公司年报分析（K-10）1999—2008年　　/　162
　　16.5　2008年燃油价格的影响　　/　163
　　16.6　总结　　/　166

17　能源公司原油避险策略　　/　167
　　17.1　引言　　/　167
　　17.2　美国主要页岩油生产商避险策略　　/　167
　　17.3　印度石油公司避险策略　　/　172
　　　　17.3.1　政府及社会对国有石油公司采取原油对冲交易的态度有别　　/　172
　　　　17.3.2　信息披露制度有别　　/　172
　　　　17.3.3　具体对冲策略差异很大　　/　174
　　17.4　坚守避险底线　　/　175

第三篇　个人避险篇

18　对冲基金与基金中的基金发展和个人避险选择　　/　179
　　18.1　引言　　/　179

18.2　海外对冲基金发展回顾　　/　180
　　　　18.2.1　对冲基金的定义及特点　　/　180
　　　　18.2.2　对冲基金发展历程　　/　181
　　18.3　海外基金中的基金的发展回顾　　/　183
　　　　18.3.1　海外基金中的基金的定义及特点　　/　183
　　　　18.3.2　海外基金中的基金的产品分类　　/　184
　　　　18.3.3　海外基金中的基金发展历程　　/　185
　　18.4　中国私募证券基金中的基金的发展机遇和挑战　　/　186
　　　　18.4.1　中国私募证券基金中的基金的分类　　/　187
　　　　18.4.2　中国私募证券基金中的基金发展前景　　/　187

19　中国对冲基金行业发展现状与国际比较　　/　189
　　19.1　引言　　/　189
　　19.2　中外对冲基金行业规模比较　　/　189
　　　　19.2.1　中国对冲基金产品的数量与规模　　/　190
　　　　19.2.2　全球对冲基金产品的数量与规模　　/　190
　　　　19.2.3　行业规模比较　　/　190
　　19.3　中外对冲基金产品特征比较　　/　190
　　　　19.3.1　中国对冲基金产品特征　　/　191
　　　　19.3.2　全球对冲基金产品特征　　/　192
　　　　19.3.3　产品特征对比　　/　193
　　19.4　中外对冲基金产品绩效比较　　/　193
　　　　19.4.1　中国对冲基金产品绩效表现　　/　194
　　　　19.4.2　全球对冲基金产品绩效表现　　/　194
　　　　19.4.3　绩效表现对比　　/　194
　　19.5　中外对冲基金产品策略比较　　/　195
　　　　19.5.1　中外对冲基金产品分策略样本分布　　/　195
　　　　19.5.2　中国对冲基金产品分策略绩效表现　　/　196
　　　　19.5.3　全球对冲基金产品分策略绩效表现　　/　197
　　19.6　研究结论　　/　198
　　　　19.6.1　中国对冲基金产品数量庞大但规模较小　　/　198
　　　　19.6.2　中国对冲基金产品存续期短、产品锁定期长、管理费用少　　/　199
　　　　19.6.3　中国对冲基金产品绩效表现好但波动大　　/　200

20　中国对冲基金经理个人特征与基金产品绩效　　/　201
　　20.1　引言　　/　201
　　20.2　对冲基金经理个人特征分析　　/　201

20.2.1 对冲基金经理为高学历群体 / 202
20.2.2 对冲基金经理本科生多出身名校 / 202
20.2.3 对冲基金经理多为经管专业背景 / 203
20.2.4 股票多头策略中拥有研究员经历的对冲基金经理较多 / 203
20.2.5 对冲基金经理的从业经历集中在金融领域 / 204

20.3 对冲基金产品特征与绩效分析 / 205
20.3.1 对冲基金产品绩效 / 205
20.3.2 对冲基金产品特征 / 206
20.3.3 对冲基金产品绩效比较 / 206

20.4 对冲基金经理个人特征对基金产品绩效的影响 / 208
20.4.1 检验方法与模型 / 208
20.4.2 基本回归分析 / 209

20.5 研究结论 / 210
20.5.1 对冲基金经理个人特征 / 210
20.5.2 对冲基金产品绩效 / 211
20.5.3 对冲基金经理个人特征对基金产品绩效的影响 / 211

后记 / **212**

前言：避险的智慧

英文 hedging 被翻译成避险、对冲、套期保值等多个中文意思，为了便于理解，本书选择了"避险"作为主用词，但书中也会交叉使用对冲、套期保值等词，均是表达同一个意思。

关于对冲避险，有一个有趣的故事很好地描述了它的原理以及使用者的智慧。

  一位朴素老太太背着包进了曼哈顿银行存 50 万美元。总裁在 VIP 室接待她。总裁问："这是您老一生的积蓄？"老太太："哪里？我豪赌为生，逢赌必赢，刚赢的！"总裁说："不可能！"老太太说："那就赌一把吧，明早你的屁股上会出现一个三角形的胎记，赌注就是这 50 万！"总裁狐疑不决，望着一袋现钞，决定应赌。老太太走后，总裁回到家对着镜子检查了好几遍，没有任何胎记，直到第二天约定时间再到 VIP 室。老太太早到了，旁边站着一个着装考究的律师。老太太说："今天律师作证检查你的屁股。"总裁说："真是没有胎记，更别提三角形的。"随后脱下裤子，让他们检查屁股。老太太看看说："果然没有，我输了。"这时律师脸色铁青，不停以头撞墙，总裁大惊。律师说："她刚与我打赌 150 万元，说您会当面脱裤子让她看你屁股！"

严肃一点来说，人类经济活动所面临的风险可分为两类：一类是外生风险，如地震、海啸、火灾、风暴、洪涝灾害等自然现象引发的风险；另一类是内生风险，即由人类经济活动扩张所造成的风险，包括持有商品与股权流动性风险、支付与结算风险、商品价格的波动风险、金融市场的崩盘风险等。在漫长的、自给自足的农业社会，经济活动所面临的风险主要是外生风险。除了个别积极的措施之外，人们应对外生风险的措施总体是消极的，如占卜、祭祀、祈祷等，最后导致迷信与巫术盛行。自公元 10 世纪以来，人类的经济活动从农业领域大规模地迈进商业领域，引发商业革命，并最终推动工业革命。这使经济活动达到了前所未有的精细、复杂与高效。由此也使经济活动在面临外生风险的同时，快速地暴露在内生风险之中。与农业社会人们所采取的被动措施不同，商业社会的人们更加乐观、积极与务实，发明创造了多种多样的工具、制度与机构来应对风险，构成一个风险配置体系。其中，有些用来分担外生风险，例如保险；有些用于转移内生风险，例如期货、期权等衍生品市场。

最早使用期权这种避险工具的是古希腊米利都学派的代表人物泰勒斯。亚里士多德在其《政治学》第1卷第6部分提到公元前6世纪泰勒斯如何使用期权式的协议赚钱的故事。作为一个贫困的哲学家，泰勒斯手头并不宽裕。他也因此遭到世人的嘲笑，嘲笑他只知天上的事情，却不知地上的事情，哲学并非是一门致富的学说。为了证明哲学也是一门致富的学说，在一年的冬天，他把手中所有的积蓄作为保证金租下了希俄斯岛与米利都地区所有的橄榄油榨机，这份协议使他拥有了在收获季节使用橄榄油榨机排他性的专属权。因为收获季节未到，没有人知道未来橄榄丰收与否，他以很低的价格达成了这份协议，租下了这两个地区所有橄榄油榨机的使用权。当收获季来临时，橄榄真的丰收了。市场对橄榄油榨机的需求大增，而泰勒斯垄断了橄榄油榨机的使用权，这使他获利颇丰。亚里士多德写道："他向世人证明了哲学家只要愿意，就能致富，但他的志向并不在此。"

在后人看来，这个故事的重点不在于泰勒斯准确地预测到橄榄会丰收，而是他采用了期权式的协议进行风险管理。这个风险管理工具对于交易双方来说都是有好处的。对于橄榄油榨机的主人来说，之所以愿意以低价出租榨机使用权，是因为一旦收获季橄榄颗粒无收，他也能收到一些租金。对于泰勒斯来说，由于他对自己高超的预测能力的自信，一旦预测对了，那么他就能成为一个富人；而一旦预测错了，他的损失也是有限的。由此可见，期权这类避险工具从萌芽起就充满了哲学家的智慧。

近现代避险工具的发展，是从19世纪中叶美国芝加哥开始的。19世纪中叶，芝加哥已经成为美国的商业中心之一，这里铁路纵横，水路四通八达，来自中西部的人们汇聚于此进行交易。农场主在春夏之际生产粮食，到夏季末赶到芝加哥卖粮食。在多半情况下，一些买主出价担保购买有限数量的粮食。农场主生产粮食的数量并不恰好满足买主购买的数量，当卖量大于买量时，价格就会被不断压低。

在这个市场上销售粮食，不管农场主还有多少数量没有卖掉或者他留下作为冬天家畜的饲料的粮食，最终都是浪费掉了。周而复始的循环导致农场主与买主之间形成恶性的债务关系，上演了许多的债务没有偿付以及银行没收农场的故事。

农场主生产粮食之前，在没有任何保证粮食以什么价格能够卖出去的情况下，他们面临了不确定性。他们面临不能规划究竟要生产多少？能够赚取多少？如何再投资农场等问题。这样，在1848年，农场主与买主达成了一个协议。农场主问买主是否愿意承诺以一个明确的、事前协商好的价格购买粮食，到期交货时付款（通常是下一年）。如果农场主与买主达成协议，双方在黑板上写上对双方都有约束力的"承诺"（commitment）。对农场主来说，到期时以指定的价格交粮食；对买主来说，到期时以指定的同样价格买粮食。

"承诺"能使农场主规划下一年的粮食生产，农场主知道多少粮食能够销售的确切价格可让他们对收入心中有数，由此，他们也可以储备下一个耕种季的投资额；"承诺"能使买主根据预算进行生产，确定预期收益，并满足他们商业所需的供应；"承诺"能够在供需之间产生更好的平衡，减少浪费与债务关系，使整个体系稳定运行。这些事情最终促成了芝加哥商品交易所（CBOT）在1848年成立，标志着美国现代避险行业的开始。

除芝加哥商品交易所之外，为了满足其他商品的类似需求，其他交易所也成立了。例如，英国的伦敦金属交易所，主要是在伦敦交易智利的铜。从那时开始，在全球交易所中涉及避险与承诺的概念逐渐被完善、改进并保存了承诺的一致性。这些改进的方面包括可接受商品的标准化、买卖双方信用要求以及监管。由此形成了一个简单、现代的避险定义：一个以确定的价格买或卖确定数量的一类资产的未来金融承诺，因此，一个实体可以保证或保护它生产、消费或投资的需求。

今天的避险工具是如何被使用的？哪些公司与行业使用避险工具？这些大的问题可以用下面不同行业与公司的案例说明。

农场主与买主仍然基于每天基差进行粮食避险。其他农场主与买主在全球类似的交易所中进行咖啡、可可、糖、橙汁、橡胶、油等套期保值。一家石油生产商锁定每桶原油的售价，这样他就能投资钻井，当利润有保障时，也能使金融机构对其投资。一家航空公司需要锁定燃油价格，因为未来三个月的机票已经以一个固定的价格卖出去了。一家苏打装瓶机厂需要在期货市场上买铝，以锁定未来12个月他们买罐装瓶的价格。一家奶酪厂需要锁定牛奶的价格，因为在未来几个月以牛奶作为原材料生产意大利干酪。

2018年是中国改革开放40周年，也是1988年政府提出探索期货交易30周年。2018年3月26日，上海期货交易所下属子公司上海国际能源交易中心上市了原油期货，标志着中国大宗商品期货市场已经基本建成。但以中国金融期货交易所为载体的金融期货市场建设依然任重道远。除了场内期货市场之外，随着国家推进人民币汇率与利率市场化改革，银行间外汇与利率衍生品市场发展也非常迅速，远期、掉期、期权等品种逐渐上市。与衍生品发展相对应的是，中国企业运用衍生品进行套保避险的数量也越来越多，但负面的新闻报道也颇多。有像中信泰富、深南电用不适合的套保工具而损失惨重的；有像国航、东航用套保工具却被社会误解的，等等。这些案例说明，中国企业在运用衍生品进行套保避险方面，无论是理念、操作过程、风控，还是整个社会外部配套环境均与发达国家相去甚远。

基于此，本书第一篇与第二篇整理了国际上一些国家与企业运用衍生品市场进行对冲避险的案例；第三篇从个人投资者如何选择对冲避险基金产品的角度提供了分析参考。第一篇与第二篇中的案例透露出政府领导者与公司决策者，对保持国家或公司财务稳定性的高度重视以及对避险的深刻认识，蕴藏着高深的智慧，非常值得各级政府、企业学习参考；第三篇总结分析了国内外对冲避险基金产品的发展历程与绩效特征，为个人投资者选择对冲避险的基金产品提供了参考。

总之，可把避险智慧的七大支柱归结如下。

（1）零是最好的数字，警惕避险带来的巨大收益或损失。当企业从对冲中赚钱时，会忘了公司的主营业务。对冲是为了规避风险，保护利润，而不是从汇率变动中赚钱。当你从汇率波动中赚钱时，分析师会追问你为何暴露这么大的风险；当你从汇率波动中赔钱时，分析师会追问你为何不完全对冲。所以，零是最好的数字。

（2）用错人会毁掉避险项目。公司财务总监应委派合适的人执行风险管理任务。例如，要对冲商品风险，需要一位了解商品供需关系的、资深的买方人士。一个聪明的做法是，在首席执行官对公司管理风险偏好的指引下，由财务总监确定具体的对冲策略，把采购、财务、运行部门的人员组成一个团队去执行对冲。

（3）好的避险策略来自真实的数据。财务总监经常质疑来自运营单位的数据，确定这些数据的可信度。财务主管对供应链的销售收入、成本等数据有多相信？这些数据滞后多少？答案决定一家公司的风险暴露以及多大程度需要对冲。财务总监需要及时更新数据、洞察数据并确认数据的完整性。

（4）敞口并不等于风险。许多财务总监关注公司最大的敞口，并假定这是最大的风险，这并不全对。例如，一个基于美国的企业，全部生产的产品出口到中国，而人民币波动的幅度不大，但却有10%的欧元收入。关注点应该在10%的欧元收入上面，因为欧元波动大。风险等于敞口乘以波动。一家公司可能面临这种情景：究竟是对冲5亿美元债务的200个基点利率风险，还是对冲

3.5亿美元能源价格风险？对制造商来说，能源价格风险显然更大。

（5）避险并非是全部或没有两个选择。一家公司究竟要对冲多少，不但取决于风险暴露的多少，而且取决于承受风险的能力。正如一个车主基于他能承担多少损失而设定购买保险金额一样。如果一家公司面临价格500万美元的燃料成本风险暴露，但它能承受200万美元的燃料成本风险，这意味着它需要对冲60%。尤其是燃料价格，公司不完全对冲是因为担心燃料价格会下跌。一家公司以每加仑3.08美元锁定柴油燃料成本，可以获得预期的利润，但是随后价格却跌到每加仑2.50美元，此时，公司内部就会陷入事后诸葛亮般的劝告。但是如果公司不对冲，那么它的利润就全部暴露在价格波动的风险中。

（6）固定费率的合约或远期可能是最好的避险工具。现在避险工具的供应商较之前更喜欢提供固定费率的合约，因为客户需要固定费率的合约。这样，买方就没有基差风险，也不存在会计记账的问题。远期合约基于即期价格，非常透明，是一个好的选择。

（7）期权不一定贵。对许多公司来说，运用期权作为避险工具是令人憎恶的事，因为要提前交期权费。为了规避未来可能产生的损失，当前就要交钱，虽难以接受，但也是人之常情。现在市场上有一些期权费很低的产品，如一些虚值期权，通过看涨与看跌期权的组合，可以生成零成本的期权对冲工具。

第一篇 国家避险篇

"为什么苏联不进行石油价格风险的套期保值呢?"叶·盖达尔说:"这类解决方案在经济上是合乎情理的,但在政治上却很危险。因为,如果进行套期保值,一旦价格上涨了,向社会解释预算何以蒙受损失颇为困难。总会有些人乐于证明,交易分明对国家的经济有害。"

——叶·盖达尔:《帝国的消亡》(2012)

1 从帝国的消亡到国家避险

对冲或不对冲，对一个财政收入高度依赖商品价格波动的国家来说，的确是一个哈姆雷特式的问题。

苏联解体后，俄罗斯代总理、经济学家叶·盖达尔在《帝国的消亡》一书中就苏联解体的经济原因进行了分析，指出苏联的财政收入主要依赖于石油，如果把苏联当成一家公司，苏联是发生了财务危机，因为国际油价的下跌导致财政危机，最后导致苏联解体。他指出："20 世纪的经验表明，对于遭遇不利行情风险的资源丰富的国家而言，重要的是政府应预先知道在原料价格下跌时该做些什么，这对预算、收支平衡、消费市场、偿付外债、银行系统的稳定又会有什么后果，同时要有一套在类似情况下能够使用的详尽而切实可行的行动计划。苏联在 20 世纪 80 年代初期就没有这样的计划。其后果已是尽人皆知。"① 他还提出一个问题："为什么苏联不进行石油价格风险的套期保值呢？"他回答说："这类解决方案在经济上是合乎情理的，但在政治上却很危险。因为，如果进行套期保值，一旦价格上涨了，向社会解释预算何以蒙受损失颇为困难。总会有些人乐于证明，交易分明对国家的经济有害。"的确，这是一个两难的问题，寻求稳定的财政预算，必然要求国家到金融市场上寻找解决方法，但使用衍生工具进行避险对冲却是非常技术性的，结果难以向公众解释，一旦价格向相反的方向运动，必然要有人对此负政治责任。

正是对冲的政治风险问题得不到完美的解决，苏联解体后，财政收入高度依赖于油价的俄罗斯仍然挣扎在油价波动的泥潭之中。虽然盖达尔的著作《帝国的消亡》的副标题是"当代俄罗斯应从中汲取的教训"，但俄罗斯显然没有吸取苏联的教训，没有实行经济多元化，没有摆脱对石油工业的依赖，也没有对冲油价风险，仍然在"裸奔"！虽然俄罗斯政府希求改变对石油工业的依赖，正如俄罗斯总理梅德韦杰夫所说："今天的中心任务是创造一个高效与高科技的经济，这样的经济能稳定现金流，帮助俄罗斯减少对石油工业的依赖。"但石油工业仍然是现代俄罗斯工业的基石。

---

① 叶·盖达尔. 帝国的消亡 [M]. 北京：社会科学文献出版社，2012：94, 95.

石油工业在俄罗斯GDP中的比重不算高，占20%左右，但石油工业在俄罗斯出口与财政收入中举足轻重。2013年，俄罗斯石油和天然气出口占出口收入总额的68%。其中，原油1 740亿美元，占33%，主要出口欧洲（包括土耳其），部分出口亚洲。天然气730亿美元，占14%，主要出口欧洲。石化产品1 090亿美元，占21%。在俄罗斯2014年财政预算中，油气相关收入占全部财政收入的48%。摩根士丹利此前预计，原油价格每桶跌10美元，意味着俄出口将损失324亿美元，约占该国GDP的1.6%，约合190亿美元的财政收入。若按这一比例计算，俄罗斯2014年的GDP已经因油价下跌而抹去了4.8%，约为600亿美元财政收入。俄联邦政府向议会提交2015年财政预算草案时说明，要维持俄罗斯政府预算平衡，国际油价需要达到每桶96美元①。俄罗斯最大的石油与天然气公司的股票在指数中的权重超过50%。俄罗斯股票及卢布汇率的走势与油价密切相关。

2008年2月，俄罗斯储备基金有1 252亿美元，占GDP的7.4%。在高峰时，储备基金曾有1 373亿美元，占GDP的12.5%。但在2018年1月10日，俄罗斯财政部宣布，储备基金已经耗尽。2017年12月还剩余的170亿美元也已经用于预算缺口。目前，俄罗斯只有从国家财富基金支出，该基金也比上年减少9%，环比上月减少2.7%。国家财富基金成立的初始目的是为了支撑国家的养老金体系，并非为了掩盖预算赤字。近些年，俄罗斯已经被迫削减养老金与福利，致使国内民众不满情绪日增。俄罗斯通过对外冒险（叙利亚战争）与对内加强中央集权相结合的方式来管理民众的不满情绪。

但这并不能说，俄罗斯经济处于崩溃的边缘。俄罗斯总的国际货币储备有4 320亿美元，即使国家财富基金耗尽，也可以用国际货币储备补回去。但是这会加剧卢布贬值的风险。

俄罗斯经济严重依赖于油价。俄罗斯的制造业已经绝对增长了，但不足以抵销国家对石油销售的依赖。只有两件事情可以解决俄罗斯的经济问题：一是油价回到100美元/桶，这不但可以扭转联邦赤字，还可以补充储备基金。但这是不现实的；二是俄罗斯经济大规模的转型，虽然俄罗斯尽其所能地使人相信它能做到，但却是极端不现实的。俄罗斯现在面临的挑战，正如苏联以前所遇到的一样，统治一个庞大且多样的国家。俄罗斯可以从油价上涨中得到一些安慰，避免出现2014—2015年的极端灾难时期，但是潜在的问题仍然威胁着俄罗斯的稳定。

---

① 刘文财. 借鉴国际经验教训，对冲油价波动风险［N］. 中国证券报，2015-01-12.

然而，同样财政收入高度依赖油价的墨西哥却找到了一个完整的避险方案。在第一次海湾战争期间，即1990年末至1991年初，就尝试利用金融工具进行对冲石油价格风险。墨西哥央行和财政部设计了油价对冲项目以保证海湾战争时期政府预算的稳定。当时，与石油相关的收入占政府收入的35%，相比其他石油出口国来说比例并不高。1990年11月到1991年2月，墨西哥中央银行建立了期货、期权、掉期合约以确保出口石油价格在17美元/桶，这是墨西哥政府设定的1991年预算价格。通过卖出期货、购买看跌期权以及签订短期固定价格的互换协议，墨西哥政府大约卖出了1.2亿桶在1991年上半年交割的原油，约占每天出口量130万桶的一半①。

2000年，墨西哥开始把对冲油价风险制度化。根据2000年通过的预算法案，2001年，墨西哥财政部着手建立了石油收入稳定基金（FEIP），以应对油价下跌与汇率波动的风险。根据预算责任法案，该基金主要目标是减少墨西哥混合原油出口变动对于政府收入与公共财政的影响，基金必须补偿联邦收入法案批准的预估收入与实际收入的偏差，以支撑费用预算。为了达成FEIP的目标，根据法案成立了一个专门委员会。一旦石油出口收入减少，委员会授权从基金中提取相应金额弥补损失。委员会批准油价对冲策略以及对冲费用，并指示墨西哥中央银行代表墨西哥政府执行对冲策略。墨西哥央行与政府每年就影响对冲的量、执行价的不同因素进行讨论，并报委员会同意。此后，墨西哥每年在国际原油市场上按照规定的操作流程进行对冲避险，效果非常明显，既确保了国家预算的稳定，也降低了比索的波动。

墨西哥原油对冲项目的成功引起了俄罗斯、伊拉克等国的关注。2016年初，当油价跌到30美元/桶时，俄罗斯财政部副部长奥利金（Maxim Oreshkin）对媒体说：“俄罗斯必须在年内引入原油对冲机制以避免国家财政收入因油价下跌而减少。”在长期遭受油价下跌之苦后，俄罗斯终于决定要引入原油对冲机制。奥利金说：“在油价如此低位引入对冲机制，主要是基于长远考虑。”但随着国际原油价格从2016年初底部反弹，以及2016年底奥利金的调离②，俄罗斯似乎又忘了说过的话。2017年9月，高盛公司甚至提醒俄罗斯应该学习墨西哥的经验引进原油对冲机制。但俄罗斯财政部副部长科列切夫（Vladimir Kolychev）接受媒体采访时说：“俄罗斯没有必要进行对冲，因为国家法律规定预算费用不能用在油价对冲上。”看来，这个民族似乎难以从历史中吸取教训。俄罗斯只有认真学

---

① 刘文财. 借鉴国际经验教训，对冲油价波动风险［N］. 中国证券报，2015-01-12.
② 2016年11月30日，奥利金出任俄罗斯经济发展部部长。

习墨西哥的经验,才能有效解决财政收入不稳定性的问题。

伊拉克正在考虑一项原油对冲项目以锁定未来原油的销售,这个项目类似墨西哥的原油对冲项目,但规模可能会超过墨西哥。伊拉克国有石油销售公司总裁阿姆里(Falah Al Amri)对媒体说:"中东国家对超过1/4的原油生产或出口进行对冲,还处于早期探索阶段。我们不会贸然进行,这是一个长期过程,我们必须确保不能赔钱,因为伊拉克议会不能接受这一点。"他并没有提及伊拉克将用何种对冲工具,也没有给出启动对冲项目的时间表,他提及伊拉克处于一个学习过程中。他说:"我们将派人到国际公司进行培训,他们将学习对冲知识与操作实践,我们将研究与制定一个建议给政府。"对冲项目将使中东原油销售另起模式,这里原油生产商与炼油厂都是签订长期销售合同的。伊拉克正在测试一个新的销售方式,例如,在一个短期市场上进行原油拍卖。

墨西哥的成功避险经验除了被其他国家学习、关注之外,加拿大、美国的重要能源生产省份与州政府也在研究、学习避险经验。此外,世界银行作为中介开发出天气与能源衍生品,为部分发展中国家如乌拉圭、马拉维、加纳等提供自然灾害、能源价格波动等影响国家财政预算的风险管理策略。

2 墨西哥原油避险策略

2.1 引言

当前,在国内许多企业对于风险对冲还处于朦胧状态的时候,在国际上有一个国家已经是对冲方面的行家里手,这个国家就是墨西哥。与之相反,另一国家却一直遭受原油价格的波动之苦,现在准备开始向墨西哥学习,这个国家就是俄罗斯。细心的投资者不难发生,在2008年金融危机发生后导致油价暴跌期间,墨西哥比索的跌幅远小于俄罗斯卢布的跌幅,主要因为墨西哥已经事前锁定了原油出口价格,而俄罗斯的原油出口却在"裸奔"。

2.2 原油避险项目

作为高度依赖石油收入的墨西哥,在第一次海湾战争期间,即1990年末至1991年初,就尝试利用金融工具对冲石油价格风险。墨西哥央行和财政部设计了油价对冲项目以保证海湾战争时期政府预算的稳定。当时,与石油相关的收入占政府收入的35%,相比其他石油出口国来说比例并不高。1990年11月到1991年2月,墨西哥中央银行建立了期货、期权、掉期合约以确保出口石油价格在17美元/桶,这是墨西哥政府设定的1991年预算价格。通过卖出期货、购买看跌期权以及签订短期固定价格互换协议,墨西哥政府大约卖出了1.2亿桶在1991年上半年交割的原油,约占每天出口量130万桶的一半。墨西哥政府为了分散交易,减少对衍生品市场价格的冲击,花了数周时间才完成交易。1993年一季度,墨西哥中央银行再次对冲原油价格以稳定政府预算。这次购买的是纽约商品交易所(NYMEX)的WTI原油执行价为19美元/桶的看跌期权,约等于墨西哥13.5美元/桶的出口石油。此次大约对冲1.5亿桶计划在1993年交割的原油,占当年墨西哥原油出口量的30%。事后表明,这些对冲交易对于墨西哥来说收益十分可观,因为原油价格在1991年上半年以及1993下半年都大幅下挫。交易赚了钱,以及事后看来决策做对了,这些都不重要，重要的是，对冲交易确保了政府预算的稳定。一位墨西哥的高级官员称，"在不确定性与波动面前，油价可能涨到40美元/桶，也可能跌到10美元/桶，但我们要做预算，我们必须去覆盖预算。政府不能去投机，什么也不做就是投机，现在看起来比什么也不做要好，某些时候我们什么也不做，但我们能睡得很好！"

2000年，墨西哥开始把对冲油价风险制度化。根据2000年通过的预算法案，2001年，墨西哥财政部着手建立了石油收入稳定基金（FEIP），以应对油价下跌与汇率波动的风险。根据预算责任法案，该基金主要目标是减少墨西哥混合原油出口变动对于政府收入与公共财政的影响，基金必须补偿联邦收入法案批准的预估收入与实际收入的偏差，以支撑费用预算。为了达成FEIP的目标，根据法案成立了一个专门委员会。一旦石油出口收入减少，委员会授权从基金中提取相应金额弥补损失。委员会批准油价对冲策略以及对冲费用，并指示墨西哥中央银行代表墨西哥政府执行对冲策略。墨西哥央行与政府每年就影响对冲的量、执行价的不同因素进行讨论，并报委员会同意。

2008—2009年，墨西哥的对冲计划堪称对冲案例的经典之作，可以收录教科书了。2008年7月，当时国际油价在140~146美元/桶，墨西哥确认保证次年财政预算的底价为70美元/桶。于是，墨西哥于7月份到10月份，耗资15亿美元的期权费购买了覆盖3.3亿桶原油、执行价为70美元的看跌期权。这批期权的执行时间为2008年10月下旬至2009年6月上旬，3.3亿桶原油接近这段时间100%的原油出口量。期权建立时墨西哥原油出口价格在100美元/桶附近，但2008年7月后，国际市场油价持续下跌，至2009年1月甚至跌破40美元/桶。此次对冲计划减少了100亿美元的原油出口利润损失，并最终获得了50.85亿美元的保值盈利。

2009年12月，墨西哥政府决定以执行价57美元/桶买入看跌期权，对冲2010年的原油出口。许多分析师都看不懂墨西哥政府的行为，为什么墨西哥如此看空原油市场？当时国际油价在70~80美元/桶。实际上是这些分析师不明白墨西哥政府对冲背后所秉持的理念，以执行价57美元/桶买入看跌期权，并不是墨西哥政府打赌油价会下跌到57美元/桶，他们做出这样的决定是因为在57美元/桶予以保护比油价上涨带来更多收益更重要。换句话说，如果油价上涨到100美元/桶时，以57美元/桶卖出原油，他们照样能过得不错；但如果油价跌破57美元/桶，他们以40或30美元/桶卖油，日子就不好过了。实际上，当油价到达100美元/桶时，墨西哥政府也不会以57美元/桶卖油，因为他们买的是期权，可以不执行，仍然以100美元/桶卖油，损失一些期权费而已。当时，为2.3亿桶原油保值的期权费为11.72亿美元，大约每桶的期权费是5美元。如果油价涨到100美元/桶，他们不会执行期权，损失5美元/桶，实际上是以95美元/桶卖出原油。

此后几年，墨西哥政府一直坚持不懈地对冲原油市场价格风险。2011—2012年，对冲了2.10亿桶原油；2012—2013年，对冲了2亿桶原油，约为170天的墨西哥原油出口量。2014年财政年度，以85美元/桶对冲了所有与油相关的收入，为此，墨西哥财政部花费了5.43亿美元期权费。2014年，墨西哥原油的平均成本为74美元/桶，从9月份开始以76.4美元/桶的价格锁定了2015年2.28亿桶的出口原油。墨西哥购买了以执行价为76.4美元/桶的看跌期权，一旦2015年油价低于74美元，政府将获得2.4美元/桶的收益。为此，墨西哥政府支付了7.73亿美元的保值成本。2015年，墨西哥决定以49美元/桶的价格锁定2016年2.12亿桶的出口原油，支付了10.9亿美元的保值成本。2016年，以42美元/桶的价格锁定2017年2.5亿桶的出口原油，支付了10.3亿美元的保值成本。2017年，以46美元/桶的价格锁定2018年的部分出口原油，支付了12.6亿美元的保值成本。

2.3 避险工具

历史上墨西哥政府使用过多种避险工具，包括原油价格联结票据、期货、掉期、期权等。目前主要是原油亚式看跌期权，当执行价超过过去一年平均油价时执行。这种策略使墨西哥政府能够在整个财政年度锁定最低平均油价。当市场平均油价高于执行价时，墨西哥放弃执行；当市场平均油价低于执行价时，墨西哥执行期权。亚式看跌期权的标的是玛雅原油，一种墨西哥重质原油，占其出口量的80%。由于基于玛雅原油的期权不是标准化金融工具，这种原油亚式看跌期权主要是几十家外国投资银行通过场外市场提供，为墨西哥量身定制。

自2001年以来，墨西哥大约每年花费GDP的0.1%购买这种亚式看跌期权。只有在2009年、2015年、2016年执行过期权（见图2-1），执行期权产生的收入分别是当年GDP的0.5%，0.6%，0.3%（见图2-2）。

每年对冲的量根据墨西哥原油出口量与柴油、汽油进口量的净敞口决定。2007—2017年，墨西哥对冲量的情况如图2-3所示。

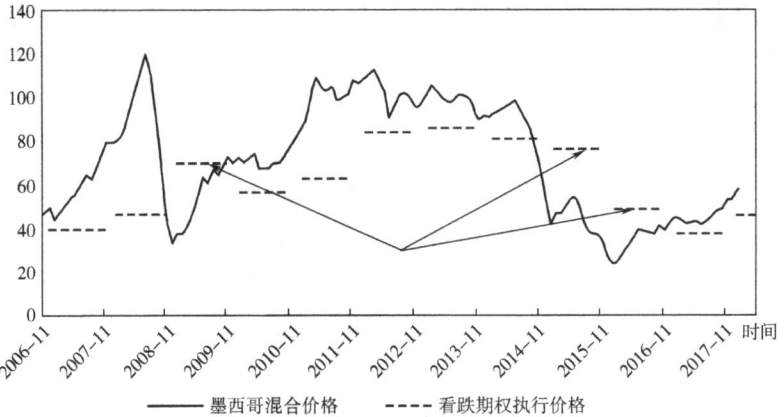

图 2-1 墨西哥原油出口价格与期权执行价（美元/桶）

资料来源：IMF working paper, 2018.3；Chang Ma, Fabian Valencia, 2018.

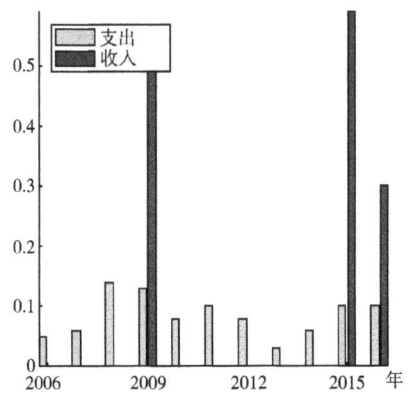

图 2-2 墨西哥期权费支出以及期权执行的收入（占 GDP 的比例）

资料来源：IMF working paper, 2018.3；Chang Ma, Fabian Valencia, 2018.

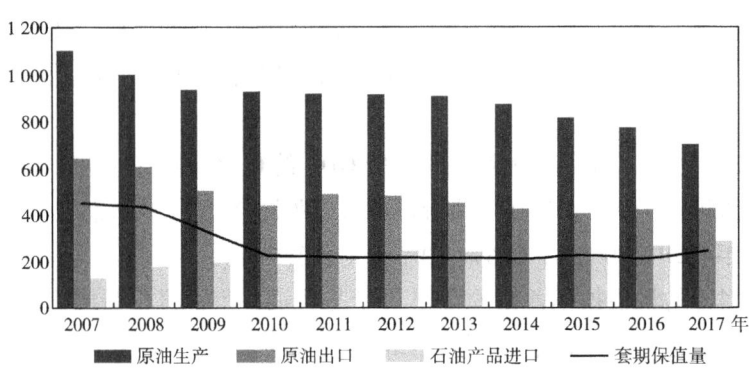

图 2-3 墨西哥原油生产、出口、进口以及对冲量（百万桶）

资料来源：IMF working paper, 2018.3；Chang Ma, Fabian Valencia, 2018.

2.4 避险效果

对冲与买保险是类似的，是成本与收益的权衡。对冲使墨西哥财政部避免了因油价超预期的下跌而减少财政收入，避免了油价波动带来的不确定性。另外，对冲也便利被保险人与债权人的金融交易。墨西哥的债权人可能会更愿意为它提供融资，因为他们看到墨西哥与油价相关的部分风险已经通过金融对冲进行转移。

但是购买保险也是有成本的，无论是否会发生所担心的风险，买方都要支付保费。以房屋火灾保险为例，房主每年支付保费，但如果没有发生火灾，那么房主没有任何收益。但是房主仍然会选择购买保险，以可预测和可管理的损失换取突然损失一间房子的风险。因此，保险的费用是决定买方是否能从对冲交易中受益的关键因素。

评估墨西哥是否从油价对冲交易中受益要考虑到这些因素：对冲平滑了油价相关的收入、外部债权人评估墨西哥暴露在油价波动下的主权违约风险，以及墨西哥需要支付的期权费用。国际货币基金组织（Chang Ma & Fabian Valencia，2018）的研究表明，油价对冲增加了墨西哥的福利并减少了主权债务的风险价差。福利增加相当于0.44%的持久性消费增长，而其中的90%得益于更低的风险价差。风险价差比没有对冲时减少了19基点。

2.5 避险的政治风险

毋庸置疑，对政府原油避险最大的外部约束是政治风险。对于一国财政部部长或国有原油公司总裁来说，避险的政治成本可能超过收益，即使从经济上看收益很明显。一旦即期市场油价下跌，避险项目的金融收益可能被看作是投机性收益，如果部长没有进行对冲，他完全可以把政府预算问题甩给油价的下跌。而一旦油价上涨，避险项目会导致政府失去更高收入的机会，这可能产生政治上的风险。墨西哥原油避险项目之所以能够成功，其核心是通过立法形成国家意志，从而规避了政治风险。而其他国家没有解决好这个问题，而使避险项目演化为政治风险。

1993年初，厄瓜多尔通过中央银行与货币委员会向高盛杰瑞公司买了两份执行价为14.9美元/桶的3个月、6个月看跌期权。总期权费约为1 200万美元，同时政府也做了6个月500万桶的原油掉期，掉期约定，一旦价格超过14.9美元/桶，政府将支付浮动费。到期时，即期原油价格显著高于 14.9 美元/桶，看跌期权失效，政府支付了 600 万美元的原油掉期浮动费用。反对派批评这个交易给国家带来了巨大损失，议会立即组成一个调查委员会，对银行行长与货币委员会总裁进行涉嫌受贿调查，引起了政坛风暴。

但时过境迁，2018年初，厄瓜多尔能源部部长表示，他将向财政部推荐能源对冲策略，以稳定国家的财政预算。

参考文献：

Chang Ma, Fabian Valencia. Welfare gains from market insurance: the case of mexican oil price risk [OL]. www.imf.org, 2018.

3　乌拉圭天气与原油避险策略

3.1　引言

在世界银行的帮助下,近些年,乌拉圭完成了几笔天气与油价避险交易。世界银行是为影响各国的全球性问题提供创新性风险管理金融解决方案的领导者与先行者。世界银行司库部门的创新帮助客户转移灾难式的金融风险与金融冲击,例如,飓风、海啸、地震、干旱,为各国在发生灾难时提供财政缓冲。世界银行与乌拉圭的国家对手方合作框架,已经签订了两期,分别是2010—2015年[①]与2016—2020年[②],致力于在一个复杂的国际环境下,使乌拉圭保持可持续增长,增强乌拉圭对外部冲击的弹性是这个合作框架的目的。天气与油价对冲是管理这些风险的两个具体项目。

3.2　天气避险策略

乌拉圭国有水力发电公司(UTE)超过80%的发电量来自水力发电。当降水量或水库蓄水量偏低时,UTE被迫购买其他替代能源(主要是石油与天然气)进行发电。当油价处于高位时,发电成本就变得非常高昂,这触及了UTE的底线,并对消费者与国家预算产生了影响,因为政府需要给UTE提供金融支持。2012年,由于水量的短缺,导致UTE购买其他能源,供应电力需求导致14亿美元的成本支出,远超出UTE公司9.53亿美元的最初估计。为了弥补差额,UTE公司从市场上融资,导致国家能源稳定基金减少了1.5亿美元,并使消费者支出增加。UTE需要管理这些风险,乌拉圭关注到世界银行作为中介为非洲国家马拉维所做的天气避险的案例,请求世界银行提供技术支持,帮助UTE对冲天气与油价的风险暴露。

---

① Uruguay country partnership framework 2011—2015 [OL]. www.worldbank.org.
② Uruguay country partnership framework 2016—2020 [OL]. www.worldbank.org.

2013年12月18日，世界银行宣布与乌拉圭国有水力发电公司完成4.5亿天气及油价的保险交易（世界银行网站，2013）。这笔交易确保UTE在未来18个月内免受干旱与高油价的困扰。UTE的水力发电依赖于乌拉圭与巴西两条河流的水量，两条河分别是里奥内格罗河与里奥乌拉圭河。为了测量干旱的程度，这个交易使用了分布在两条河流域的39个气象站雨量测量数据。每天收集雨量数据，与合约设定的标准进行比较。如果雨量低于合约触发标准雨量，世界银行将支付最高4.5亿美元给UTE，具体支付的金额取决于干旱的程度与油价的水平。油价越高，支付金额就越多，以抵消高成本的燃油购买。

保险的主要条款见表3-1。

表3-1 2014—2015年乌拉圭天气与原油价格保险

合约类型	水力能源指数联结天气衍生品
最大赔付	4.5亿美元（累计）
期限	2014-1-1—2015-6-30，18个月
天气指数	乌拉圭潜在水力能源指数（UPHEI）
执行价	指定UPHEI指数值
交割期	每半年交割一次

如果执行价小于雨量指数，则世界银行不赔付；如果执行价大于雨量指数，则世界银行根据雨量指数与油价水平给予赔付。世界银行与安联保险、瑞士再保险公司签订了镜像协议，把风险转移给保险公司。

世界银行介入交易增加了交易的置信度以及数据收集协议的可执行性，这些都提供给市场参与各方。世界银行提供三个方面的支持：第一，为确定执行价水平、考虑的变量数量、期限与金额提供技术支持；第二，通过乌拉圭国家气象服务设计未来收集水文数据的协议（对合约的执行至关重要）；第三，提供天气衍生品合约条款信息。世界银行同时作为UTE的交易对手方，对冲它与再保险公司交易的风险，UTE预付期权费。

乌拉圭经济与金融部部长费尔南多·洛伦佐（Fernando Lorenzo）说："乌拉圭暴露在天气与油价波动的风险之中，我们需要用一个创新性的方法去管理这些挑战。这笔交易是一个非常积极的开始，因为它帮助居民、商业部门乃至公共部门的账户避免外部大的冲击。这笔交易是对2010年设立的能源稳定基金的一个补充。"①

从短期看，这份合同的目标是保护消费者免受高价且波动的用电费用影响；从长期看，UTE 已完全交付给一个试图减少能源部门风险暴露的国家计划。除了使用市场工具转移风险之外，乌拉圭正在投资风电与天然气发电，进行电力生产的多样化。

3.3 油价避险策略

乌拉圭正进行一场可再生能源革命项目，目标是 95% 的电力需求来自清洁能源。虽然原油在能源消费中的比重下降，但乌拉圭仍然严重依赖原油进口以满足该国每年的能源需求。2015 年，乌拉圭进口了 1 400 万桶原油（见图 3-1）。如果油价突然上涨，会使政府从其他优先领域转移财政预算到能源上面，同时也会对个人与商业部门带来负面冲击。乌拉圭政府希望预算不受油价突然变动的影响，希望在政府风险管理框架下保持宏观金融的稳健性。

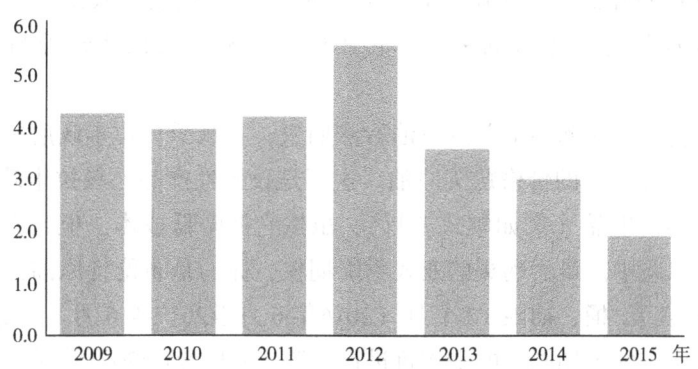

图 3-1　乌拉圭原油进口占 GDP 的比例

2016 年 6 月 15 日，世界银行与乌拉圭经济及金融部部长宣布完成油价对冲项目，以保护乌拉圭免受国际油价波动对经济的冲击。这个项目的执行通过一份以世界银行为中介的金融衍生品合同，目的是通过类似买保险的方式，避免乌拉圭的财政预算与总体经济受到油价的负面冲击（Herman Kaniil，2016）。这是世界银行第一次与一个新兴市场国家完成商品对冲交易。

世界银行司库与乌拉圭财政部债务管理办公室一起设计了整个油价对冲项

---

① www.worldbank.org，2012-12-19.

目。对冲油价波动风险项目的原则有五点：

（1）由中央政府部门执行（负债管理部门）；

（2）目的是对冲，而不是投机（用简单的期权）；

（3）对冲的成本是透明的，不存在因下跌而导致的或有责任；

（4）在执行之前建立合规的技术能力与运作框架；

（5）随时维持（重复进行）。

世界银行的角色是为整个对冲项目进行合作沟通并提供技术支持，充当乌拉圭与市场之间的中介，在快速变化的市场环境下以有竞争力的价格帮助乌拉圭执行交易。所用的工具是原油看涨期权，即到期时乌拉圭有权以事先约定的执行价购买原油。这笔交易的标的数量约是乌拉圭年石油进口量的一半，即600万桶，有助于该国财政预算与总体经济免受油价波动的影响。

乌拉圭经济与金融部部长丹尼诺·阿斯托里（Danilo Astori）说："作为一个石油净进口国，油价的上涨将对个人、商业机构以及政府预算产生重大冲击。保护经济免受全球波动的影响是政府风险管理框架的关键内容，增强宏观金融弹性和降低财政风险。世界银行的支持与积极介入是这个考虑周全的油价对冲项目建立起来的关键。它还提供技术专家长期管理与维持这个项目。"①

政府支付期权费购买了一份原油看涨期权，它赋予乌拉圭政府权力（而不是义务）以事先约定的价格购买原油。这不是投机性产品。乌拉圭政府决定不要其他形式的衍生品（例如领式期权），虽然它能降低成本，但也会使乌拉圭暴露在下行风险中。最后购买的亚式看涨期权，标的是布伦特原油，600万桶，执行价为55美元/桶，期限12个月（2016年6月至2017年6月）。交割：到期时，把执行价与约定期限内的平均价进行比较。期权费1 570万美元。

乌拉圭政府向世界银行购买了这份期权，世界银行与市场机构签订了一个镜像期权购买协议。世界银行基于信用责任为乌拉圭政府提供最优成交价格。

对冲的政治成本可能超过收益，即使经济效果是显而易见的。金融对冲使财政面临的风险更加明显，并且还需要承担成本，如果不对冲就没有这个问题。因此，厘定目标非常重要，不是为了投机，而是为了使财政稳定。世界银行与其他机构推动国家有意识地理解对冲行为。通过衍生品对冲风险比使用评级机构减少国家财政风险的方式更有效。

---

① www.worldbank.org，2016-01-15.

参考文献：

[1] The World Bank Partners with Uruguay to Execute Largest Public Weather and Oil Price Insurance Transaction[OL]. www.worldbank.org.

[2] Herman Kamil. Innovative financial solutions for implementing debt and risk management strategies: The case of Uruguay[C]. Sovereign Debt Management Forum, October 19th & 20th 2016-Washington DC, US.

4 马拉维天气避险策略

4.1 引言

马拉维是南部非洲的一个内陆国家，天气特别干旱，降水量反复无常。该国GDP的38%依赖于农业，主要是小农养殖和降雨带来的玉米收成。马拉维的饮食主要以玉米为主，占摄入总卡路里的50%。2005年，一场特别严重的干旱袭击了马拉维，上百万农民需要粮食救助。这场旱灾使政府花费了2亿美元应对，国际上救助了少部分数额（worldbank，2012）。

类似2005年的案例不胜枚举，在过去的几十年里，灾难性的旱灾对马拉维的冲击一直很大，这不仅是因为天气对农业生产和国内总产值造成的直接影响，而且包括灾害意外需要政府财政的紧急调拨而造成的间接影响。因此，天气原因产生的宏观经济不稳定一直是马拉维经济增长和减少贫困的主要制约因素。此外，从长远说，降水量波动性的长期影响是巨大的，因为经济不确定性阻碍了该国产生和吸引生产性投资的能力，降低了其在国际市场上的竞争力，也无法让最需要的人在就业和收入上获得收益。

尽管马拉维的天气变化无常、灾害频发，但其财政预算中只有小额津贴用于应对此类紧急情况，在气候灾害之后，马拉维历来依靠国际援助。有一种解决办法是设立一个应急储备基金，但是该基金正确的核算难度极高，基金的资产管理和投资战略方面也是一大挑战；另一种解决办法是积累额外的外汇储备，但是额外的外汇储备会带来大量费用。事实上，对像马拉维这样的发展中国家来说，这两种方法都需要拨出大量资金来预防鲜有发生的事件，因此，政府可以更有效地利用稀缺资金的高机会成本。近年来，马拉维政府一直在探索创新的办法，以制定一项全面的国家粮食安全战略。

4.2 目标

世界银行与其他发展组织已经通过农业技术、水利投资与发展粮食市场，努力支援马拉维以加强该国的食品安全。与此同时，另一种创新且互补的办法是试点类似保险的合约，并利用有限资源的潜在财政优势，将马拉维的部分旱灾风险转移到多样化的商业投资组合中。马拉维对此类发展减轻干旱对经济的冲击与联邦预算的策略很感兴趣。这需要一旦有严重的干旱发生就有资金快速进入以减少其对人道主义救助的依赖。世界银行在国际金融市场上找到天气衍生品帮助马拉维政府转移严重干旱风险。一旦严重干旱发生，马拉维能快速从天气衍生品中得到资金。

此类基于指数的风险转移合约类似保险但不是传统意义上的保险，传统意义上的被保险人对证明已经发生的精确的货币损失可以得到补偿，而风险转移合约，即天气衍生品合约的保护是基于在合约期间触发特定的指数，该指数的设计目的是尽可能与潜在风险密切相关（在马拉维则是玉米的平均产量）。当此指数在合约期结束时超过指定的合约阈值时，将自动生成支出，而不需要评估损失或检查确认实际损失的发生额和严重性。通常这些合约在法律上被构造为衍生品合约而非保险合约，虽然它们仍然履行保险功能。

这类交易的对手，即因风险转移获得溢价的实体，是气象风险市场的参与者。近年来，气象市场稳步发展，自1997年成立以来，已有超过1 300亿美元的风险转移。来自再保险和金融界的气象市场参与者对新的、不相关的风险（如马拉维的）非常感兴趣，商业风险组合逐渐增强并多样化。

4.3 天气衍生品的结构

在马拉维，玉米产量与降雨量之间具有高度相关性，玉米生产在经济和家庭粮食安全中也发挥着重要作用，马拉维的天气风险管理合约，即天气衍生品合约可以根据玉米生产指数编制。经验表明，在大多数国家，包括最不发达国家，都有长期监测农业气象的历史，也就有足够的气象站和数据以最小的成本来考虑以指数为基础的风险管理办法。马拉维的气候变化与气象服务部（马拉维气象服务部），掌握降雨量数据，因此满足风险转移的关键先决条件。

1992年以来，政府每年2月会对国家玉米产量进行预测。马拉维提出的指数（马拉维玉米指数）利用全国23个气象站的降雨量数据，基于马拉维气象服务部（MMS）国家玉米产量评估模型设计。事实上，马拉维气象服务部的国家玉米产量评估模型是基于全国75个气象站和降雨量构建的，但由于马拉维网络中只有23个站满足了风险转移到气象风险市场的严格标准，因此马拉维玉米指数仅使用这 23 个主站的数据。

马拉维政府在2008—2009年，2009—2010年，2010—2011年所购买的天气衍生品合约是一个基于降水量指数的期权。指数与降水量及玉米产量挂钩。在2009—2010年合约中，如果马拉维由降水量预估的玉米产量显著低于历史平均水平，那么，马拉维将会收到最多 440 万美元的赔付。一旦干旱发生，该地区的玉米价格将暴涨。在2009—2010年，马拉维政府同意使用天气衍生品合约锁定玉米进口价格，因为一旦干旱发生，玉米减产，价格就会上涨。世界银行充当了马拉维政府与再保险公司或投资银行交易的中介。马拉维要求事先支付期权费，这个期权费是由国际发展组织英国分部提供的融资。表 4-1 为天气衍生品的主要要素。

表 4-1 天气衍生品主要要素

要素名称	要素内容
日期	2009—2010年
合约类型	看跌期权
最大赔付	440 万美元
期限	6 个月
触发条件	低于玉米指数历史均值的10%，该指数与降水量及玉米产量挂钩
指数	玉米产量

此类合约的年度期权费价格和预期年度平均支出将随触发的级别而异。在确定天气风险管理工具的价格时，市场提供者将考虑自己的风险偏好、业务需求、风险成本和运营成本。虽然有各种各样的定价方法，但一般来说所有合约的定价都将包含预期损失的要素，加上一些与资本准备金相关的附加或风险保证金，这些费用相当于在目标水平上承保风险业务和行政费用。所以一般来说，合约的期权费可以按如下方式细分：

$$期权费=预期损失+风险保证金+管理成本$$

预期损失是在任何给定的时期内合约的平均或预期支出。在某些年内，不会发生任何支出，而在其他情况下，可能会发生超出预期损失的支出，风险承担者必须通过风险保证金补偿这种不确定性，这样才能在这些潜在的大支出发生时能够兑现支出。而确定预期损失和风险保证金的价值必须来源于历史气象数据。

4.4 结果

基于指数的天气衍生品使马拉维进入国际金融市场，并把与天气相关的风险转移给市场对手方。它旨在使马拉维能够管理风险，而不是管理危机。世界银行第一次把金融风险管理工具——天气衍生品提供给一个低收入国家，在发展中国家使用天气衍生品及基于指数的农业保险产品是一件新鲜事物，这个市场仍处在发展中。这个合约在2009年9月与2010年更新过两次。世界银行为没有处理这种金融工具专家的国家提供了这种能力，因此这些国家最终能够独立地执行风险管理策略。

认识到天气衍生品能够覆盖马拉维干旱风险发生的可能性，并作为玉米风险管理工具的一部分，这一点很重要。天气衍生品能够帮助国家更好规划、预算并执行对自然灾害的积极回应。这种交易能够针对不同国家不同天气灾害、期望保护程度、估计在发生灾害时的金融损失进行量身定制。制定这一风险管理工具将为政府提供一个新的机会，使其能够在财政上管理其对旱灾的预算，并利用市场手段对（玉米产量）风险的影响，补充和提高政府在其投资组合中已经拥有的价格和其他风险管理工具。通过价格发现，促进政府和捐助者规划和防备由旱灾导致的粮食短缺，作为一项额外的金融工具，将协助政府制定每个农业季节既全面又经济有效的国家粮食安全战略。这一金融工具的发展最终可以加强政府对旱灾造成的粮食短缺的反应，减轻与气候有关的冲击对宏观表现的影响，从而促进投资、经济增长，减少贫困。

4.5 经验

4.5.1 建构指数

这类天气衍生品合约的主要技术先决条件是一个能完全代表风险的指数，这个指数要使用符合质量要求的数据构建。马拉维政府的气象风险管理计划能否成功，取决于合约所依据的基础雨量指数的设计。基于指数的策略并不可能完全包括实际的玉米产量损失；相反，它涵盖的是干旱期间的降雨量与充足的玉米生长和发展所需的降雨量的短缺。由于降雨和玉米产量高度相关，降雨的变化（时间、累计数量和分布）可以作为玉米损失的代表。如果指数在合约期结束时触发了指定额，表明损失最有可能发生，即根据指数进行支付，而不是根据实际损失本身支付。马拉维天气衍生品交易成功测试了马拉维把降水量数据实时移交给国际市场的气象服务能力。另外，对马拉维气候变化与气象服务部门基础设施的投资将有助于改善指数可靠性与政府早期预警系统。

4.5.2 天气与商品价格风险管理结合

管理干旱风险的方法能够使政府的快速与高效的反应更具确定性，还创造了市场准入机会：即风险可以从有关国家转移到积极寻求这一风险的国家。通过风险度量中介，如果在农业季节发生了合约规定的严重和灾难性的降水短缺，合约就像及时雨一样，为政府提供及时且有保障的资金。这些产品可以在收到与核实数据后尽快解决问题，而不必依赖于耗时的实地评估和主观评估来调整损失，而传统保险产品和人道主义援助，不但所需的费用高，而且需要进行冗长的需求评估。

在危机时期，这种早期紧急融资的来源更可预测，连同该国早期预警系统的改进，将使政府在干旱防备和应急规划方面有更大的灵活性，从而能较早地以最节省费用的方式对灾害冲击做出反应。此外，尽量减少政府对传统的以呼吁为基础的紧急融资的依赖，能给易受天灾冲击的国家带来更多的尊严，因为国际救助不仅不可预知而且往往不合时宜。最后，天气衍生品合约能够发现该国旱灾所带来风险的市场价格，将有助于政府减轻其投资组合中的天灾风险，做出卓越的投资决定，并平滑灾年和非灾年中与旱灾有关的支出。

更重要的是，基于指数的天气风险管理工具应该被看作是政府在管理粮食安全的武器库中的工具和选择之一，其在面对外生冲击时使财政稳定。为了最大限度地提高融资成本效益的及时性和可预测性，并揭示只转移灾难性旱灾风险的价值，实施该计划需要综合旱灾风险管理战略和应急措施。

4.5.3 基于指数的天气风险管理不能解决国家面临干旱的所有挑战

基于指数的天气风险管理是一个能够整合在其他风险管理策略中的金融工具。基于指数的风险管理产品的最大限制之一是"基础风险"，定义为基于指数的合约支付与国家实际（玉米生产）损失之间的潜在不匹配，这样，支付不足以赔偿政府的损失。基础风险有两种发生方式：该国可能会遇到产量缺口（如马拉维的玉米短缺），而该指数没有反映出来，因此不会引发支出；另外，一个国家可能会经历一个整体的国家生产过剩，但天气衍生品合约仍然会引发支出。

此外，还有许多变量是不会体现在指数之中的，但它们也影响着生产水平。

例如，就马拉维而言，并非所有的玉米生产短缺都是干旱造成的：洪水、内乱、农业管理不善、虫害、种子和肥料供应不足都可能与降雨一样引发粮食短缺等紧急情况。这些风险并不能在降雨的指数中显现，不能客观地为风险转移编制指数。因此，基于指数的衍生品只适用于取得了一些进展并能进行管理的额外风险。这一限制必须清楚地传达给所有各方，并应与政府合作伙伴共同制定基本指数，以确保指数与潜在风险相互关联，并确保国家对方法的所有权和理解适当。出于同样的原因，在可能的情况下，指数也应对当地开发的并使用过一段时间的模型加以调整，例如，用于预警或生产预测的模型就需要不断调整。然而，基础风险，总是被认为意味着基于指数的产品，必须始终伴随着其他风险管理或缓解的机会，而风险转移的应急计划是为了被实现而缔造的。

这种做法的不利之处在于：该合约提前收取且不可退还的费用，使政府全面旱灾反应成本增加。捐助者经常为应对人道主义危机提供额外的财政资源，因此，如果政府每年承担保险费，可能会有财政损失。政府应与发展伙伴讨论这种对风险管理的事前方法的反常激励，以便在支付少部分保费时寻求支持。

4.5.4 能力建设与技术支持对于天气衍生品合约的成功执行至关重要

天气衍生品合约创新在2008—2009年率先推出，是非洲主权国家的首例。马拉维政府扩大技术支持进行初步的试点交易，并继续试行这一金融工具。事实上，要了解天气衍生品合约的范围和局限性，以及它在政府不断发展的战略、应急规划和业务旱灾反应框架中的作用，就必须有几个试点时期。试验不应旨在涵盖该国潜在的旱灾反应的整个财政规模，相反，而应将风险的确定百分比作为更广泛（玉米）风险管理计划的一部分，并测算马拉维的旱灾风险转移到国际风险市场的可行性和成本。试点的目的不仅是及时和客观地确保有限的旱灾融资，而且还要为马拉维的旱灾风险确定价格。随着商业投资组合的多样化和市场的发展，未来会有越来越多的交易出现。

参考文献：

Worlk bank. Weather derivative in Malawi[OL]. www.Worldbank.org, 2012.

5 加纳原油避险策略

5.1 引言

加纳在绝大部分时间里是一个石油净进口国。随着国际原油市场在2008—2009年的剧烈波动，加纳政府开始考虑对冲原油价格的可能性，作为减少油价对经济冲击的部分措施。2010年3月11日，内阁会议同意由财政及经济规划部、能源部联合提交的商品价格风险管理政策。这个项目的初衷是规避油价大幅波动、获取稳定价格，确保国内石化产品的供给。基于这个考虑建立的对冲项目包括两个方面：一是过去国家的宏观经济稳定受到了外部商品价格的冲击，主要是油价上涨的冲击，上涨的价格使政府在补贴石化产品上面临公众的压力；二是国内担心随着石油需求的增加导致供应的短缺，将导致无论是从短期还是长期看，油价都将逐渐上涨（IFS，2018）。

5.2 风险管理政策

根据内阁会议的决定，成立了由9人组成的风险管理委员会，其职责包括：风险评估、风险决策、执行风险控制。委员会主要聚焦在何时与怎样用最佳的对冲方式减少成本高昂的油价风险暴露。而且，委员会被寄期望用保险工具控制进口石油产品价格以保证国内零售市场价格的稳定。委员会被授权决定国家购买石化产品的对冲价格，尤其是汽油与柴油。需要立即对冲的商品包括高端汽油与柴油，出口的原油也随后进行对冲。为了加强对对冲项目的监管，2010年10月，内阁把风险管理委员会重新组建成由总统任命的国家风险管理委员会，并通过财政与经济规划部部长向内阁报告。重新组建的国家风险管理委员会委员由以下部门派代表组成：能源部、财政与经济规划部、司法部、加纳银行、加纳国家石油公司、可口销售公司、伏尔它河流管理局。

5.3 对冲项目的执行

2010年10月，政府开始着手执行对冲项目，作为一种保护国家免受油价上涨带来损失的措施，锁定最高油价，同时可以受益于油价的下跌。政府向交易对手方同时购买了原油看涨与看跌期权，这些交易对手方包括：渣打银行、法国巴黎银行、花旗银行、巴克莱银行、南非标准银行、德意志银行、摩根士丹利与高盛公司。看涨期权约定的执行价格是在该期权有效期里购买原油的最高价。这样，政府能够对原油在最高价附近波动进行保险，可以根据国家偏好与对手方银行进行现金交割。看涨期权保证加纳在原油价低于有效期内最高价的情况下，以市场价格购买原油的权利。看跌期权保证加纳以给定的执行价卖出原油的权利。

最初，政府以 82.5 美元/桶（布伦特价格）的执行价每月对冲 100 万桶进口原油。随着原油价格的上涨，执行价也随之调整以覆盖对冲成本。到2011年年底，每月对冲量增加到 200 万桶，平均执行价格为 115 美元/桶。

需要提及的一件有趣的事情是，当时世界银行与国际货币基金组织认为（IFS，2015），2011年的油价应盯住在 78.75 美元/桶，国际社会警告加纳以 82.5 美元/桶的价格对冲未来 6~12 个月的进口原油，将对加纳脆弱的经济有致命影响。世界银行与国际货币基金组织明确指出，从2011年剩余时间以及中期看，油价将会维持当前水平。但加纳还是以 82.5 美元/桶进行了对冲。四个月后，油价飙升到 115 美元/桶。

随着对冲项目的成功，加纳在2011年7月开始将100%的进口原油进行了对冲。2012年1月，政府宣布每季进行原油对冲。

随着朱比利油田开始产油，加纳又暴露在一类新的价格风险之中。估计原油有 13 亿加纳币的销售收入，政府2011年财政收入是基于 70 美元/桶，后来调整到 100 美元/桶。为了保证原油销售收入支撑财政收入的稳定性，从2011年5月开始，对冲项目扩展到原油销售收入。对冲原油销售收入的工具是原油看跌期权，政府购买了执行价为 107 美元/桶的原油看跌期权，即到2011年年底，政府能以 107 美元/桶的价格销售原油。107 美元/桶的价格是政府从朱比利油田取得销售收入的基准价格，而无须担心布伦特原油价格的崩盘。到2011财政年度末，政府从原油出口中获取的收入已全部对冲。这样，政府从原油生产中得到的收入可保障2011—2012年预算的稳定。

需要强调的一点是，加纳的原油对冲项目不是为了投机性利润。对冲项目是一个保险项目，确保政府在一定时期内，有一个可预测的最高消费价格与一个最低的原油出口价格。

5.4 对冲项目的效果

对冲项目取得了重大成功。加上政府采取了其他审慎性的政策，这段时间是加纳经济管理历史上货币与财政稳定的时期之一。在执行对冲项目的最初两个月，由于期权费的支出，体现为损失（IFS，2015）。随后，到2011年4月，对冲产生的累计净收益超过7 000万美元。到2011年8月，对冲账户的累计盈余达到9 840万美元（净期权费为6 370万美元）。对冲项目最大的好处是稳定了石化产品的价格，原油从2010年9月的78美元/桶飙升到2011年4月的125美元/桶。同期，布伦特平均每月基准价格上涨47%，到2011年6月为116美元/桶。作为对冲项目的结果，自2010年开始，石化产品价格调整的频率大幅下降。的确，2010年，没有发生过价格调整；2011年，调整过两次；2012年价格向下调整一次。

2011年11月16日，财政与经济规划部部长向议会提交了2012年预算，他指出，在油价110.23美元/桶的假设下，2011年石油定价产生的收益为3.649亿加纳币。他同时暗示，到2011年9月，政府补贴了石化产品2.676亿加纳币，主要是来自对冲项目的收益。据国际货币基金组织2012年2月的报告，2011年第一阶段的对冲收益可以满足到7月的燃料贴补。这样，政府有远见的对冲决策避免了经济受到自2010年第四季度到2012年汽油价格上涨的冲击。对冲项目的执行也避免了国家石化产品价格出现历史上类似的上涨。

5.5 对冲项目后续执行情况

2013年，财政与经济规划部考虑扩展对冲项目，但每月的期权费约需700万美元，超出了政府的承受范围。同时，政府认为油价将上涨，也不愿意对冲出口原油。政府官员说："在2011—2012年，我们选择对冲是因为我们要锁定价格，但在现在这个阶段，我们认为油价将上涨，我们宁愿进行少量的进口石油对冲，这由国家石油管理当局处理，但不进行出口石油的对冲。"①

---

① Graphic online. Gout abandons heding policy as oil price stabilises [OL]. www.graphic.com.gh, 2015-01-23.

2014年8月19日，主管石油的能源部副部长宣布，将从2014年9月起每季进行原油对冲作为解决因贴补石化产品而形成的巨额债务的措施。对冲项目被寄予厚望，将有助于解决加纳居民面临的石化产品消费价格波动问题，以及国际原油市场价格波动问题。能源部部长也宣称，建议执行的对冲项目已经送到内阁，将到2014年8月底获批。这个决定显得很奇怪，因为四年前国家风险管理委员会已经由内阁批准成立并由议会委任，而且在2010—2012年也执行过对冲交易。但是此后杳无音讯，直到2015年1月中旬财政部部长在一个记者招待会上说将重启国家原油进出口对冲项目。财政部部长塞思·泰克尔（Seth Terkper）接受媒体采访时说："政府正在讨论一个新的对冲政策。我们正在做所谓的香草对冲，将吸取对2010年引进的对冲项目评估后的经验教训。"① 财政部部长表示从事原油部门的评估是政府义不容辞的责任，因为这是加纳产油以来第一次遇到油价的大幅下跌。然而，对加纳民众来说，这是让人迷惑不解的，既然对冲是管理价格下跌风险的措施，那是什么原因阻止政府重启对冲项目呢？为什么政府在如此重要事情面前裹足不前呢？

2011年，政府在预算中显示，加纳将从原油出口中赚取35.84亿加纳币，约为GDP的1.9%。这部分收入将被分配给经济中绝大多数部门，但如果国际油价下跌，并且没有风险对冲计划，那么这部分收入就无法实现。政府在那时并没有冒任何风险，采取了对冲措施以确保设定的预算能够实现。加纳民众对现在的政府为什么不采取对冲措施以稳定2014年、2015年的原油收入感到困惑。

自2015年以来，财政研究院强烈建议加纳政府重启进出口原油对冲计划，以避免每年几百万美元的外汇损失以及稳定政府预算。2017年2月，当布伦特原油价格触及71美元/桶时，加纳的财政部部长对媒体说，将采取计划对冲原油。2018年2月，财政研究院再次呼吁政府进行原油对冲，但政府仍未行动。

参考文献：

[1] Hedging crude oil imports will bring stability to the economy[OL].www.haotags.com,2018.
[2] Prepared by the staff team of the IFS. The falling crude oil prices: mitigating the risk[R]. Institute for Fiscal Studies,2015.
[3] Graphic online. Gout abanclons heding policy as oil price stabilises[OL].www.graphic.com.gh,2015.

---

① Citifmonline. Govt considers hedging oil prices [OL] . citifmonline.com, 2015-01-23.

第二篇　企业避险篇

> 如果卡尔·马克思能够看到外汇市场对行业巨头的影响……一家全球知名航空公司的成功高管用数百万美元进行外汇投机并获胜而归,但他仍受到批评者的猛烈抨击。这足以让资本家哭泣!
>
> ——市场间评论,1985

6 企业避险理论与操作流程

相对于国家，企业的避险决策和流程简单许多，但也不轻松，仍然面临许多困扰。困扰的核心是对风险的误解，对避险成本的担忧，以及对报告衍生品交易损失的担忧。企业对避险工具和策略缺乏认知加剧了这种困扰。企业风险管理人员面临着避险工具（主要是衍生品）需要获得公司董事会批准的艰巨挑战。本章目的是澄清围绕风险问题的基本误解，以及用于管理风险的工具和策略。

有效的避险计划不会试图消除所有风险。相反，它试图将不可承受的风险转化为可承受的风险。公司风险管理人员面临的主要挑战是确定公司愿意承担的风险，以及确定公司希望通过避险改变的风险。避险计划的目标应是帮助公司达到最佳风险配置，平衡避险的益处与成本。本章将企业避险流程概述为七个步骤，旨在帮助风险管理人员确定他们公司是否能从避险计划中受益。

6.1 避险理论

6.1.1 风险的概念

对风险的认识和识别很重要，应当指出的是，风险识别是一个在所有组织管理层面上持续的过程。人们已经注意到，风险是指变化的概率和程度，而这些变化并不是预期中的。因此，风险管理必须应对意想不到的变化。由于市场的各种因素都在影响企业的现金流，风险管理已经成为当今企业面临的大问题。对于管理层来说，重要的是要为公司未来现金流提供稳定性和确定性。

当知晓了公司外部和内部环境所需的信息后，我们可以识别出各种风险来源，这些来源可以进一步作为企业面临风险的背景。这将使管理层更好地了解如何识别确切的和基本的风险，以及以后如何应对这些风险。

一般来说，当管理层描述风险时，通常认为当自己缺乏对于某件事情或行动对公司具体经营活动所产生的后果和影响的认知时，该事情是有风险的。然而，在以市场为导向的分析视角下确定风险时，通常情况下，经济学家拥有所有必要的信息和知识，能够以确定性的方式处理具体活动。因此，金融风险管理的存在就是通过优化管理，将市场不可控的不确定性对企业经营成果所产生的影响转化为可控的、可量化的风险。公司时刻面临着风险，金融风险管理可以帮助企业正确识别关键的目标变量，并对其进行度量，以便采取适当的避险策略来减少这些变量的影响。

6.1.2 避险

为了应对风险敞口，风险管理的选择是避险。避险可以定义为企业以牺牲完美结果为代价的抵消风险的行为。同时应该注意的是，避险可能会降低回报，但也会降低成本方面的潜在不利因素。更普遍的定义应该是避险减少了结果的差异性，这是风险管理人员的直接任务。风险控制建议的重要之处是满足公司的盈利预期，这就需要管理公司在利率、汇率波动以及其他市场变量的影响下的收益波动。

6.1.2.1 避险的原因

避险降低了预期现金流量与分布均值的变动率，从而降低了风险。这对单个公司的影响是正面的，因为对未来现金流的准确预测提高了公司的规划能力，企业将能够从事本来可能不被考虑的活动或具体投资。避险也降低了公司现金流低于临界点而造成财务困境的可能性。管理层进行避险的其他原因是，在了解公司的真实风险敞口方面比股东获得了相对优势。管理层也比股东更能利用市场不平衡条件的优势，通过选择性避险来提高公司的价值。应当指出，管理层开展避险活动的其他原因是其可能会减少公司内部的代理问题，也可能会降低公司有效税率，并可能减少经理和其他合同方之间的风险，还可进一步减少收益的负面信息含量。

从理论上看，避险行为的动机在于其可能对合同各方有利。然而，避险为各方带来的好处可能并不相同，因此企业的避险策略会有所不同。我们要更仔细地审视财务困境的成本，因为这是主张避险的重要论点之一。如果一家公司的资产价值低于公司的负债并因此无法按时偿还其往来债务或贷款，则该公司被认为无力偿债，其价值面临风险。这加剧并强调了公司的财务状况和公司现状，但最重要的是它们是否能存续。发生上述情况的可能性就是公司破产的可能性。这就是所谓的财务困境，企业被迫采取行动避免它的出现。

当公司承担内部风险比在市场上承担风险的成本更高时，就会出现楔形效应。为了确保不受这类现象的影响，公司通过资本市场来化解风险，因为另一种选择往往费用更高。在假定价格与公司活动有关的前提下，这种选择是正确的。那些暗示财务困境不应该有任何代价的理论，或者不提倡企业进行金融风险管理的理论被称为新古典理论，它们的理论是基于一个完美世界的假设，既没有税收，也不存在信息不对称和交易成本。这些理论认为，投资者可以像公司管理者一样对投资组合进行多样化的避险活动，因此公司本身并没有进行避险的动机。这些理论同时还假设不存在破产成本，然而，在现实中，市场缺陷确实存在，财务困境的代价也是事实。因此，管理层可以通过采用金融风险管理方案来降低现金流量的波动，从而增加公司的价值并降低财务困境的成本。通过降低财务困境出现的可能性，外汇避险和其他风险管理活动也可以增强公司偿债能力，并促使管理层持有更多股权。财务困境成本是指破产的现期成本和破产概率，费用包括律师费、诉讼费以及额外风险溢价。当一家公司陷入财务困境时，也存在许多间接财务困境成本，供应商可能要求提前付款，而员工也可能因担心失业而要求提高工资。间接财务困境成本的另一个来源是，由于担心得不到未来的服务和担保，客户可能不愿意购买公司的产品。

  金融风险管理项目不仅降低了财务困境的成本，而且还拥有许多其他与金融风险管理计划相关的优势。外部资金的获得成本往往比内部资金更高，因此，拥有稳定的现金流从而以较低的资金成本完成计划投资对公司来说是一种优势。否则，由于外部融资成本过高，公司可能面临无法投资的风险。正如上文所述，金融风险管理计划可以为公司提供更确定的现金流量，从而使公司有能力进行投资以确保公司的成长和增值。

  在实施凸性税收①的国家，公司有动机实施财务风险管理计划，以获得更稳定的现金流。如果一家公司的年利润波动很大，由于宏观经济环境的原因，公司最终也可能需要缴纳更多的税。同理，在投资者层面，当红利的税收也面临凸性问题时，上述情况依然存在。此时往往意味着在累进税率下，个人收入提高，就必须支付更高的税率。

  如果一家公司有可预测和稳定的现金流，也能够承担更高的债务水平，特别是因为它降低了发生违约的风险，又因为债务的成本通常被视为低于股本，因此在债务的税收保护效应下债务/股本比率的提高将提升公司的价值。

  利用财务风险管理计划进行避险会使公司价值增加，因为企业随后不必承担破产成本。负面风险不仅会对公司造成严重而琐碎的影响，还会影响公司的声誉和与客户之间的关系。在险价值被定义为公司可能面临的潜在最大损失，

---

① 凸性税收（convex tax）是指公司的税率随着公司的所得增加而增加，税收函数是凸性的，边际税率是增加的，税收具有凸性，税收的凸性函数越大，公司越有更大的激励去对冲风险，其预期纳税义务也就减少得越多。

它是财务风险管理的核心目的之一,因为如果不管理风险,公司通常会迅速破产。

避险降低了预期现金流量与分布均值的变异性,从而降低了风险。这对单个公司是积极的,因为对未来现金流进行更高的预测可以提高公司的规划能力,从而使其能够进行特定的投资。当公司拥有稳定和可测的现金流时,管理层更有可能投资于高风险的正净现值项目。管理层关心自己的收入和未来,但并不能像投资者那样拥有多样化的投资,因此,他们往往比投资者更倾向于规避风险,风险管理计划的实施也可以持续满足管理层的利益。

6.1.2.2 不避险的原因

在金融风险管理理论中,也有关于公司为什么要避免对冲的观点。公司的大部分宏观经济风险并不会增加其多元化投资组合的风险,因此,大多数公司的财务风险敞口面临的是非系统性的或多样化的风险。股东可以通过持有多元化投资组合来消除这些风险,他们在处置风险时拥有廉价的风险管理工具,因此,当公司通过管理财务风险减少收益波动时,投资者并不会对公司给予奖励,例如,降低其回报率。因此,根据这个理论,风险管理和避险是公司的一种消耗性活动。与公司相比,股东更有能力分散外汇风险。如果股东不愿接受某公司的外汇风险,可以将投资组合多样化,以满足个人偏好和风险承受能力。风险管理不仅不会增加预期现金流,反而会因消耗公司资源而减少现金流。企业价值受到的影响,将在资源消耗引起的现金流减少与现金流不确定性降低带来的正效应之间平衡。

根据代理理论,企业的管理层通常比股东更倾向于规避风险,与股东利益优先相违背,他们有时会采取更有利于自己的行动。管理层可能会以牺牲股东利益为代价进行避险活动。对风险管理者有利的内部目标比公司总体目标更可能促使他们采取某种资源消耗行动。代理成本以及决策控制与决策管理的分离产生了股东与管理层之间的利益冲突。代理理论通常认为,管理层通常比股东更容易规避风险,更可能寻求自己的利益,而不是公司即股东的最佳利益。如果公司的目标是使股东财富最大化,那么避险活动可能并不利于股东的最佳利益。管理层可能出于某些会计原因而想要降低现金流波动,风险管理者可能认为自己会因为在规避外汇损失时,招致类似甚至更高的现金成本而受到更严厉的批评。外汇损失出现在损益表中,而较高的资本成本和保护成本则被掩盖在经营费用或财务费用中。但是,有效市场理论认为,投资者可以看穿"会计面纱",也因此已经将外汇效应因素纳入企业的市场估值中。

另一种反对避险的理论是"有效市场假说"。这一理论认为,管理者无法看透市场，如果市场在平价条件下处于均衡状态，避险的预期净现值将为零。有效的市场理论还提出，由会计原因驱动的避险是无法欺骗市场的，因为影响公司价值的汇率或其他风险敞口已经计入公司的市场价格中。

6.2 避险操作流程

6.2.1 确定风险

在管理层开始对避险做出任何决定之前，必须首先确定公司所面临的所有风险。这些风险一般分为两类：经营风险和财务风险（Giddy，2015）。对于大多数非金融组织来说，经营风险是与制造和营销活动相关的风险。例如，一个计算机制造商面临的经营风险是：竞争对手将引入技术领先的产品，将使其丧失原本主导的市场份额。一般而言，经营风险不能被规避，因为它们不能被交易。财务风险是公司暴露于利率、汇率、商品和股票价格等市场因素而面临的风险。财务风险在很大程度上可以被对冲，因为存在着能够转移这些风险的大型有效的对冲市场。在确定需要对冲的风险时，风险管理人员需要区分公司是否愿意承担成本的风险。大多数公司会发现，他们承担与其主要业务活动（如产品开发、制造和销售）相关的风险是有回报的。例如，一个计算机制造商如果开发一个技术领先的产品或实施一个成功的营销战略，将得到回报（股票价格将升值）。然而，大多数公司会发现，他们没有得到回报的风险，一般不涉及他们的基本业务的核心（即利率、汇率和商品价格风险）。前一个例子中的计算机制造商不太可能看到它的股票价格上涨，仅仅因为它成功地押注了美元兑日元汇率的走向。

在确定对冲风险时，需要考虑的另一个关键因素是如果不规避风险，可能会发生潜在损失的重要性。如前所述，公司的最佳风险预测平衡了避险的益处与成本。除非潜在的损失很重要（大到足以严重影响公司的收益），对冲风险的益处可能不会超过避险成本，公司不避险可能会更好。

6.2.2 区分避险和投机

企业风险管理人员有时不愿避险的一个原因是，他们将避险工具的使用与投机联系在一起。他们认为，衍生品避险带来了额外的风险。事实恰恰相反，合理构造的避险总是降低风险的。正是因为选择不避险，经理人才经常使其公司暴露在额外的风险中。

财务风险，无论它们是否被管理，都存在于每项业务中。选择不避险的经理人一般是押注市场将保持平静或对他有利。例如，美国一个计算机制造商有欧元的应收款，因推测欧元相对于美元的价值将保持稳定或升值，而决定不对冲欧元的敞口。在这个过程中，制造商面临欧元相对美元贬值的风险，损害公司的收入。不避险才是真正的投机。

一些经理人选择不避险，从而使他们的公司面临额外风险的一个原因是，公司董事会通常不会放手避险业务。相反，旨在降低风险的避险策略往往受到严格的审查。希望利用避险技术改善公司风险状况的企业风险管理人员必须对其董事会进行说服与解释工作，让其了解公司在不避险时自然暴露的风险，这让企业风险管理人员觉得费力不讨好。

6.2.3 根据不避险成本评估避险成本

避险成本有时会使风险管理人员不愿避险。诚然，一些避险策略确实要花钱。但考虑其他替代性选择，为了准确评估避险的成本，风险管理人员必须考虑到不避险的隐性成本。在大多数情况下，如果利率或汇率等市场因素向不利的方向移动，这种隐性成本就是公司面临的潜在损失。在这种情况下，预估避险的成本时必须与预估保险成本的方式相同，即相对于潜在损失而言看其避险成本。

在其他情况下，衍生品交易是使用传统方法实施融资策略的替代品。例如，一家公司可以将浮动利率的银行借贷与浮动—固定利率互换相结合，作为发行固定利率债务的替代品。同样，制造商可以将商品的现货购买与浮动—固定利率的互换相结合，而不是购买商品并储存。在大多数情况下，衍生品策略被用作传统交易的替代品，这是因为它们比较便宜。由于远期和期权市场具有高流动性，交易成本较低，所以衍生品往往比较便宜。

6.2.4 使用正确的方法评估避险的绩效

公司风险管理人员经常提到的不避险的另一个原因是害怕报告衍生品交易的损失。这种担忧表明他们在选用适当基准评估避险绩效时存在问题。正确评估所有衍生品交易（包括避险）绩效的关键在于在开始时确立适当的目标。

如前所述，许多衍生品交易可替代传统交易。例如，固定利率互换是一个固定利率债券发行的替代品。不管市场情况如何，互换的现金流将反映债券的现金流。因此，公司在互换上损失的任何钱，如果公司发行的是债券的话，早就已经损失了。只有当根据管理层的原始目标（即复制债券的现金流）来评估互换的业绩时，互换是否成功才会变得清楚。

6.2.5 不要将避险计划基于市场预测

许多企业风险管理人员试图根据其利率、汇率或其他市场因素的前景来避险。然而，最好的避险决策是当风险管理者承认市场走势不可预测时决定的。避险应该寻求风险最小化，而不应是对于市场价格走势的赌博。

6.2.6 了解避险工具

公司可以使用内部和外部工具以及实物期权来规避宏观经济风险。内部避险包括调整经营和融资计划以降低风险，例如，匹配外币的流入和流出以及在合同中加入价格调整条款。内部避险的另一个例子是将负债和金融资产都以相同的货币计价。利率风险的内部避险可以通过对企业资产和负债的利率敏感性进行匹配，并将这一价值变动与利率价值变动匹配到同一程度来实现，这一过程被称为期限匹配。将生产或采购活动从一个国家或区域转移到另一个国家或区域的可调整型公司，可以通过使用实物期权和利用自身灵活性来减少宏观经济风险。

外部避险是指与外部签订合同的行动，例如，以一家子公司为交易对手并与其签订远期合同。其他著名的避险技术包括：订立期货合约、购买或发行期权、互换。阻止许多公司风险管理人员避险的最后一个因素是对衍生产品不熟悉。一些经理人把衍生品看成是过于复杂而无法理解的工具。事实是，大多数衍生品解决方案都是由两个基本工具（远期和期权）构造的。由远期构造出来的有互换、期货、远期利率协议等；由期权构造出来的有上限、下限、看涨期权、看跌期权、互换期权等。了解这些的经理人能够理解由两个基本工具组合的更复杂的结构。

一家公司的国际化程度会影响其使用避险技术的程度以及使用何种避险技术。企业最初似乎都是使用内部技术规避风险。国际化措施与内部技术利用程度之间被认为有正相关关系。企业之所以更多地利用内部避险技术而非外部避险技术是有原因的，例如，衍生工具存在交易成本、定价偏差、违约风险等。但真实情况并非如此，大多数公司会根据风险敞口使用不同类型的避险组合。究竟使用哪种技术取决于公司的特点和该公司所积极从事的业务类型。内部避险也可能强加给公司一种不可取的技术，因此，不同案例情况各不相同。金融机构和工业公司有可能更多地利用衍生品而非内部技术间接地传达它们在衍生品市场上的经营管理能力。常见的外部避险技术有四种。

6.2.6.1 远期协议

远期协议是指在未来某一特定日期以预定价格在规定的时间内买卖一项资产的安排。这些合同在柜台上买卖，投资者掌握有关产品的最新信息和知识并进行直接协商。远期协议与期货的区别是，期货是在交易所进行交易的标准化合同。

6.2.6.2 期货

期货与远期协议相似，期货使投资者能够在未来的时间买卖合约，只在交易所交易。假设远期协议与期货的定价相似，相对来说是不合理和不正确的，二者之间有许多不同之处，包括税收、交易成本以及清算所得的使用。

6.2.6.3 期权

期权与金融创新时代并行，也成为流行的交易和避险工具。期权有两类：一类以一定价格购买资产的权利，即看涨期权；另一类以一定价格出售资产的权利，即看跌期权。然而，期权与远期协议、期货和掉期相比存在根本差异。期权持有人有权买卖某物，因此没有任何义务。而在上述其他衍生工具市场，各方都已在某种程度上承诺在未来某一时期采取具体行动。期权的灵活性带来了很高的正向特质，但这对投资者并不是免费的。期权存在费用，而且费用往往较高并可能要求提前支付，从而影响了期权的行权选择。在交易所交易的期权涵盖了期货、外汇、股票和股指等基础资产。与美式期权相比，欧式期权有一个很大的区别，那就是其只能在生命周期结束时行权，而美式期权则在任何时候都可以行权。布莱克和斯科尔斯提出的布莱克—斯科尔斯期权定价模型在期权的定价和交易过程中发挥了重要作用。

6.2.6.4 掉期

当公司同意在未来一段时间交换现金流时，我们通常称之为掉期。单一的掉期通常指远期利率协议，但当此过程反复进行时，被定义为掉期。掉期最初出现在1980年，是抵消利率风险敞口的常用避险工具。然而，远期利率掉期协议并不是唯一的掉期工具。做市商可以利用利率期货和债券来复制掉期并获利。

6.2.7 建立控制系统

与所有金融活动一样，避险计划需要一个内部政策、程序和控制系统，以确保其正确使用。该系统一般在避险政策中记录在案，它规定了被授权进入避险的管理人员姓名，必须批准交易的经理，必须接受贸易确认的经理和其他人，等等。避险政策要定义什么目的可以使用避险，什么不能。例如，公司使用避险降低风险，但不为交易目的而避险；还可能在任何时候，对避险的名义价值设定限制。明确界定的避险政策有助于确保最高管理层和公司董事会了解公司风险管理人员的避险活动，并对所有风险进行适当的核算和管理。

参考文献：

Ian Giddy H. The corporate hedging process[OL]. www.stern.nyu.edu,2015.

7 欧洲宇航防务集团与空中客车外汇避险策略

7.1 引言

欧洲宇航防务集团（EADS）[①]是欧洲主要的航空与航天公司，产品覆盖商业与军用飞机、航天系统、动力推进系统、导弹与其他防务设备，2000年由法兰西航空与航天公司、戴姆勒克莱斯勒航空与航天公司及西班牙航空与航天公司合并而成。欧洲宇航防务集团总部分别位于法国巴黎与德国慕尼黑。按销售额排名，欧洲宇航防务集团是全球第三大航空与航天公司，位列波音公司与洛克希洛—马丁公司之后。欧洲宇航防务集团拥有空中客车公司80%的股权，并对空中客车公司飞机的最后组装负责。

自组建以来，欧洲宇航防务集团的经营理念是不在外汇市场投机获利，对外汇头寸，以美元计价的收入与成本自然对冲之后，剩余的美元头寸利用衍生工具进行对冲。欧洲宇航防务集团外汇风险管控的原因有四点：第一，欧洲宇航防务集团的收入以美元计价，而成本（占飞机订单的50%）却以欧元、英镑计价，两者之间存在不匹配；第二，收入付款承诺与实际现金收入之间的时间间隔长，约为8年；第三，主要竞争对手（波音）是一家总部位于美国的制造商，这使欧洲宇航防务集团面临巨大的竞争压力；第四，汇率风险敞口的高度不稳定性对公司的税前利润（EBIT）产生了巨大影响。具体来说，对于飞机销售产生的美元收入，欧洲宇航防务集团主要采用对冲预期销售收入的方法。对冲项目界定为：对预期指定月份因飞机交付而产生的现金流入进行最高比例为100%的对冲。对冲比例将根据宏观经济环境对汇率与利率的影响而调整。对于非飞机销售产生的美元收入，欧洲宇航防务集团主要采用对冲销售现金流入与购买现金支出的差额。对于财务操作产生的外汇敞口，欧洲宇航防务集团主要采用外汇掉期调节短期非欧元收入的平衡。

欧洲宇航防务集团管理一个长期的对冲组合，到期期限长达数年，以覆盖

---

① 2014年更名为空中客车集团（AirBus Group）。

其美元计价销售收入的敞口。这些敞口主要来自空中客车公司的业务经营活动，小部分来自欧洲直升机部门、防务部门等经营活动。主要的对冲工具是远期合约。以2005年年报为例，公司累计的新对冲头寸为91亿美元，平均锁定的远期汇率为1.313 2，而平均即期汇率为1.281 1。到期期限覆盖到2008年。

2008年，欧洲宇航防务集团面临一个如何最佳对冲其不断增长的美元收入与欧元生产成本之间不配对的决策问题。具体来说，公司面临是否继续主要用远期合约进行对冲或打破过去的惯例用期权进行对冲的决策，因为远期合约的量越来越大，而且锁定的汇率也不理想。这个决策将影响欧洲宇航防务集团的利润、现金流以及对战略投资项目的融资能力，这些项目对公司与波音公司的竞争至关重要。

7.2 避险策略

欧洲宇航防务集团管控外汇风险主要有两种方法：一是风险减少（也可称自然对冲）；二是风险转移。风险减少意味着欧洲宇航防务集团必须大部分从美国或盯住美元的国家进货，减少以欧元计价的成本比例，也意味着由于美元/欧元波动带来的汇率风险的降低。风险减少还包括一个重构计划，把欧元计价的成本转换为美元计价的成本，这项计划试图减少员工数量，从欧元区生产基地撤出资金，重新转为以美元计价。风险转移则是基于使用衍生产品，包括远期合约、期权等，主要是远期合约。远期合约锁定未来的汇率，把未来的美元收入转换成欧元。通过这个方式，降低美元贬值对公司税前利润（EBIT）的影响。根据支持者的意见，这种工具是公司业务的必要组成部分，可以降低汇率波动对利润的影响。

速度网格（Speed Grid）是其中的一个避险策略。速度网格是一种机械的对冲方法，目的是为了执行欧洲宇航防务集团的对冲政策，确定每周的外汇远期合约数量。对冲的速度取决于两个因素：对冲的年份和美元对欧元的汇率。例如，越向未来，每周对冲的数量越少；美元对欧元汇率越强，每周购买的远期合约数量越多，相反则反。时间分散是速度网格方法的主要优点。但在极端情况下，速度网格的功能不适合欧洲宇航防务集团的外汇对冲政策。一是反映当前公司的现状，例如，合适暴露的头寸与根据速度网格对冲的头寸的差太小了；二是对应速度网格对冲的汇率往反向波动。例如，美元的强势超过了模型中设定的美元对欧元远期汇率的情形，这样就会导致很高的对冲速度，使得美元数量增加，显得模型失效。

在速度网格不适用时，公司有多重选择。第一，重置速度网格，增加每周的对冲金额；第二，用一个大的远期合同进行对冲，所有符合条件的风险敞口都将在一个月内通过远期合约进行对冲；第三，使用外汇期权，欧洲宇航防务集团的前台部门可以决定是否执行。

7.3 商业环境与避险策略选择

当前的商业环境是：空客飞机订单数量不断增加，交付提前，导致美元风险头寸增加至942亿美元。同时，欧洲宇航防务集团面临美元贬值的风险，欧元兑美元汇率从2006年1月初的1.20美元贬值到2008年的1.47美元，公司收入减少，股票价格也从每股21.8欧元下跌至每股15欧元，公司信用价差波动风险上升。前台部门坚持使用速度网格策略，由于欧元兑美元不断贬值，导致对冲速度下降。结果是，合适的风险敞口与公司对冲手册要求的差额显著扩大。公司对冲手册要求的风险敞口只有447亿美元，而到2008年4月，实际的风险敞口是942亿美元。这样，当前的对冲政策在这种市场环境下看起来已经失效（Jean-Bqptiste pons，2014）。

第一种替代策略是重置速度网格，使得每周用远期合约对冲的速度加快，这样就能减少合适的风险敞口与公司对冲手册要求的差额。第二种替代策略是用一张大额的远期合约在一个月内全部覆盖外汇风险敞口。然而，欧洲宇航防务集团的财务必须仔细预测未来美元的汇率，因为存在未来实际汇率比交割汇率低的风险，而面临转换的损失。但一次性找到这么大的交易对手方是很难的，寻找对方手，评估与监测他们的信用风险成本很高。第三种选择是购买外汇期权。外汇期权被认为是比远期合约更灵活的工具。欧洲宇航防务集团前台部门决定是否值得执行，取决于交割汇率相对于即价汇率是否更优。当美元汇率不稳定时，它的优势尤其明显。此外，欧洲宇航防务集团使用期权还可以从使用远期合约盯市的麻烦中解脱出来。从对手方的角度看，使用期权也最大程度地减少欧洲宇航防务集团的信用风险。银行从期权费中受益，愿意提供特别大的期权合约。如果美元贬值，欧洲宇航防务集团财务部门还可以从卖出期权中收回期权费。

但任何事物都是两面的，外汇期权也不例外。首先，期权费很贵。根据研究，对冲所有合适的风险头寸（4 600亿美元），期权费用是合约金额的2%~8%，将花费空中客车2007年所有的税前收入。这么大一笔费用可以投资于工业发展部门，所得的利润也许能弥补外汇方面的损失。另外，寻找能承接这么大一笔交易的银行也是困难的。如果把这笔交易拆成许多笔小的交易,寻找更多的银行,可能会引起市场的投机,会增加衍生品的价格。

显而易见,任何替代方案都有优缺点。为了测量有效性,本文计算每种覆盖合适的风险暴露差额策略的平均汇率。分析基于彭博的历史数据,从2000年到2008年3月,包括欧元兑美元的每周即期与远期汇率,欧元兑美元期权每周中间执行价,以及每周期权费。应用上面提到的每种策略,本文计算它们对应的平均汇率,这个汇率也是对冲手册中能够转换的汇率(见表7-1),计算过程见表7-2、表7-3。

表7-1 不同策略的平均汇率(2000年至2008年3月)

策略	速度网格	单远期	外汇期权	不对冲
汇率($/€)	1.149	1.008	1.023	1.355

表7-2 欧洲宇航防务集团每年累积的外汇风险敞口

时间	外汇风险敞口(10亿美元)	外汇风险敞口占比(%)
今年	0	0.0
1年后	326	0.7
2年后	661	1.3
3年后	2 531	5.1
4年后	3 264	6.6
5年后	3 930	8.0
6年后	10 445	21.2
7年后	12 050	24.5
8年后	15 960	32.6
累计	49 167	100

从表7-3计算看出,使用单一大额远期合约是最佳的对冲方式,对冲的汇率成本最低,转换时获利最多。然而,综合考虑优点与缺点,外汇期权是效率更高的对冲方式。首先,它锁定的汇率与单一大额远期合约接近;其次,从风险的角度看,它是一个更灵活的工具。如果美元贬值,公司可通过期权避险,符合公司对冲政策的要求。如果美元升值,公司可以不执行权利。如果期权费比执行价与即期汇率的差少,公司还可以从即期汇率中受益。另外,如果美元升值,使用远期合约就有必须交割的义务,而期权合约则不用。因此,本文推荐欧洲宇航防务集团采用外汇期权。

表7-3 不同期限的期权费用

时期	对冲时期	执行价	到期现货价	汇率换算率（即期最低和执行价格）	期权费	最终汇率（外汇交易价格和期权费的总和）
1周	1年	1.065	0.887	0.887	0.0160	0.903
	2年	1.079	0.895	0.895	0.0162	0.911
	3年	1.098	0.985	0.985	0.0165	1.002
	4年	1.115	1.120	1.115	0.0167	1.132
	5年	1.133	1.227	1.133	0.0170	1.150
	6年	1.151	1.211	1.151	0.0173	1.168
	7年	1.168	1.260	1.168	0.0175	1.186
	8年	1.186	1.353	1.186	0.0178	1.204

注：总汇率（如果我们在第一周开始对冲，所有的外汇缺口都是关闭的）＝ 0.903×0.7%＋0.911×1.3%＋1.002×5.1%＋1.132×6.6%＋1.150×8%＋1.168×21.2%＋1.186×24.5%＋1.204×32.5%＝1.165

按这一过程进行其他各周对冲情况的重复计算，最后得到期权平均汇率。

除了上述策略，还有一些衍生品的组合策略可以选择。

第一，连续期货。连续期货减轻了汇率向不利方向的大变动，并接近当前的汇率水平。但需要不断移仓，以减少升水或贴水的影响。

第二，"双对冲"。"双对冲"包括两个层次的对冲。第一层次是典型的对冲合约（远期或期权）。第二层次是降低波动性风险，购买多个期权的组合。

第三，"即期—掉期组合"。"即期—掉期组合"提供了在市场上所有对冲时间中操作的机会。这项技术是用即期汇率购买外汇。

7.4 对手方信用风险

减少对手方信用风险与公司信用价差波动风险，欧洲宇航防务集团需要一定的技巧。首先，需要评估交易对手方银行的信用状况。评估时，财务部通常要参考信用评级。然而，高信用评级的银行提供的期权与远期合约较贵，会使欧洲宇航防务集团的收益受损。另外，由于欧洲宇航防务集团合适的风险敞口较大，使得公司可能与没有信用评级的银行打交道。为了评估这些对手方的信用，公司构建了一个复合的信用评级模型，评级时要考虑银行的财务指标。根据这些，模型提供了公司与每家银行交易的对冲工具限额，以确保每笔违约的信用风险不超过组合风险的0.5%。

减少信用违约风险的方法是收取担保品。这意味着，欧洲宇航防务集团与特定交易对手的衍生品合约要逐日盯市，设定阈值。如果衍生品总价值偏离指定的阈值，那么对手方就要补交差额。如果对手方不能补交差额，欧洲宇航防务集团有权以当前市场价格了结衍生品合约。如果衍生品的价值向有利于银行的方向变动，那么银行也可以要回担保品。银行的担保品包括债券或现金。担保金是一个双边协议，银行也可以向欧洲宇航防务集团要担保品。为了避免流动性问题，欧洲宇航防务集团提供飞机产品或债券作为担保品，而不是用现金。这个方法的问题是，如果银行不愿意补交担保品，那么欧洲宇航防务集团以当前价格了结衍生品将产生损失。

另一个减少信用风险的工具是降级触发。如果对手方的信用评级低于一定的水平，那么欧洲宇航防务集团有机会以市价了结衍生品。这个方法的缺点是，对手方信用下降时的即期汇率对欧洲宇航防务集团来说价格不好，并且仍然没有消除巨大信用评级下降的风险。

7.5 空中客车公司外汇避险策略

空中客车公司（以下简称空客）是欧洲宇航防务集团的子公司，其外汇敞口占欧洲宇航防务集团总敞口的 80% 左右。空客对冲政策受欧洲宇航防务集团指导，但具体对冲比例由空客的股东会决定。空客超过一半的收入来源于美元，其中约 60% 由美元计价的成本进行自然对冲。剩余的成本主要以欧元计价，有少部分以英镑计价。由于空客试图从业务运行而不是通过外汇投机获利，因此，空客使用对冲策略以最大程度减少美元汇率波动对公司税前利润的影响。

7.5.1 测量外汇敞口

空客管理一个长期的对冲组合，到期期限长达数年，覆盖未来以美元计价的销售收入的净敞口，这些净敞口主要来自空客商用飞机销售部门，少部分来自空客直升机部门及空客防务与宇航部门。净敞口是指公司经审计的以美元计价的收入减去以美元计价的成本，即自然对冲后的部分。空客外汇敞口的计算方法与公司的销售模式紧密相连。一旦与客户商务谈判成功，客户支付 20% 的定金后，公司外汇风险敞口就产生了（见图 7-1）。如果客户取消订单，原则上不退还所付的定金。从对冲的角度看，锁定客户避免过度对冲的情形发生。

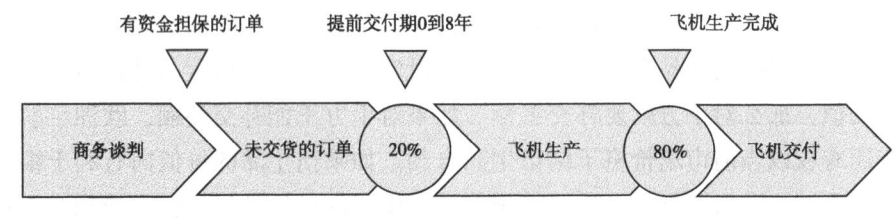

图7-1 空客飞机销售模式与外汇敞口

注：2008年，飞机的美元相关成本大约是定价的50%。20%是已经支付的，30%是飞机交货后支付的。

在航空业中，飞机购买的长期规划是行业惯例。只有客户订单列入公司未来8年的飞机交付计划，这个外汇敞口才被空客根据欧洲宇航防务集团的对冲政策确认为符合条件的敞口，否则，它将保持未被确认的状态，直到进入8年交付期间。当然，8年并不完全是科学计算的结果，而是空客综合了未来应收款项与外汇市场能够提供服务的结果。外汇远期市场通常期限较短，8年到期，需要远期合约进行展期。然而，即使外汇市场有更长期限的对冲合约，空客也受制于银行不能开出特定到期期限、一定数额的信用证。并不是所有的银行都愿意开出10年的信用证，8年期限是公司订单、衍生品市场与信用市场三者综合的结果。

一个可对冲的外汇敞口是飞机所有付款减去相关美元成本（约是订单的50%）。20%是已经付过的定金，30%是尾款，因此，飞机订单的50%是可对冲的敞口。不同于单架飞机款项的对冲，空客是对冲8年所有飞机销售的组合。

7.5.2 执行、会计与对冲活动的监督

内部各部门在对冲过程中的职责分工是：空客商务部门接到订单，金融部门进行现金流分析，财务委员会进行对冲决策，欧洲宇航防务集团财务部执行对冲。财务委员会由空客财务总监、欧洲宇航防务集团金融与财务部负责人，以及由欧洲宇航防务集团与空客财务部门相关人员组成，由欧洲宇航防务集团财务总监领导。委员会每月开会，确定欧洲宇航防务集团对冲政策的相关参数，包括对冲期限，符合条件的风险敞口的对冲比率，每月购买新衍生品的金额，

以及对冲工具的混合。当委员会讨论对冲工具混合的变化，或对冲组合价值显著变化，或一类对冲工具（期权）需要事先支付现金等议题时，需要把议题提交给包括欧洲宇航防务集团首席执行官组成的更高层的小组讨论，欧洲宇航防务集团的执行委员会、董事会、审计委员会会收到讨论结果的通知。

为了便于空客对冲的执行，委员会指定了"速度网格"的对冲方法。为了执行欧洲宇航防务集团的对冲政策，这种工具决定每周购买的远期合约数量。虽然"速度网格"的机制比较复杂，但美元兑欧元远期汇率越强，交易员每周购买的远期合约数量就越多；美元兑欧元远期汇率越弱，交易员每周购买的远期合约数量就越少。如果美元兑欧元汇率每月变化，由委员会自由裁定在不同远期汇率水平下每周购买的远期合约数量。为了便于决策，委员会与交易员也用各家银行提供的长期购买力平价模型进行汇率的预测。

财务部的交易室，即前台部门，根据委员会给定的对冲政策与当前市场情况负责对冲的执行。在"速度网格"的框架内，欧洲宇航防务集团的交易员每周得到期望的对冲数量，并在一周内购买所需的衍生品。

财务部的中台部门，负责核查对冲是否与委员会的政策保持一致，评估与选择对冲交易对手方，同时监测信用风险与对冲限额，测量欧洲宇航防务集团衍生品套保会计的合规性，并向投资者关系部门提供信息。

由于欧洲宇航防务集团是欧洲的上市公司，因此，财务报告必须遵守国际财务报告标准（IFRS），并遵守套期保值会计规则。国际财务报告标准要求在每个报告期末，金融工具进行盯市处理。任何即期汇率与衍生品到期汇率的差必须记录在对冲对手方的账目下。对这些差异的确认依赖于对衍生品头寸的会计分类：对于现金流套期保值的头寸，其价值的变化被记录在公司的权益项下，并不能作为当期损益，以避免产生潜在的收益波动。这不同于被指定为投机性的投资头寸，它必须被确认为当期损益。中台部门的一项任务就是确保欧洲宇航防务集团的衍生品被指定为现金流套保。例如，空客购买了10亿美元两年期的远期合约，而美元兑欧元的远期汇率为1.45，而当时的即期汇率为1.4。每个季度，空客都需要比较即期汇率与1.45远期汇率的差额。假定这个合约是基于套保会计的，如果在下一季度即期汇率为1.50，那么空客就需要在权益项目的"综合收入"中记录5 000万美元的外汇收益。通常，一家银行是空客的对手方，那么银行必须确认相应的外汇损失。空客每个季度必须这样做，以模拟如果不是基于套期保值会计，空客全部对冲头寸的损益是如何变化的。当然，会计并不总是对冲的朋友，一些工具是用来避免长期尾部风险的，例如，美元从1.35贬到1.80，如果没有划分为现金流套保，就会产生相反的、短期的会计效应。

7.5.3 对冲工具

空客使用的汇率对冲工具主要是远期，2008年以来，随着公司业务量的增长，美元远期净卖出合约数量总体呈现增长的趋势①（见图7-2）。2016年，一度突破800亿欧元。2017年回落至600多亿欧元。

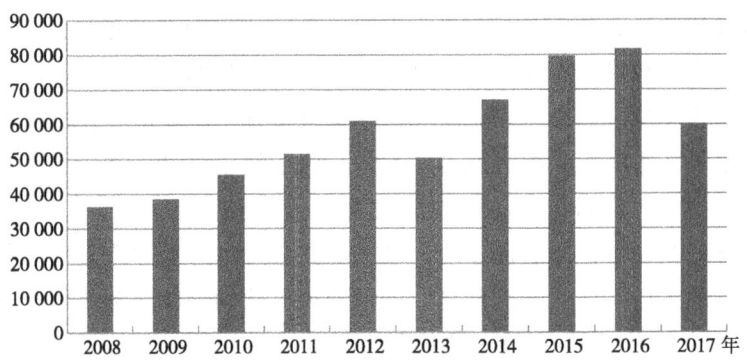

图7-2 远期美元净卖出（百万欧元）

数据来源：空中客车公司年报，www.airbus.com。

除了远期之外，公司也使用期权与掉期，期权分为普通美元看跌期权和复合期权，复合期权实际上是复合成结构性远期。2008年和2009年，空客买入普通美元看跌期权数量为64.68亿欧元与15.03亿欧元。但2009年以后，不再使用。可能是因为单一买入普通美元看跌期权成本较高。复合期权包括买入美元看涨期权、美元看跌期权与卖出美元看涨期权，形成了结构性远期。然而，2014年以后，结构性远期策略也不再使用。改为买入美元看跌期权与卖出美元看跌期权的组合（见表7-4）。

表7-4 空中客车公司持有外汇衍生品情况（2008—2017年）

年份	净远期卖出（百万欧元）	普通美元看跌期权（百万欧元）	买入美元看涨期权（百万欧元）	卖出美元看涨期权（百万欧元）	买入美元看跌期权（百万欧元）	卖出美元看跌期权（百万欧元）	外汇掉期（百万欧元）
2008	36 371	6 468	—	—	5 308	0	5 208
2009	38 531	1 503	3 675	3 675	3 675	0	4 223

---

① www.airbus.com/investors/financial-results-and-annual-reports.html.

续表

年份	净远期卖出（百万欧元）	普通美元看跌期权（百万欧元）	买入美元看涨期权（百万欧元）	卖出美元看涨期权（百万欧元）	买入美元看跌期权（百万欧元）	卖出美元看跌期权（百万欧元）	外汇掉期（百万欧元）
2010	45 442	0	2360	5 109	5 109	0	3 069
2011	51 404	0	1940	3 959	4 036	0	5 404
2012	60 962	0	407	881	880	0	2072
2013	50 278	0	0	0	0	0	2128
2014	67 061	0	0	0	0	0	1 419
2015	79 601	0	0	0	7 376	7 376	906
2016	81 676	0	0	0	9 017	9 017	-104
2017	60 072	0	0	0	8 426	8 426	-610

数据来源：空中客车公司年报。

欧洲宇航防务集团的对冲政策是未来3年的符合条件的外汇敞口，并100%进行对冲，在随后的5年按一定比例减少。空客认为，股票市场的投资者不会有8年的长期眼光，公司让投资者相信未来3年公司利润不会因为汇率的波动而变化。这一点从2017年公司年报中可以看出（见表7-5）。

表7-5　2017年公司外汇衍生品头寸情况（百万欧元）

时间	1年	2年	3年	4年	5年	6年	7年	>7年	总和
净卖出外汇远期	18 568	16 596	14 007	8 304	2356	241	0	0	60 072
外汇期权	—	—	—	—	—	—	—	—	—
买入美元看跌期权	0	3 160	3 865	1 401	0	0	0	0	8 426
卖出美元看跌期权	0	3 160	3 865	1 401	0	0	0	0	8 426
外汇掉期	-610	—	—	—	—	—	—	—	-610

参考文献：

[1] Jean-Baptiste Pons.Corporate approach to hedging Airbus Group as an example[OL]. www.airbus.com.2014.

[2] Airbus annual report[OL]. www.airbus.com.Aribusreport,2008-2017.

8 汽车行业汇率避险策略

8.1 引言

汇率变动对于汽车行业的现金流影响很大。2010—2015年，行业自身发展相对稳定期间，主要汽车公司的现金流却波动很大，这一现象可由汇率波动来解释。用汇率波动对运作现金流变化的百分比衡量，这个值变动的幅度是非常明显的。在中国与印度以本土市场为主的汽车公司的现金流受汇率波动的影响较小，而美国、欧洲、日本、韩国等国际化经营的汽车公司的现金流受汇率波动影响较大，通用、菲亚特克莱斯勒、本田、尼桑、现代等公司均有超过10%以上的影响，戴姆勒、马自达公司的影响甚至超过60%。虽然这些公司均通过汇率避险措施来减少汇率波动的影响，但在同一地区的不同公司运作效果差异很大。而且，一些公司还反映不同品牌、不同汽车受汇率波动的影响不一样。例如，戴姆勒—奔驰表示，梅赛德斯—奔驰轿车相对于卡车、货车与客车等汇率波动影响更大。

8.2 戴姆勒公司汇率避险策略[①]

8.2.1 欧元—美元之战

大多数发展中国家和新兴市场依赖欧元或美元汇率。例如，中国的汇率政策是受管制的，因为人民币在很长一段时间内盯住美元汇率。从2002年引入欧元开始，欧元区主要受到欧元高价的影响。2008年也不例外，因为欧元兑美元升值11.4%，兑人民币汇率升值8%。2009年美元兑欧元汇率大幅升值，但之后连续几个月下跌并在12月再次升值。

2010年3月，希腊问题使局势出现反转。美元兑欧元再次升值。此外，

---

① 编译自 Daimlers Exchange Risk Management Essay [OL]. www.ukessays.com.

2010年出现了美国经济复苏的初步迹象：失业率下降、住房改善、消费增加、商店库存补充等。除非银行系统再次遭受严重危机，否则2010年将有大量有效信贷。专家预测，两件事可能会阻止两个经济体全面复苏：第二次银行业危机或利率控制不力。

在过去10年中，外汇管理成为国际公司重要的问题之一。汽车制造业是汇率波动影响的最好例证。在过去10年中，欧元兑美元的汇率一直在急剧变化，如果该公司无法减轻其财务风险，那么它可能很容易脱离行业，正如2008年发生在丰田的事件。日元兑美元升值成为丰田营业收入减少的关键因素。

8.2.2 行业

尽管汽车制造商采取了足够措施，但大多数公司宣布2008—2009年亏损或利润减少。欧洲汽车制造商协会（ACEA）2009年年度报告显示，欧洲汽车总产量较2008年下降17.3%，与2007年危机前水平相比下降23%，乘用车产量下降13%至1 340万辆，是14年来的最低水平。

2009年，由于消费者需求的减少，欧洲汽车制造商面临极大的压力。2009年，戴姆勒销售了160万辆汽车，而2008年为210万辆。其收入减少20%至789亿欧元。由于上半年的高亏损，戴姆勒集团宣布2009年的净亏损为26亿美元，主要原因是危机对汽车行业的严重影响。宝马的表现优于戴姆勒，销量为129万辆。保时捷在2009年销售了75 238辆汽车，并将在2009年年底之前在斯图加特附近的主要跑车厂停止生产18天，减少2 500辆汽车。

对于大多数公司而言，相当一部分损失也与货币波动有关。汽车行业是国际舞台上汇率风险大战的最好例证。汽车制造商正在寻找解决汇率风险波动问题的方法。

2007年，由于欧元贬值，欧洲汽车制造商遭受巨大损失。欧洲汽车制造商过去常用欧元支付零件和劳动力费用，制造汽车出口到美国或其他用美元或其他货币支付的国家。如果美元贬值，那么对于没有对冲货币风险的制造商来说美元收入就会减少。

制造商通过以下三种方式应对这种情况。

第一，汽车制造商提高汽车的美元价格以减少汇率方面的损失。但这一举措是无效的，因为会导致需求下滑。

第二，对于全世界大多数制造商来说，金融对冲是非常普遍的对冲风险的办法。

第三，一些汽车制造商已经将他们的制造设施搬到了国外，以满足当地的需求，因为从劳务到运输都可以用当地货币计算。为了降低货币风险并更有效地利用资源，大多数汽车制造公司使用所谓的"自然对冲"或"操作对冲"的方法，这意味着通过供应链重新分配消除货币波动。这一领域的成功案例是宝马和梅赛德斯—奔驰将制造业转移到美国。丰田仍然在转移的路上，但由于日元/美元汇率的波动，已经宣布亏损。

2009年，汽车制造商面临欧元兑美元贬值的另一种情况，乍一看对他们非常有利——欧元开始下跌，从而创造了竞争优势。但考虑到对美元进一步贬值的预测，如果所有现金流都被套期保值呢？欧洲汽车制造商协会预估2010年将是汽车行业非常具有挑战性的一年。它预计乘用车销量将下降，尤其是在车队更新计划结束的国家。考虑到经济将进一步衰退，汽车制造商将尽最大努力削减成本，并保留技术熟练的劳动力和对研发的投资。在欧盟，有220万工人直接从事汽车工业，另有980万工人在与汽车工业密切相关的部门工作。

8.2.3 戴姆勒的历史

"梅赛德斯—奔驰是世界上最有价值且最知名的高端汽车品牌"。戴姆勒首席执行官兼梅赛德斯车队负责人迪特·蔡澈（Dieter Zetsche）在接受F1竞赛采访时表示："这个品牌在所有相关领域都寻求最高质量的竞争，以便在面对这些新挑战时不断提高其绩效。"①

本赛季戴姆勒通过创造梅赛德斯大奖赛车队及其银箭车队，使得最成功的F1赛车手迈克尔·舒马赫在退役三年后重返赛场，为新的德国梦之队而战。这件事使得大奖赛更加引人入胜。

对于世界上大多数消费者来说，梅赛德斯—奔驰品牌已成为速度、质量和奢华生活方式的象征。戴姆勒的历史可以追溯到19世纪80年代中期，当时两位相距90多公里的工程师卡尔·本茨和戈特利布·戴姆勒创建了两家公司——奔驰公司和戴姆勒公司。奔驰于1885年制造了第一台汽油发动机，并于1887年开始生产。戴姆勒于1883年设计了一款汽油发动机，并于1885年获得德国三轮汽油车专利。两位工程师都对内燃机车辆充满热情。1926年，两家公司合并，戴姆勒—奔驰（Aktiengesellschaft）成立。由于此次合并，两家公司在第二次世界大战后都免于破产。

从那时起，公司经历了许多变革、危机和成功。1964年，奥迪被出售给大众汽车公司，戴姆勒—奔驰成为全球第五大汽车制造商。到1960年，戴姆勒—

---

① 纽约时报杂志，www.nytimes.com，2010-03-27.

奔驰已经在联邦德国七家工厂拥有83 000名员工,在阿根廷、巴西、印度、墨西哥、南非、比利时和爱尔兰建造了额外的装配线。

20世纪80年代,戴姆勒—奔驰受需求下滑的影响较小,因为公司的目标受众包括没有受到通货膨胀、税率和失业影响的富人。但是到了20世纪80年代中期,越来越多的豪华轿车使竞争变得非常激烈。此时戴姆勒—奔驰决定采取多元化战略,并且购买了用于生产坦克和船舶的飞机发动机和柴油发动机的腓德烈斯哈芬(Motoren-und Turbinen-Union)公司。

1998年,戴姆勒与克莱斯勒合并但业务并没有成功,2007年5月14日,戴姆勒—克莱斯勒宣布把克莱斯勒出售给纽约的萨布勒斯资本管理公司(Cerberus Capital Management)。

现在,戴姆勒股份公司是一家庞大的德国汽车制造商。戴姆勒生产梅赛德斯—奔驰汽车、戴姆勒卡车、梅赛德斯—奔驰货车和戴姆勒客车,并为戴姆勒提供金融服务。梅赛德斯—奔驰车也在阿根廷、奥地利、波斯尼亚和黑塞哥维那、加拿大、埃及、加纳、匈牙利、印度、印度尼西亚、伊朗、马来西亚、墨西哥、尼日利亚、南非、韩国、泰国、土耳其、英国和美国制造或组装。

2009年,戴姆勒46%的销售收入来自西欧,21%的销售收入来自美国。该公司还拥有日本卡车制造商三菱扶桑卡车,巴士公司航空航天以及迈凯轮集团沃达丰迈凯轮梅赛德斯赛车队的高科技和母公司欧洲宇航防备集团的主要股份。

由于受到2009年灾难性的销售数据影响,戴姆勒正走在危机中复苏的道路上。这家豪华汽车制造商的首席执行官迪特·蔡澈表示,预计下年公司的表现会更好。

8.2.4 交易和货币兑换风险规避策略

戴姆勒业务的全球性使公司面临巨大的风险:原材料价格、交易风险、信用风险和货币波动风险。根据2009年年报,当美元、其他货币与欧元之间汇率出现大幅波动时,波动风险就会发生。戴姆勒以欧元整合所有财务数据。当收入货币与成本货币不同时,会产生交易风险。因此,特定货币的收入应该用相同货币的成本抵消。这种自然对冲消除了货币兑换风险。只有不相匹配的金额应该被套期保值。货币波动风险的很大一部分是源于梅赛德斯—奔驰汽车部门的活动,因为巨额销售是以外币进行的,但生产成本是欧元。

戴姆勒通过以相同外币对与投资流动性相关的外币计价的应收款进行再融资,从而减轻重大汇率风险。至于公司再融资产生的外币应付款,戴姆勒使用不同的衍生工具（主要是外汇远期和货币期权）对冲货币风险。

对于未来的交易，戴姆勒有特殊的内部对冲程序。戴姆勒外汇委员会负责管理戴姆勒集团的汇率风险。该委员会由首席财务官、投资者关系和财务部门负责人、公司控制部门负责人组成。公司财务部门整合各子公司与各业务单位的外汇风险敞口，执行外汇委员会关于与国际金融机构进行外汇对冲的决定。一旦因敞口变化而产生的过度对冲交易会立即得到纠正。风险控制策略由财务部常规地向董事会报告执行外汇委员会决策的情况。首先，戴姆勒通过国际清算银行推荐的 VaR 分析确定汇率风险敞口。戴姆勒通过预测某一时期的最大损失确定汇率、利率和股票价格的风险价值。

目标对冲比率由参考模型根据未来预估的现金流决定，该模型保障戴姆勒免受货币兑换市场的不利影响。对冲范围取决于未来现金流量和适当货币合约的可用性。委员会根据市场前景和参考模型确定平均套期保值比率和 1～5 年不等的避险期限。在2009年年底，未对冲比率为30%，而在2008年年底，仅为12%。而在2017年年底，委员会确定2018年美元的未对冲比率为21%，人民币未对冲比率为22%，英镑的未对冲比率为28%。至于具体使用的衍生品，戴姆勒的内部指导原则要求根据市场情况使用混合衍生品，主要是远期与期权。

2009年以来，戴姆勒外汇风险对冲量呈现不断增长的趋势。对于来自应收账款/负债的汇率风险，戴姆勒主要使用远期合约（见图8-1）。

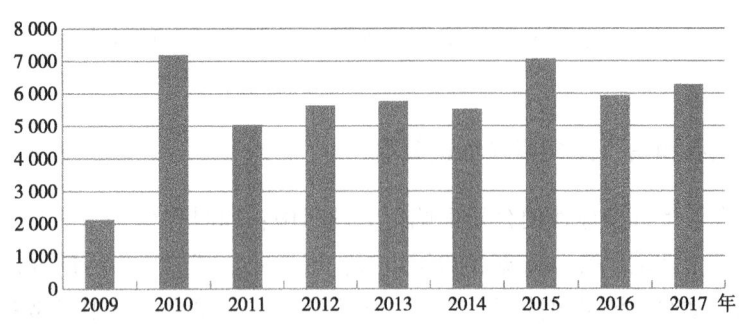

图 8-1　对冲应收账款/负债的汇率风险（远期合约，百万欧元）

对于对冲预期交易的汇率风险，戴姆勒使用远期与期权的混合工具（见图 8-2）。

如果把以上两项加总，则戴姆勒在使用外汇远期与期权对冲汇率风险总的情况如图 8-3 所示。

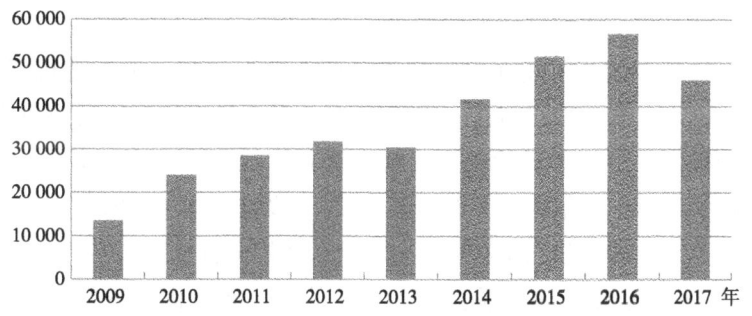

图 8-2 对冲预期交易的汇率风险（远期合约+期权，百万欧元）

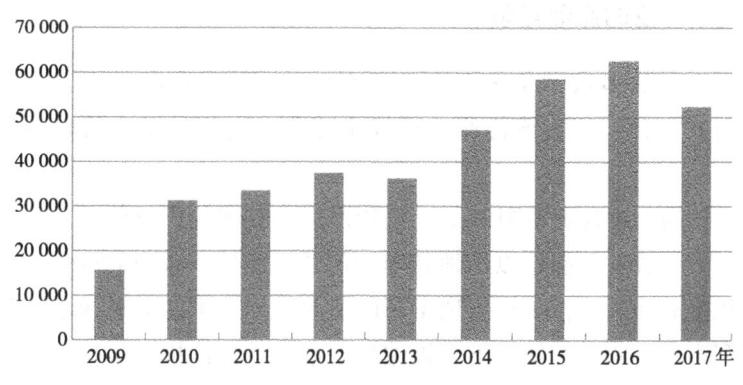

图 8-3 外汇远期+期权（百万欧元）

8.3 沃尔沃公司外汇避险策略[①]

2010年，来自中国浙江的民营企业吉利控股从福特汽车手中收购沃尔沃轿车业务以来，沃尔沃在新的企业领导下经历了实质性的变革。2010年以前，沃尔沃的制造足迹主要局限在瑞典的托斯兰达和比利时的根特，以避免减弱该品牌的"瑞典味道"。尽管福特公司决心将一些制造部门转移回美国以降低汇率波动导致的沃尔沃车型在高端汽车市场上的价格劣势，但地理上的产业集中始终存在着。在被收购前的两年中，沃尔沃累计亏损了26亿美元。

与分析人士认为沃尔沃在完成技术转让后会被推向市场的预期相反，沃尔沃和吉利共同致力于通过设计模块化平台和组件共通性共享供应商网络，以实

---

① 编译自 Daria Pilat.Determinants of exchange rate risks in automotive industry[D].University of Gothenburg,2016.

现协调的全球采购、装配灵活性的提高、成本和生产时间的削减。除了110亿美元的复兴计划，该公司还在中国建设了两个装配厂和一个发动机厂。同时，还计划在美国南卡罗来纳州新建一座价值5 000亿美元的工厂，当地政府在2018年为该计划提供1.2亿美元的补贴。沃尔沃首席执行官哈肯·萨缪尔森指出，在美国建设工厂对于沃尔沃的发展至关重要："没有美国工厂的存在，沃尔沃汽车不可能成为真正的全球汽车制造商；今天，我们即将成为这样。"沃尔沃在当地的销量从21世纪初的14万辆降至2014年的不足6万辆，而美国工厂的投入运营将被视为沃尔沃恢复当地销量的重要一步。

8.3.1 汽车行业的激烈竞争

沃尔沃汽车的多数销量来自西欧（53%）、美国（14%）和中国（16%）等竞争激烈的市场，随着该行业的持续全球化，这些市场上的竞争将进一步加剧。

沃尔沃认为，本地竞争限制了记账货币瑞典克朗的广泛使用，开具给国内销售公司的大多数发票都是以当地货币计值的。此外，激烈的竞争市场环境限制了交叉风险对冲选项，一旦出现不利的汇率波动，可能会对沃尔沃的财务状况产生不利影响。此时，如果出现极端的汇率波动，价格调整措施需要一段时间才能确保授权经销商和公司的底线得到保护。

8.3.2 记账货币的强势

从2010年到2014年，瑞典克朗的强势限制了许多瑞典企业出口业务的发展，其中，欧元和美元为瑞典企业带来的风险敞口最大，使得企业的对冲行为增加。瑞典克朗对美元和人民币的暂时贬值是由于人民币贬值和美元贬值导致的趋势逆转所产生的。多年来，瑞典克朗兑欧元汇率的下降趋势在2015年年末也有变化的迹象。欧元兑美元和人民币的汇率走势显示出类似的发展趋势。尽管在大部分考察期内汇率走势都对沃尔沃不利，但2011年至2016年，通过进行充分的成本管理、运营重组和对冲策略，沃尔沃的毛利率一直在提升。2014年至2015年初的克朗疲软时期，人们对化妆品和设备升级的兴趣达到顶峰，需求增加，此时沃尔沃推出了XC90车型为公司带来了丰厚的利润。考虑到未来六年内克朗兑欧元、克朗兑美元、克朗兑人民币的汇率分别会有20%，47%，54%的波动，通过地域差异分散风险对公司来说是很有意义的。

近年来，随着沃尔沃中国工厂引入内部流动动态机制，公司的人民币外流逐渐增加，表8-1显示了2012—2015年沃尔沃汽车的外汇流入和流出情况。这一趋势很可能会继续下去，因为公司的目标是到2020年时将来自中国采购比例提高至全球采购量的25%，这是出于公司对瑞典供应商在2012年提出的"降价20%或其他措施"的回应。从沃尔沃S60L开始，一些车型可能会有多达75%的中国产零部件。自2014年以来，公司便将中国产的S60L汽车销往美国，以抵消公司因本币走强而在面对宝马、梅赛德斯和奥迪等高档汽车品牌竞争时的劣势，这进一步刺激了公司资金流动转移。如果公司的新车型实现80万辆的销量增长，将对集团在中国潜在的产能扩张产生影响。在人民币流入和流出增加的同时，记账货币瑞典克朗的占比也在下降（见表8-1）。一旦沃尔沃美国工厂在2018年投入运营，随着美元外流的增加，瑞典克朗的货币余额将再次大幅变化。

表8-1 2012—2015年沃尔沃汽车现金流入与流出 （%）

货币		2012年	2013年	2014年	2015年
人民币	流入	11	15	31	24
	流出	4	5	16	17
欧元	流入	23	25	24	24
	流出	50	47	62	61
英镑	流入	5	6	9	9
	流出	—	—	3	4
日元	流入	—	—	3	3
	流出	4	5	6	6
美元	流入	18	13	13	20
	流出	—	—	5	6
瑞典克朗	流入	18	19	—	—
	流出	29	30	—	—
卢布	流入	5	4	—	—
	流出				
其他	流入	20	18	20	20
	流出	13	13	8	6

数据来源：Volvo Car Group, 2015；Volvo Car Group, 2014；Geely Sweden AB, 2013.

8.3.3 对外销售收入占总收入比例以及地域销售差异

2010—2015年，沃尔沃公司外国销售额占总销售额的比例始终保持在86%~88%（西欧以外销售额占比为39%~48%）。然而截至2013年，该公司的生产活动主要集中在西欧，其中，38%在瑞典生产，60%在比利时生产。这使得该公司的核心生产和采购环节受瑞典克朗和欧元汇率波动的影响非常大。在中国和美国的总销售额中占比超过30%的主要销售市场中，通过制造和采购环节的转移来结算收入和成本以减少货币风险似乎是减少汇率风险的必要步骤。沃尔沃总结的政策重点如下："避免需要大量对冲行为的策略之一是进行更多的自然对冲，这意味着你真的需要在每个主要大洲都拥有工厂。"这一战略即宝马和梅赛德斯早前在美国生产一款车型（宝马X5和奔驰GL SUV）用于当地销售和出口的策略。沃尔沃的目标是在美国工厂中采用共享平台设计，根据需求生产多款车型。随着2018年美国工厂投入运营，沃尔沃的全球产能将超过每年90万辆，这使得公司可以灵活地管理各工厂间的生产进度。沃尔沃将这一行为描述为："该策略的目的是满足各地区的运营需求，通过全球供应商网络降低成本，并尽可能地利用临时汇率差异。"

8.3.4 业务灵活性和财务指标

集团内部的扩张计划使母公司付出了代价：2015年6月，浙江吉利的债务总额达到1 000亿元人民币（2008年为86亿元人民币），主要由短期贷款构成。根据外币敞口和财务指标的影响，公司0.7的负债率远超过行业均值0.33。分析师认为：如果未来几年销量下滑，由于高杠杆效应，再融资成本可能会对沃尔沃汽车产生负面影响。

通过持续的管理，公司毛利率从2012年的16%上升到2015年的22%，使得公司的经营灵活性逐渐提高。考虑到过去5年里资产周转率和资产质量高于"行业平均水平"，公司具备应对汇率意外负面波动的能力。应收账款的增加和生产以及交易量扩大所造成的短期需求，使短期营运资金增加。现金和现金等价物和循环信贷额度为6.6亿欧元的基金，保证了公司的短期流动性（沃尔沃汽车集团，2015年；吉利瑞典AB，2013年；沃尔沃汽车公司，2011年）。

"2015年取得了前所未有的成功……""2016年第一季度销售持续强劲增长……"2017年预期的一系列"技术升级"展示了公司发展潜力或竞争优势，降低了外币风险的敏感性。随着技术和知识平台在集团内的共享，以及2016年将达到超过15亿美元的年度贡献值，沃尔沃确定了5%的研发预算，以保持在技术的最前沿。考虑到最近企业的大转变，该公司对高端专业知识（如自我驱动和优势分析）的关注反映了保持竞争优势的潜力，这些都基于独特的产品特性上（如质量和安全性）。

根据公司的说法，与直接竞争相比，较小公司规模原则上"并不妨碍沃尔沃进行套期保值活动"。不过，该公司倾向于选择性对冲，是由于某些工具无法估算成本或无法在中国等特定地区获得，因此在放弃有利汇率波动的潜在好处时，对冲风险是可以接受的（沃尔沃汽车集团，2015）。

8.3.5 避险的策略

沃尔沃汽车采用了多种套期保值方法，包括供应链对冲、记账货币开票、自然和金融工具对冲。表8-2显示在5年观察期里，3年中汇率对现金和现金等价物的影响超过±10%。在2011年和2014年，汇兑收益显著改善了现金流结果。

表8-2 2011—2015年沃尔沃年度现金流和汇率效应 （百万瑞典克朗）

年份	2011	2012	2013	2014	2015
全年现金流量	4 732	-4 473	5 786	-1 125	8 679
兑换现金和现金等价物损益	459	-554	-21	594	-58
利润和损失（%）	10	-12	-0.4	53	-0.7

资料来源：沃尔沃汽车集团，2015；沃尔沃汽车集团，2014；吉利瑞典AB，2013；沃尔沃汽车公司，2011.

沃尔沃汽车的外汇风险敞口和对冲策略由公司财务部进行管理，并由审计委员会和董事会通过月度状况报告和季度、年度审查来监督。该战略的重点是尽量减少外汇波动带来的风险。交易风险的计算是基于风险模型的现金流进行的，估计一年期间为80亿元，置信区间为95%，数值不包括对冲，但包括中国工业实体的6.82亿元人民币。就未来现金流而言，80%的现金流可在24个月期间得到保障，60%的现金流可在48个月期间通过远期、期权和货币互换等金融工具得到保障。2015年年底，欧元、英镑、美元、人民币、挪威克朗、澳大利亚元、瑞士法郎、加元、波兰兹罗提等货币衍生工具的公允价值为11.33亿瑞典克朗。公司不愿对冲其中国实体的交易敞口，原因是衍生工具和风险敞口的监管框架的复杂性，以及在全球范围内被视为"相对较小"的大宗商品采购风险敞口。2015年，由于瑞典克朗兑主要货币汇率变化1%，造成综合收益变动额为4.37亿瑞典克朗（沃尔沃汽车集团，2015）。

海外运营的总净资产115.24亿瑞典克朗由人民币（51%）、欧元（40%）、英镑、澳元、美元等货币构成，基于与主要货币相比瑞典克朗1%的变动计算，预计2015年净风险敞口为1.15亿瑞典克朗。公司通过控制资产和负债项目的债务和衍生工具、金融衍生工具和资产负债表中业务项目的流动性，进行自然对冲管理风险。公司通过以欧元（36%）、美元（31%）、人民币（24%）和瑞典克朗（7%）构成的银行贷款，将多币种债务组合增加到214.4亿瑞典克朗。对冲准备金的公允价值为1.86亿瑞典克朗，通过12家主要银行集团提供的最高价值6.6亿欧元的循环信贷工具担保流动性。2015年，对外净投资的货币兑换效应为-1.75亿瑞典克朗（沃尔沃汽车集团，2015）。

全球足迹改变的主要原因包括：管理关注的"在销售当地生产和获取资源"原则，以"匹配竞争动态（在生产覆盖范围内），减少运输时间和提高盈利能力"的原则。此外，创建"自然货币对冲"优势是许多文献中反复出现的主题。沃尔沃重申了"创建自然对冲"的次要目标。汽车集团内部的集团采购和运营方面的建设性合作，使沃尔沃能够直接进入中国，并将公司重新定位于发展中地区。工厂地点在生产集群内，靠近其他生产和供应商，交通便利。与供应商的合作是货币对冲的重要组成部分，因此，沃尔沃在中国的发展加之麦格纳国际在泰州设立的沃尔沃专用车间，正好为新平台车型提供了准时生产的汽车座椅。

近年来，公司一直致力于解决"主要的风险暴露原因，以降低货币风险"。人们致力于通过"长期计划"减少风险敞口，可以通过操作经营性对冲和公司重新定位，使其在全球拥有多样化的生产，与当地的销售收入相匹配。公司同样强调在整个组织中的"综合风险意识和管理"，从采购到生产、物流和销售形成一体化的风险管理制度。

参考文献：

[1] Daimlers Exchange Risk Management Essay[OL].www.ukessays.com.

[2] NYtime magazine[OL].www.nytimes.com.sports/awtoracing/27iht-SRMERCEDES.html,2010-03-27.

[3] Daria Pilat.Determinants of exchange rate risks in automotive industry[D].University of Gothenburg, 2016.

[4] Volvo Car Group. Volvo Car Group Annual Report,2015.

[5] Kottasova I.Chinese-owned volvo to openfirst U.S.carplant[J].CNN money,2015(31).

9 海德堡水泥公司外汇避险策略[①]

9.1 引言

自 1973 年布雷顿森林体系崩溃以来，全球金融市场经历了巨大的变化，不确定性和经济波动在一定程度上主宰了这一时期。世界经历了货币脱钩、石油危机与金融危机，导致海德堡水泥公司的经营处于极不稳定的宏观经济环境中（Andersson，2004）。

世界的瞬息万变在很大程度上催生了在苛刻的国际环境下运作的金融机构和公司对于有效的金融风险管理计划的需求。不过，这些变化也使得用于处理多重宏观经济风险的金融工具和衍生工具的种类有所增加。因此，公司也有了很多减少和控制其所面临的不同风险的机会。金融风险管理的目的之一，是通过确保风险水平保持在可接受的范围内来控制风险暴露的负面影响。宏观经济风险包括利率风险、通货膨胀风险以及其他风险。然而，对于一家全球性公司来说，重要的风险之一可能是汇率风险。处理货币风险的一种方法是在公司的整体风险管理计划中纳入并精心筹划货币对冲策略。

外汇对冲活动的最优水平是金融界研究人员广泛讨论的话题。相关的理论有很多，但由于每一家公司都面临着一种独特的情况，需要一种独占的策略，制定的策略并不具有普适性。因此，对货币风险的管理和与公司自身相适应的战略的制定，仍然要取决于单个企业的高层管理人员和风险管理团队。

9.2 海德堡水泥公司的风险敞口

海德堡水泥公司总部位于德国海德堡。该公司生产各种建筑材料，包括：水泥、预拌混凝土、混凝土制品、骨料、干砂浆、砂灰砖以及建筑用化学品，

[①] 编译自 Christian Andersson, et al. Currency hedging management in global frims: the case of heidelberg cement[D]. Department of Business Administration, School of Economics and Management, Lund University, 2004.

是全球最大的水泥生产商之一。2003年其综合年销售额为66亿欧元，水泥销售量约为4 600万吨。海德堡水泥公司拥有近38 000名员工，并在50多个国家开展业务（主要在欧洲和北美地区，以及非洲和亚洲地区），因此，其经营活动所使用的主要货币为欧元、美元、英镑和加拿大元。该集团包括约100家公司，但集团内的公司数量随着内部公司之间的合并活动不定期变动。

海德堡水泥公司积极识别公司整体风险，并制订风险管理计划旨在降低风险。该公司评估了可能对公司经营活动产生影响的各类风险，包括：宏观经济风险、相关行业风险、市场和战略风险、经营风险、外汇风险、利率风险、流动性风险、法律风险、IT风险以及自然灾害风险等。公司采取自下而上的管理方法，意味着风险会在各管理层次被识别并在组织中传递。因此，每一层次的最高管理层具有以下责任：评估并采取行动应对风险；每隔一个季度将风险状况向公司风险管理委员会报告，并在风险管理委员会的协助下，评估在公司层面将采取何种风险管理策略。考虑到风险可以在公司内部的不同部门之间传递，或者如果该风险属于金融性质，将会传到海德堡水泥金融服务公司，公司将根据以上可能发生的结果做进一步风险管理研究。

9.3 对冲策略决策

根据现有的金融理论，可以分为四种对冲策略：自由放任策略、激进型对冲策略、最小方差对冲策略和选择性对冲策略。判断所选策略类型的必要因素包括：对冲的目的、时间范围和目标变量，也取决于管理层对金融市场风险和盈利机会的看法，同时还与信息可得程度相关。

9.3.1 风险敞口差异

汇率风险敞口等宏观经济变量的波动性是公司想要避免的。需要对冲的风险敞口分为三类：交易风险敞口、汇兑风险敞口和经济风险敞口。交易风险敞口（又称会计风险敞口）是指在汇率变动之前产生的，但在汇率变动后才能结算的现有金融债务的潜在价值变动；汇兑风险敞口是指由汇率变化引起的会计方面所有者权益的可能性变动，以及对于以母公司单一货币重报外国子公司的财务报表，以便编制合并财务报表的需要；经济风险敞口是指由于汇率意外变化而使外国子公司的预期现金流和价值发生变化的可能性。经济风险也称经营风险、战略风险或竞争性风险。对冲策略所关注的重点在于交易风险敞口。

在确定影响企业的宏观经济总风险和变量时，一个常用方法是宏观经济不确定性战略分析法（MUST）。这种方法既是前瞻性的，也是回顾性的，有助于管理层了解不同的宏观经济变量对企业价值的影响。宏观经济不确定性战略分析法的结果是敏感性系数，表示了不同变量对过去现金流的影响，并向管理层提供如何抵消和对冲掉诸如不想要的汇率变动等不同风险的思路。宏观经济不确定性战略分析法是一种回归分析方法，需要大量的数据输入。这些数据包括公司股价和现金流的月度数据，一系列直接或间接具有重要性的市场价格变量数据，如石油价格、汇率和通货膨胀数据等。

9.3.2 时间范围

为降低风险而采取的对冲活动必须在现金流发生意外变化之前进行。对冲的时间范围由单个公司自己决定，但一般而言，短期现金流比长期现金流更需要频繁的对冲。经济价值是未来现金流的贴现值和贴现率的大小。贴现率发挥着重要作用，高贴现率意味着公司现值在很大程度上将由短期现金流决定，而低贴现率则意味着公司价值将在很大程度上受到长期现金流的影响。公司在风险管理中的时间范围选择必须与本公司的经营时间范围相匹配，还应明确预估风险暴露系数。具体时间范围可能是一季度、六个月或两年，也可能是不同时期的混合。

9.3.3 风险态度

管理层对风险的态度在公司的对冲策略决策中起着重要的作用。风险厌恶和风险中性两种主要的风险态度是有区别的，风险中性的企业会忽视风险。他们的目的是在一定时间范围内追求目标变量价值的最大化。风险中性的企业愿意增加风险，以增加获利机会。风险厌恶的公司则愿意承担降低风险的成本。股东、高层管理人员和风险管理团队对风险的态度也是不一样的，如果公司没有根据风险制定明确的政策，不同群体的利益之间可能会产生冲突。如果风险经理没有来自最高管理层的指导方针，那么他可能会从个人的风险态度出发制定风险管理战略，这种战略可能是强加的、有偏的、主观的。与公司利益最大化相比，风险经理可能更关心自己的个人状况和利益。例如，他的行为可能由内部奖金计划或者财务困境下对失业的担心所驱动。因此，针对风险制定明确的内部政策十分重要，既定的策略会为公司的利益最大化而非为经理的个人处境服务。对于金融市场中获利机会的看法在对冲战略决策中起着重要的作用。

9.3.4 信息要求和预测应用

风险管理中重要和基本的需求之一,也是风险管理的重要任务之一,就是收集可靠的信息,预测未来汇率和利率。然而,管理宏观经济风险和制定成功的风险管理计划是一项复杂的任务。为了理解价格并知道如何管理风险,每种金融工具都需要一套独特的数据,这使数据收集和分析经常遭遇阻碍。数据管理技术不仅要将所有不同的数据转换成标准化格式,还必须捕捉诸如数据缺失等错误,还要能够处理大量的数据。风险管理的另一项相当困难的任务是要确定哪些问题是重要的,要实时生成对风险的度量,还要获得准确的风险信息。速度和准确性的取舍取决于管理资源和优先级别。

对宏观经济变量的经济预测在风险管理中被广泛应用。这些预测被用于几种不同的活动,如战略规划、经济发展评估、外汇汇率、利率和通货膨胀率预测。公司在规划和制定预算时,以某种方式进行相关预测是必不可少的。从个人对市场发展的假设到以随机游走(由于对未来一无所知,不妨以现实情况为准)为代表的统计模型,再到基于多达500个变量和方程的先进计量方程,可以用来进行预测的方法非常多。

一家公司可以从预测机构购买预测分析报告,也可以通过自己开发或者购买主要模型的高级计算机程序进行预测。购买程序与购买预测相同,公司可以任意选择其一。在某些业务中,公司可能认为自己拥有更佳的信息,因此可以比预测机构做出更好的预测。

9.3.5 四种外汇对冲策略

从理论看,国际金融市场与国内债券市场的区别取决于管理层对于平价和风险态度的看法。我们将分析几种对冲策略,并指出应该何时以及在何种条件下使用。

9.3.5.1 自由放任策略

风险中性的经理倾向于使用自由放任策略。他们认为,金融市场没有盈利机会。根据国际费雪平价的观点,调整货币头寸并没有什么好处。在国内债券市场上,当管理层相信预期假说时,就会采用自由放任策略。在这种策略下,除了常规的商业运营,公司不会采取任何行动,因为自由放任意味着期限结构和货币面值在很大程度上取决于市场所提供的优惠交易费用和价差。在使用自由放任策略时所需的信息是交易成本、买卖价格和费用。货币面值和期限选择在这种无所作为的策略中无足轻重,因此并不是必要的信息。

9.3.5.2 最小方差对冲策略

最小方差对冲策略适用于风险厌恶的管理者。他们认为,在金融市场上是无法获得超额收益的。在该策略下,公司在选择货币面值和金融头寸减少风险敞口时将只考虑风险因素。在国内债券市场上,当管理层相信预期假说时,就会选择这种策略。管理层对预期假说的不同看法会使对冲选择存在细微差别。如果他们相信预期假说,就会尽量减少实际利息敞口;如果他们不相信预期假说,会将通货膨胀视为风险管理的一个重要因素。最小方差对冲策略的使用需要获得所有商业现金流,或是投资于商业经营中的资产价值的风险暴露系数的相关信息。

9.3.5.3 选择性对冲策略

选择性对冲策略比自由放任策略和最小方差对冲策略更为复杂,因为在这种策略下,经理们认为,对经济的预测可以创造获利机会。只要管理层认为金融市场有盈利机会(不相信国际费雪平价成立),就可以通过内部或外部方法对汇率进行预测。采用选择性对冲策略的经理是风险厌恶的,他们权衡风险和回报,并试图有选择地进行对冲,以减少风险,同时从预测中获益。在国内市场上,如果管理层不相信预期假说,就可能使用选择性对冲策略。他们对费雪平价的看法也会影响各自对风险暴露的看法。如果他们认为费雪平价不成立,会考虑实际利率与通胀之间的关系;如果他们认为费雪平价成立,则通货膨胀并不重要,只有实际利率才是重要的。选择性对冲策略对信息的需求极高,需要的相关信息包括:风险暴露系数、汇率预测以及与汇率差异和货币相关性的知识。国内市场会提供有关利率敞口和利率预测的信息,包括实施选择性对冲策略所必需的方差和相关性数据。

9.3.5.4 激进型对冲策略

当管理层是风险厌恶者且不相信国际费雪平价时,他们会使用激进型对冲策略。风险厌恶的经理会力图实现投机利润的最大化,在自己的或购买的汇率预测基础上进行积极的对冲操作。在国内债券市场中也是这样,但在对费雪平价的看法方面,管理层是否相信并不重要。在国内债券市场上采用激进型对冲策略的要素包括期限结构和利率可调整性。此外,在激进策略中还有必要使用预测,特别是期限范围内的汇率预测和利率预测。

9.3.6 海德堡水泥公司的对冲策略

当每笔交易的风险敞口超过 5 万欧元时,海德堡水泥公司将启动对冲策略。该策略于2001年由公司财务部提出并经董事会批准通过,旨在最小化现金流风险。通过将现金流入和流出与衍生工具进行匹配，以确保现金流量与预期值没有差异，因此，该公司不以对冲获利。海德堡水泥公司的对冲合约很少超过一年，通常使用一个月、三个月或六个月的对冲期。因为不采用净额结算原则，所以每个现金流被单独套期保值。此外，财务部只使用远期合约作为衍生工具（原因在于财务部主要作为公司的内部银行，且风险敞口与信贷挂钩），但是子公司可以在集团财务部批准之后采用多种套期保值衍生工具（例如期权）少量买入其他头寸。子公司有义务对冲其风险敞口，但须由财务部代其买入头寸。

9.3.7 海德堡水泥公司的信用评价

公司金融风险的基本衡量指标是外部机构的信用评级。值得一提的是，海德堡水泥公司的信用评价与信用评级对其筹资程度与筹资条件起着至关重要的作用。穆迪投资者服务公司、美国标准普尔公司等机构，基于海德堡水泥公司在2003年建设投资和其他在建工程经营不佳，将其信用评级下调。然而，该公司同年在经营活动中最突出的问题是公共建设与商业建设，其业绩达到历史新低。另有推测认为，降级的主要原因是海德堡水泥公司未能出售一家现金流赤字的子公司，即无法以通过出售子公司所获资金，而是用另一笔条件不佳的银行信贷来偿还10亿美元的贷款。针对长期债务评级，穆迪给予海德堡水泥公司Ba1级，标准普尔给予其BB+级；对于短期债务评级，两家评级机构均给予该公司B级。

过去的信用降级严重影响了海德堡水泥公司，信用评级的降低使得贷款成本更加昂贵（投资者想要获得更高的风险溢价），随着信用评级的降低和杠杆率的提高，大型信贷机构开始要求采取特殊的对冲策略来确保公司现金流和短期流动性，同时，银行要求对冲策略必须符合现行政策。

9.3.8 公司对于平价条件的观点

理论上，在进行金融风险管理以及选择对冲策略时，平价条件非常重要。海德堡水泥公司的相关负责人虽然熟悉市场平价条件，但他们在决定如何处理敞口和使用何种对冲策略时并未考虑平价条件。此外，该公司的企业方针中没有任何内容表明其对平价条件的相关思考。

值得注意的是，海德堡水泥金融服务公司的工作人员认为，该公司在国际金融市场里获得过收益：1992—2000年，海德堡水泥金融服务公司的交易员被允许进行投机交易，并且在此期间成功地从市场中获得了收益。但是如上文所述，如今该公司的衍生品不能被用于投机活动，而是被用于使风险最小化。

9.3.9 海德堡水泥公司的金融风险管理架构

海德堡水泥公司的组织结构在很大程度上具有分散的特点,每个子公司在业务层面具有一定独立性,但最终受公司政策和战略的控制和引导。公司在2003年度报告中指出,此种分权结构将因经营的本土性而得以保留。与此同时,公司提供了集中的金融服务。

公司中央财务部集中管理财务目标。中央财务部门履行内部银行职能,并作为公司金融服务提供者,向子公司提供贷款、存入或处理流动资金、对公司内部的财务交易与风险进行对冲,以及把控大部分子公司的对冲活动。中央财务部门覆盖了公司的所有财务战略,包括外部融资(如公司的债务和股权融资)、负责公司在货币市场与资本市场中的所有交易、维护公司与银行及评级机构的关系。

子公司仍负有识别对其盈利活动有任何影响的金融风险的义务。子公司向公司中央财务部提供现金流和融资预测,报告潜在机遇与威胁和当地市场的整体发展情况。此外,子公司还提供有关未来现金流量和对冲风险的信息。金融风险管理委员会首先决定公司的财务战略,授权中央财务部门实施,最终由公司内部各层级共同完成。

9.3.10 对冲技术

如上所述,海德堡水泥金融服务公司所有套期保值合约的最长期限为一年,一般情况下合约期限为一个月、三个月、六个月或九个月。套期保值策略的选择与实际交易时长无关,例如,假定海德堡水泥金融服务公司有一项货币和金额已知的两年期应付账款,则该公司不是形成一个两年期远期合约,而是进行有针对性的套期保值,即在短期内进行连续多次对冲操作。该操作与现金流量相匹配,目的是将风险最小化、保证短期现金流,是一种风险规避策略。

另外,公司财务部在2001年时制定了选择性套期保值策略,并允许形成以投机为目的的对冲合约,正如前文所述,该公司通过这种合约连续八年从金融市场获利。

9.3.11 对冲策略的制定

海德堡水泥公司的对冲策略旨在最小化外汇风险和保证现金流。该战略由董事会决定并于2001年在公司财务准则的指导下,由财务部负责实施。董事会每年概述财务准则,并将其作为公司日常套期保值活动的主要指导原则。除非公司或外部市场状况发生显著变化,否则财务准则很少发生变动。首席财务官带领风险管理委员会负责该战略日常运作,风险管理委员会定期举行会议,除首席财务官外,委员会成员包括财务部主管、风险管理人和集团其他高管。

9.3.12 预测机制的必要性与应用

海德堡水泥公司经常通过预测来观察金融市场的宏观经济变量,并评估这些变量对公司的影响。该公司自建了预测机制,因为他们认为相比于外部预测、自有的预测机制更具优势,在整合了银行系统、分析师数据或彭博金融数据库等外部资源之后,其预测机制可以印证公司对未来市场发展的规划和信心。

公司全权负责现金流量预测,其中包括子公司所有的融资需求预测,同时可以从子公司财务部门和集团首席财务官处获得信息。同样的,子公司可以更好地了解自身需求、短板以及可能影响公司的本土条件。随后,位于马尔默的公司财务部门对该项预测进行评估,以确定与公司经营相适应的利率和汇率水平。根据这些预测,集团财务部门采取相应措施对冲子公司的风险敞口。

预测机制覆盖了总体运营规划以及最常见的投资期限(最长是三年)。但是,通常公司风险管理期限最长为一年。金融风险管理的目的之一是在任何时候都要保持充足的流动性,因此,海德堡水泥金融服务公司要求子公司编制短期现金流量预测,该预测至少应包括三个月前的数据,同时要求其按月加以报告。

9.3.13 海德堡水泥公司的披露要求

海德堡水泥公司的所有资金交易均符合《国际会计准则39号》(IAS39)的规定,这些规定在公司会计手册中有详细的说明,旨在使交易活动不触碰法律。子公司被授权在交易活动中安排律师,但是变更律师须经过海德堡水泥金融服务公司的批准。《国际会计准则39号》预计于2005年生效,然而几家主要的银行和保险公司呼吁推迟使用关于衍生工具的会计准则,因此该准则的生效日期至今尚未确定。虽然该公司声称贯彻《国际会计准则39号》,但对此项准则的应用还未完全确定。同时,即使是银行和审计机构也难以评估此项准则。

《国际会计准则39号》对海德堡水泥公司的财务系统提出了挑战。通过使用衍生工具,财务系统计算衍生工具公允价值的能力得以增强。若应用该准则,可以检测公司对冲策略的有效性,追踪潜在对冲关系,并提供新的披露信息。

任何有关财务交易的文件都被保存以确保公司内部在复核时，信息是正确和有效的。复核时对文件中列明的交易日期、合约性质、相关货币、交易细则、名义价格、交易数量、收款方以及支付方加以检查，并通过规范财务部门、工作人员和交易对手的名称进一步降低风险。

尽管各方对IAS39是否落地实施存有争议，但海德堡水泥公司通过以下方式解释了对该准则的贯彻情况：该公司保证所有对冲交易的独立性，并且不使用净额结算原则。但是，海德堡水泥公司仍然承认其对IAS39的不确定性。

9.4 分析

外汇对冲管理是一个复杂的问题，涉及许多不同的变量。在进行外汇对冲策略决策时，需要考虑多个变量。然而，这些变量经常在文献中被独立讨论。我们在本章中通过研究不同变量如何影响海德堡水泥公司的风险管理来讨论其外汇对冲策略。以综合多种变量的视角，在规模和流向上评估不同变量如何影响对冲策略的决策过程。

9.4.1 外汇风险敞口

海德堡水泥公司的经营活动结合了多种货币，并且公司内部拥有大量的子公司。这些子公司通过操作所在国国家的货币来减少其经营性货币风险敞口。虽然中央财务部门作为公司内部银行的角色，为子公司提供资金，但是公司内部仍出现了大量外汇风险。不可否认的是，资金集中的优势在于当所有信贷资金在同一地点分配时，公司的财务控制权和经济规模均得以增强。

9.4.2 对冲策略

在金融理论中，有多种不同的对冲策略可供选择。我们在此将评估对冲策略以及它可能以定性或定量方式所创造的价值。海德堡水泥金融服务公司对所有最长期限为一年（某些情况下为一个月、三个月、六个月或九个月，但大多数情况下合约期限最长为一年）的独立货币合约进行了对冲操作，合约期不等同于交易的实际期限。时间序列分析试图解释与非对冲策略技术相比，连续套期保值对现金流的影响。

表9-1显示，货币关系的即期汇率（Qs）和远期汇率（Qfwd）的标准差是相似的。有时远期汇率比即期汇率波动更大。这一研究结果证实了对该问题以往的研究发现。

表 9-1　欧元与瑞典克朗等货币标准差　　　　　　　　　　　　　　　（%）

$n=792$	EUR/SEK	EUR/GBP	EUR/CAD	USD/EUR
即期汇率（Qs）	15.56	3.45	10.36	13.20
远期汇率3个月	15.53	3.71	10.42	12.39
远期汇率6个月	15.69	3.99	10.49	12.34
远期汇率9个月	15.97	4.28	10.57	12.34

注：表9-1显示了2001年5月25日至2004年5月24日欧元与瑞典克朗、英镑、加元和美元每日测量（$n=792$）的标准差。

资料来源：EcowinPro.

一般来说，由于汇率在未来具有不确定性和不可预测性，因此使用套期保值和远期合约有助于保证未来的现金流。若考虑到时间因素，则预测近期比预测远期更容易且更可靠。因此，从长远的角度看，应该采取对冲策略。

海德堡水泥公司最多持续12个月进行套期保值，故而有必要研究使用远期汇率的替代方法。因此，我们认为有必要调查海德堡水泥公司的四种常用货币的远期汇率。基于表9-1，可以观察到大多数情况下即期汇率与远期汇率相比波动更小。因此，我们发现的第一个区别是，当使用远期汇率时，海德堡水泥公司的对冲成本更大。

该公司在使用短期合约进行连续对冲时，从短期角度看，会保证现金流。由于远期汇率在很多情况下与即期汇率相比波动性更大，因此连续对冲所能实现的唯一目标是稳定已知的现金流，这意味着公司不能降低远期汇率的波动，而是延迟波动的出现。远期合约囊括时间成本，结合对时间序列的分析，我们认为与使用远期合约连续对冲操作相比，不进行远期对冲操作更加合适。但是，如果市场条件发生变化，汇率波动的延迟会给管理层更多时间对市场变化做出反应。

如果我们考虑远期汇率在更长时期的标准差，情况可能会有所不同。但是，海德堡水泥公司的对冲期限最长只有12个月，这取决于管理层态度和企业政策，即公司愿意为了确保现金流量而支付多少金额以及如何进行对冲操作。

我们认为，虽然进行短期对冲操作不会在根本上降低成本，但是它可以减少未来的不确定性。与短期连续对冲操作相比，有针对性的套期保值促使公司负有在更长时期内遵守合约的责任，从流动性方面说进一步降低了灵活程度。补充市场被认为在短期内更具流动性，使公司能够更频繁地开展新一轮谈判并更改其在财务方面的义务。考虑到海德堡水泥公司的信贷集中制度，将阻碍该公司在长期融资活动中以最有利的资金成本获取新的贷款。假设海德堡水泥公司希望出售旗下的一家子公司，如果能够立即执行这项交易，那么与连续对冲相比，有针对性的套期保值将会因为期限过长而使公司交易行为受到限制。进而我们发现，如果进行针对性的套期保值策略，将不会为公司规避风险，反而会形成不利的局面。

但是，在分析上述情况时需要注意，不同策略的结果会因时间的推移和市场条件的演变而有所不同。

9.4.3 财务困境与风险态度

根据资本结构理论，财务困境成本属于公司破产成本。海德堡水泥公司信用评级被降低，降级使得该公司筹集资金变得更加困难、筹资成本更加昂贵，意味着出现财务困境的风险增加，同时破产成本也相应增加。因此，有必要评估财务困境如何影响公司对于风险的态度和公司对于套期保值策略的决定，比如在信贷市场中，如果对冲的需求迫使评级下调的公司采取套期保值策略，或者如若对冲的需求不存在、公司是否会选取其他应对策略。

我们从访谈中收集的回答看，很难区分和评估该公司当前的对冲策略是信贷市场对冲需求的结果，还是公司独立选择的策略。但是，我们发现，信贷市场的对冲需求会促使海德堡水泥公司采取风险规避策略，并对冲来自内部融资业务所引起的所有货币风险。

评估公司风险态度的一种方法是观察该公司对市场平价条件的认知。在访谈中我们注意到，财务部工作人员了解市场平价条件理论，但在他们制定决策的时候未把该理论考虑在内。从市场平价条件的视角看，海德堡水泥公司的现行对冲策略（2001年被批准实行）和评级下调之前所实行的策略，均明显表现出该公司的风险厌恶态度。另外，我们发现，现行策略与信贷市场的对冲需求无关，是公司独立做出的决定，原因是该策略在市场需求出现之前已被制定，即我们认为现行对冲策略制定的最初目的与风险规避无关。

我们认为，更重要的事情是总结出财务困境增加的风险在多大程度上影响公司对冲策略的决策，以及公司积极选取应对策略的能力。即便海德堡水泥公司的现行对冲策略在其因财务问题而被降级之前已被使用，但是公司在经历财务困境的过程中也会再次对其已有的对冲策略做出思考。

9.4.4 风险管理组织结构

海德堡水泥公司的风险管理组织结构既是分散的，又是集中的。每个子公司都有履行公司统一的风险管理策略的义务，并需要收集有关各自风险敞口的信息，从而对各自的未来风险敞口进行预测。公司要求子公司每月编制并报告短期现金流量预测，该预测至少应包括三个月前的数据。报告增强了公司综合把握融资需求、相关成本以及投资活动的能力。中央财务部门负责套期保值策略的实施，因此，子公司自行采取行动的可能性较小。这个组织结构有两大优势。首先，由于子公司对本地情况有深入的了解，因此收集到的信息对公司最终制定对冲策略十分有效，这也是公司搜集信息的最佳成本选择；其次，中央财务部具有套期保值的规模经济效应。在实施有关衍生品的对冲策略时具有专业知识和综合视角，这是所有子公司无法比拟的优势。

一种观点认为，外汇风险自然对冲是对现有对冲策略的补充或替代，子公司位于约50个国家，所以采用外汇风险自然对冲将是一种简易而节省的套期保值方式。虽然原因尚不清楚，但可以肯定的是，海德堡水泥公司没有采纳。由于没有鼓励单独对冲风险以简化会计工作的明确法规，我们考虑将外汇风险敞口抹平或予以匹配，而不进行单独对冲风险的操作。如上文所述，公司在集中实施对冲策略时必须具有专业知识，但是当从法律角度审视对冲策略时，情况却并非如此。海德堡水泥公司的风险管理团队并不完全认可该法律体系，这可能成为该公司风险管理规划中的一大劣势。

海德堡水泥公司风险管理组织结构的另一个优势是，中央财务部门履行了内部银行职能，从而作为公司金融服务提供者，能够把握子公司的信贷活动，给予其资金支持。中央财务部门覆盖了公司的所有财务战略，包括外部融资（如公司的债务和股权融资）、对公司在货币市场与资本市场中的所有交易活动负责，以及维护公司与银行和评级机构的关系。

海德堡水泥公司对冲策略的主要框架由董事会制定，并在财务通则中给予说明。风险管理委员会制定基本决策并给予处理未在财务通则列明策略的指导方针，财务部门则负责对冲策略的实施。当市场状况发生变化时，董事会更新通则较慢。财务通则上一次的更新时间在2001年，对此有两种不同的解释：一是市场条件和首要风险没有改变；二是董事会依照旧例行事。根据第二种解释，我们可以得到如下结论：董事会未将套期保值决议摆在优先位置，同时，他们缺乏在该领域的专业知识。我们在与财务部访谈的过程中发现，财务部工作人员认为，自己具备有关衍生品交易和套期保值的专业素养，并且如果被允许进行投机交易，他们倾向于采用选择性套期保值策略进行投机。言论中他们经常提到，凭借投机活动，在1993年至2001年，他们连续从市场中获得了收益。

财务部也会自行采用某类其他策略。虽然董事会希望将所有领域的风险最小化，尤其是那些不属于核心业务的风险，但财务部希望让他们的工作变得更为重要并更富挑战性。另一个需要考虑的方面是管理人员的薪酬奖励，比如红利制度。虽然激励理论与代理理论密切相关，但在这种情况下，关注管理者的能力比关注他们的激励机制更为重要。评估处于不同管理层中的管理者的工作能力比较困难，但我们认为，管理者必须在其能力和对公司整体情况与目标的理解之间保持平衡。在决策过程中，单个经理的观点让步于公司的整体目标，同时我们也鼓励不同管理层之间多进行沟通。

海德堡水泥公司的中央财务部门作为公司的内部银行，为子公司提供信用和风险管理服务。我们认为，对于一家跨国公司来说，一方面，拥有集中型金融部门可以保证子公司经营所需资金；另一方面，由于子公司资金的唯一来源是内部银行，因此可能存在子公司受制于总部的问题，所以从子公司的视角看，当其遵循了中央财务部门的指示时，子公司本身也会丢失某些优势，因此财务集中制不是最合适的制度。

9.4.5 法律体系

由《国际会计准则39号》（IAS39）和《财务会计标准133号》（FAS 133）构成的法律框架，是影响公司套期保值策略选择的重要因素。但是它似乎限制了海德堡水泥公司为处理其货币风险而采取的行动。我们发现，该公司的管理者们（如公司财务部总监）并不完全清楚上述法律框架对套期保值活动的实质影响。前文提到将外汇风险敞口抹平或予以匹配是一种符合成本效益的对冲策略，为了实现这一策略，需要充分了解现行的法律体系。虽然我们已经讨论过为什么财务部门的员工没有会计领域的法律专业知识，但是我们没有找到任何令人满意的理由。对于像海德堡水泥公司这样具有巨大成交量和重大货币风险敞口的公司，必须要对现行的法律框架有清晰的认知，否则他们所采用的对冲策略一定不是最好的，甚至有可能导致巨额资金损失。《国际会计准则39号》作为崭新的会计准则是海德堡水泥公司未能具备该领域专业知识的一个原因，但绝不是该公司未能具备该领域专业素养所寻的借口。

值得一提的是，一些主要的国际银行反对新会计准则的实施，如丹麦的银行，作为债券市场上重要的参与主体，它们认为，新的会计准则是不公平的，因为新规将资产价值以公允价值而不是实际合同价值报告。

法律要求对金融资产的购买和销售进行一致的会计处理，衍生工具均须符合资产负债表中确认的新准则，这意味着购买的每个头寸都应单独报告。为了满足会计准则的要求，风险管理部门有义务报告每一项对冲行为，这也意味着在不使用衍生工具的情况下，将外汇风险敞口抹平或予以匹配的方法难以发挥自然对冲策略的作用。但是，这是解释法律体系的正确方式吗？审计员斯文·阿恩尼尔森（Sven Arne Nilsson）认为，法规鼓励而非强制公司单独报告所购头寸。综上所述，我们认为，基于会计准则的一致性原则和对套期保值解释方式的未定性特点，法律体系一方面影响外汇对冲策略；另一方面限制了公司进行套期保值的可能性。

9.4.6 对冲策略的目标与结果

在套期保值策略制定的过程中，存在影响决策制定的因素。这些因素中既包含内部因素，如组织结构，也包括外部因素，如信贷市场的状况。然而，在讨论影响套期保值策略制定的因素，特别是评估其绩效时，还需将该策略的目标纳入考虑范围之中。

海德堡水泥公司的对冲策略目标是尽量减少未来现金流量的波动，并且在更长时间内不被合约所限定。这样一来，公司可以在信贷市场上更加灵活地进行退存款。根据海德堡水泥公司的说法，短期市场比长期市场更具有灵活性。这也是该公司选择进行短期对冲操作的原因之一，还有一个原因是短期对冲操作会提高公司收购或出售子公司时的灵活性。尽管我们认为与非对冲策略相比，连续对冲操作可能会对公司价值有损，但从连续对冲策略一直服务于公司战略来看，它似乎为海德堡水泥公司创造了价值。结合之前对时间序列的分析，即使连续对冲操作不能降低汇率的波动，而是延迟波动的出现，但是汇率波动的延迟会给管理层更多时间对市场变化做出反应，例如，管理者可以对公司未来收入和投资的现金流加以规划。与此同时，现行对冲策略符合信贷市场的对冲需求。由于连续对冲被认为是一种风险规避策略，因此，海德堡水泥公司愿意为其实现风险降低而支付一定的费用。因此，我们可以得出如下结论：套期保值策略为公司风险管理战略服务。

正如前文讨论的那样，或许还有回报更加丰厚的对冲策略，比如投机性对冲操作。然而，海德堡水泥公司不能执行这项操作。原因有二：第一，信贷市场对对冲策略有相应限制；第二，该项操作不符合公司的战略目标。根据时间序列分析，虽然非套期保值策略比现行对冲策略成本更低，但是它不能满足信贷市场的需求。

9.5　结论

技术和金融的发展日新月异，使得公司对于风险管理的需求也不断增强，并且愈发意识到套期保值的重要性。衍生品市场是一个价值数十亿美元的市场，其间已通过形成丰富的套期保值策略满足了大多数使用者的需求。金融服务业正进入对企业开展绩效评估的新阶段，同时，人们也意识到，对新型风险建立应对策略变得越来越重要。

公司期望洞悉和把控未来，然而，在市场中找到绝对的确定性是不可能的，这使得风险管理在企业中至关重要。当今企业对于生产可持续性增长、发挥固有优势和把控潜在损失的渴望更胜从前，反映出有效管理风险的必要性。目前，公司在普遍寻求市场有利条件，并通过一些措施控制或减少风险。

金融风险管理领域收获了大量研究成果，但是大部分是量化研究，这些研究通常致力于探究某个与其他变量相独立的变量对公司套期保值策略的影响。本文则以综合视角研究了不同变量如何影响套期保值策略的决策过程。我们识别和评估的五个不同变量为：①财务困境；②风险态度；③风险管理组织结构；④法律体系；⑤利益相关者。

海德堡水泥公司采取风险规避的连续对冲策略，并在短时间内对相当数量的所有单一现金流量进行对冲。研究发现，与非对冲策略相比，单纯形式的连续对冲操作会对公司价值有损害。同时，我们还识别了在使用连续对冲策略时可以为该公司创造价值的一系列因素，这是因为信贷市场具有更大的灵活性，短期内市场流动性更强。连续对冲操作延迟了市场波动，会给管理层更多时间对市场变化做出反应，并且拓宽了对公司未来收入和投资的现金流加以规划的时限。

海德堡水泥公司最近的信用评级被降低，降级使得该公司筹集资金变得更加困难，同时，信贷市场也设立了特定的对冲要求，公司必须遵循市场规定才能筹借到资金。由于较低的信用评级会增加财务困境的风险，因此我们可以得出结论：海德堡水泥公司正在遭受较高财务风险带来的压力，并且，财务困境对该公司对冲策略的决策过程有很大影响。

海德堡水泥公司的风险态度在过去几年中发生了变化。该公司曾经以选择性套期保值的方式在市场上进行投机，根据交易员的说法，投机性套期保值是一项成功的策略。然而，几年前该公司开始经历经济困难时，其风险态度发生了变化。故而可以得到以下结论：公司对于首选对冲策略的风险态度受其经济状况的影响。另外，我们很难说明风险态度的变化是由内部决策引起还是由信贷市场需求引起，但这种变化很可能是上述两种原因的结合。

海德堡水泥公司实行财务集中制。公司的中央财务部门负责统筹，各子公司收集具体风险敞口的信息，并对其未来的风险敞口进行预测，随后将报告递交总部，总部经过审批并指明行动方向后将结果返回到各子公司。这意味着总部和各子公司可以识别组织内各层面的风险。本文认为，海德堡水泥公司的财务集中制与风险规避态度得到了很好的融合。

海德堡水泥公司套期保值策略受到以国际会计准则 39 号为代表的法律影响，法律通过诸如持仓净额等具体要求规范公司的行动。但是，海德堡水泥公司对《国际会计准则 39 号》的有效性持有不确定态度。

在提及利益相关者时，本文主要关注信贷市场和海德堡水泥公司的员工。如上所述，信贷市场的需求影响该公司套期保值策略以及风险态度。虽然财务部员工希望公司采用投机性套期保值策略，但是该策略的决定权掌握在董事会手中，因此财务部员工影响决策的可能性非常有限。本文假定，如果他们能得到公司授权进行投机性对冲操作，那么这些员工所拥有的专业知识和能力，将会是他们从事投机活动的优势。

参考文献：

Christian Andersson et al. Currency hedging management in global frims: the case of heidelberg cement[D]. Department of Business Administration, School of Economics and Management, Lund University, 2004.

10 美国公司外汇避险策略[①]

10.1 引言

总部位于美国的 HDG[②] 公司是一家为全球 50 个国家和地区的消费者、企业和政府提供耐用品的制造商，有近一半的收入来自海外。该公司在一个竞争激烈的行业中，有许多竞争者，这些竞争者包括美国和外国制造商。HDG 公司专注于它的老本行，这个行业是一个不断增长的行业，高度依赖于技术创新。HDG 公司的商业策略旨在：①引领行业高效的采购、制造和分销；②为客户提供增值服务和行业趋势洞察力；③方便客户与 HDG 做生意，减少双方成本，加强与客户、供应商的联系。

10.2 外汇风险管理结构

HDG 公司"对于预期可能发生的外汇交易和已确认的外汇交易，都使用外币期权合约和远期合约来减少汇率波动的风险"。在 1999 年之前，HDG 公司遭受了一些意外的损失，而且对外汇衍生品交易的管控也比较宽松，由此 HDG 公司制定了非常精确的外汇风险管理制度（见公司《资金部规章和执行手册》）。规章限制了衍生品头寸的类型、规模和运用时机，还规定了所有参与外汇交易的员工所遵循的精确执行程序。

规章将职能分为三大类。第一组任务是监督职能。规章规定："董事会对批准（HDG）的外汇管理制度负有最终责任。"具体地说，财务委员会直接负责批准政策修订、季度业绩审查和年度规章审查。在实践中，外汇管理委员会（FXMC）提供了大部分的监督职能。外汇管理委员会的成员包括首席财务官、公司管理者、财务总监、区域副总裁（美洲、亚太、欧洲、日本）和外汇经

[①] 编译自 Gregory W Brown. Managing foreign exchange risk with derivatives [D]. The University of North Carolina at Chapel Hill, 1999.

[②] 用 HDG 代称，以匿名。

理。依据职权的成员包括大多数高级资金部经理。外汇管理委员会由首席财务官主持，并向财务委员会报告。该委员会负责有关外汇表现、对冲策略和会计问题的季度报告。委员会还必须准备一份年度业绩审查报告和外汇管制报告。所有对规章和程序的修订提案都必须由外汇管理委员会或首席财务官提出，并由财务委员会批准。一般来说，外汇管理委员会每月举行一次会议。月度会议的主要职能是审查现有的外汇头寸，并正式批准公司目前的对冲策略。虽然在《资金部规章和执行手册》中没有明确规定，但对冲策略是决定使用衍生工具对冲外汇风险，以及对衍生品合约的类型、名义价值和到期日的一般指引。

第二组的任务是会计和管控职能。资金部会计组负责确认所有外汇交易，确定衍生品头寸的会计处理，以及监控与风险管理合规指引的一致性。简而言之，会计验证对冲活动与公司政策和一般公认会计准则（GAAP）是一致的。例如，在HDG公司只有7名员工（都在会计组）授权确认外汇交易，包括衍生品交易。同时专门规定，这些个人都不能代表公司真正进行外汇交易。这一责任划分标准减小了欺诈或"流氓"交易的可能性。

第三组的任务是操作执行责任。这些都是外汇项目组的日常职责。组内成员负责执行外汇管理委员会批准的对冲策略，包括编制有关潜在风险敞口的数据，提出合适的衍生品交易，执行批准的交易，以及持续监测外汇风险敞口与合约头寸的实时状况。

外汇政策声明重要的方面是风险敞口的定义和对冲风险敞口的具体标准。HDG公司识别三种类型的外汇风险："由于每个法律主体用当地货币交易带来的风险（交易风险），外币财务报表折算成美元所引起的风险（折算风险），预期的目前并未反映在会计系统或其他记录里的未来外汇现金流所带来的风险（经济风险）。" HDG公司并没有积极主动地对冲其折算风险，尽管公司规章允许这样做。交易风险通常以一种非常机械的方式进行对冲。随着经济风险逐渐成为交易风险（在本季度尤其明显），远期或现货交易被用来对冲所有预期的外汇储备。因此，随后的分析，以及外汇项目组的贡献，主要来自对经济风险敞口的管理。然而，应该指出的是，HDG公司认为经济风险敞口将被视为更典型的交易风险敞口。经济风险通常被称为来自宏观经济冲击、竞争力量或与战略相关的现金流风险。对于HDG公司来说，期望的结果是现金流的成功套保，并非靠谱的销售确认。

具体来说，HDG公司的经济风险主要源于四个方面：①HDG公司根据商业计划所预估的销售额；②根据每个实体的采购计划，预期本币的需求量；③根据实体的费用计划，预期本币的需求量；④基于销售计划（《资金部规章和执行手册》）预期的以本币计价的第三方销售额。在合同期比较长的其他业务中，这些风险敞口很可能被归类为交易风险。把风险客观地分为交易风险或经济风险是不可能的，如 HDG 公司的经济风险可能介于"经济"的普遍定义和"交易"的会计定义之间，这取决于诸如套期保值时间跨度、产品市场的特征以及风险预测的不准确程度等因素。

规章还明确了"批准使用的对冲工具"是外汇现货和远期合约，货币看跌期权和货币看涨期权。长期的货币掉期和期货合约是明令禁止作为对冲工具的。规章不限制使用"奇异"合约，如有平均价格（亚式）或障碍特征的衍生品。外汇经理可经外汇管理委员会批准，对已批准的套期保值工具进行修改。

最低和最大套保率是在规章中明确规定的，并且是由经济风险敞口的持续时间决定的。表 10-1 显示了在不同预期风险存在时间下的最高和最低的对冲比率。

表 10-1 不同时间下最低与最高套保比率

预期风险存在时间	最低套保率（%）	最高套保率（%）
当前季度	60	90
一个季度	40	90
两个季度	25	85
三个季度	0	85
四个季度	0	85

预计未来四个季度以上的经济风险需要得到财务委员会的核准。规章的最低和最高套保率的例外情况可以由首席财务官批准。此外，如果偏差是由于预测风险的修正，那么超过这些界限的对冲比率（最高对冲比率为 100%）是可以的。

本节简要介绍了 HDG 公司的官方外汇管理规章制度。实际的规章文件包括超过 75 页的其他细节，主要是关于每个雇员的个人责任，以及前文概述的指令的精确描述。

10.3 外汇风险管理实践

外汇风险的日常管理是外汇项目组的责任。与外汇对冲相关的大部分职责由该公司的四名成员执行：三位资金部分析师负责全球不同的区域（欧洲/非洲、亚太和美洲）和外汇经理。这些员工几乎每天都与地区资金经理（总部设在国外）、全球资金部主管和企业财务主管（总部位于美国）联络互通。专门从事外汇风险管理的全职员工人数约为 11 人（美国外汇项目组 4 人、地区资金经理 2 人、高级管理人员 1 人、司库会计 2 人和支持人员 2 人）。

实行套期保值的实际过程相当复杂，但主要内容就是确定"对冲汇率"。这一过程从资金部开始，特别是外汇项目组，提供一个对冲汇率指标，相当于对最终对冲汇率的粗略估计。然后，海外营业单位使用这个汇率指标准备商业计划。商业计划会传送到决定官方外汇风险的税务会计那里，而官方外汇风险是一种控制机制，导致外汇项目组无法在内部操纵风险预测。

在这一点上，外汇项目组准备了对冲策略。最初，项目组要确定"市场前景"。前景代表对当前汇率水平和相关衍生品定价的看法。项目组依靠外部市场预测、内部技术和基本面分析，对期权和远期合约的相对定价（例如期权隐含波动率和远期利率）进行预估。在此基础上，该公司"探索了对冲策略替代方案"（培训文件）。替代方案相当于核准的对冲策略的子策略。例如，一个替代方案可能是用远期合约对冲；另一种可能是用看跌期权对冲。通过与外汇经理、全球资金部和地区资金部经理的讨论，外汇项目组准备一项对冲策略分析（比较不同的备选方案），并正式向外汇管理委员会推荐一种对冲策略。在实际操作中，通常是对冲当前货币的惯例流程。在实践中，遇到不寻常的市场环境（如亚洲金融危机）和对冲币种的增加时，执行这一流程需要三思而后行。

如果该套期策略被外汇管理委员会批准，外汇项目组执行对冲交易。首先，确定交易的细节。这些细节包括名义价值、工具类型和衍生品的执行价格（如适用）。按照惯例，所有的合同有效期都设置在风险季度结束两周后。《资金部规章和执行手册》规定了可以与之进行交易的金融实体（机构）。其中包括 5 个国内机构和 12 个外国机构。规章要求每个交易对手都是一个"主要的商业或投资银行，符合首席财务官核准的最低信用标准"。

在执行交易后，外汇项目构建新的对冲汇率，作为新的执行指标。同时传达到国际业务单元（IBU）以更新商业计划和之后的风险预测。显然，这个过程是动态的；风险敞口预测和对冲策略大约每月更新一次，尽管衍生品交易频数或多或少并不确定。

外币风险不是按季度、货币或地区积累的。相反，每个季度的外汇都是独立处理的。例如，在任何给定的时间，HDG 公司将会有 5 个独立的"对冲策略"来应对德国马克（DEM）：一个是针对当前季度，另 4 个针对未来四个季度中的每个季度。因此，每个货币季度都有一个单独的对冲汇率。

对冲汇率是根据当前市场利率和用于该季度套保使用的衍生品的成本计算的。具体说，它是当前"有效对冲汇率乘以套保率（已对冲风险所占的百分比），加上将套保率上调至100%（即风险完全被覆盖）的总成本乘以未套保率（《资金部培训手册》）"。例如，假设德国马克的即期汇率是1.661 7，远期汇率是1.651 7。如果目前的套保率为71%，有效对冲汇率为1.625 8，而将套保率上调至100%所需的期权成本为0.022 0，则对冲汇率为 $0.29 \times (1.651\ 7 + 0.022\ 0) + 0.71 \times (1.625\ 8) = 1.639\ 7$。这种计算对冲汇率的方法会使预期的美元收入减少。这种情况的发生是因为期权的使用成本被计入后，对于上升的预期有效对冲汇率（因为有未对冲风险敞口）没有相应的调整。换句话说，对冲汇率只使用成本而不是期权的收益来计算。如果衍生产品定价合理，那么（无风险偏好的）预期不应包括期权的使用成本，而（无风险偏好的）对冲汇率应该是1.633 3（假设当前有效的对冲汇率以同样的方式计算）。

总之，有两点值得注意。首先，HDG公司的外汇套期保值操作是公司范围内业务的重要组成部分。外汇活动的影响从最初计划持续到最终报告。其次，对于正在进行的商业活动，确定汇率的过程是复杂的，有可能包括系统性偏差。

10.4 外汇风险的直接影响

本研究的数据直接取自HDG公司资金库和档案。HDG公司在50多个国家和地区都有销售业务，其中只有24个以当地货币计价的业务单位，这就产生了直接外汇风险。表10-2显示了40个外国交易实体所在的国家和地区和其使用的货币。在发达国家和新兴发达国家（地区），大多数国外业务都是外汇业务。这些非美元实体共同占据了绝大部分的国外收入。

表10-2 记账本位币

表10-2报告了HDG公司国外市场所在的国家和地区，当地货币和记账货币。在列出的40个国家（地区）中，有24个的风险敞口不是美元。面板B报告了外汇衍生品损益对报告收益和现金流的影响。未对冲的结果是通过从报告收益和现金流中减去税后衍生品损益计算的。对于连续的季度结果和年度结果报告美元变化的标准差和半偏差。报告的结果基于1995年第一季度至1998年第二季度的14个季度的数据。将低于平均变化的偏差的平均值和零比大小，取较小的值作为半偏差。面板B中的值单位都是百万美元。表中列出了HDG公司用

衍生品对冲的所有记账外币。

国家（地区）	地方货币（符号）	风险敞口	国家（地区）	地方货币（符号）	风险敞口
阿根廷	比索（ARS）	USD	意大利	里拉（ITL）	USD
奥地利	先令（ATS）	ATS	日本	日元（JPY）	JPY
澳大利亚	澳元（AUD）	AUD	马来西亚	令吉（MYR）	MYR
孟加拉国	塔卡（BDT）	USD	墨西哥	比索（MXP）	USD
比利时	法郎（BEF）	BEF	荷兰	盾（NLG）	NLG
巴西	雷亚尔（BRL）	USD	新西兰	元（NZD）	NZD
加拿大	元（CAD）	CAD	挪威	克朗（NOK）	NOK
智利	比索（CLP）	USD	巴基斯坦	卢比（PKR）	USD
中国	元（RMB）	USD	菲律宾	比索（PHP）	USD
哥伦比亚	比索（COP）	USD	波兰	兹罗提（PLZ）	USD
捷克共和国	克朗（CZK）	USD	新加坡	元（SGD）	SGD
丹麦	克朗（DKK）	DKK	南非	兰特（ZAR）	ZAR
芬兰	马克（FIM）	FIM	韩国	韩元（KRW）	KRW
法国	法郎（FRF）	FRF	西班牙	比塞塔（ESP）	ESP
德国	马克（DEM）	DEM	斯里兰卡	卢比（LKR）	USD
英国	英镑（GBP）	GBP	瑞典	克朗（SEK）	SEK
中国香港	港币（HKD）	HKD	瑞士	法郎（CHF）	CHF
印度	卢比（INR）	USD	中国台湾	台币（TWD）	TWD
印度尼西亚	卢比（IDR）	USD	泰国	泰铢（THB）	THB
爱尔兰	镑（IEP）	IEP	阿拉伯联合酋长国	迪拉姆（AED）	USD

该研究的观察期包括从1995年第一季度到1998年第二季度共14个季度（3.5年）。数据包括每种货币的所有衍生交易的细节（以及每笔头寸被分配到哪个季度）。预估外汇风险在目标季度结束前9个月、6个月、3个月从税务会计处取得。可能的话，从数据终端（DataStream）收集现货和远期汇率。从数据终端无法获得的远期汇率是用美国国债到期利率和外国央行报告的短期利率计算的。用于在市场上标记头寸的波动率来自在费城股票交易所（PHLX）交易的货币期权，从过去三个月的每日现货价格中计算。这些数据的结合使我们能够计算出HDG公司使用的衍生品头寸最有趣的数量特征。

表10-3显示了外汇衍生品对外公开报告收益、现金流和股票收益的总体影响。衍生品头寸的影响是通过对分配给某一特定季度的所有合同的交易损益

(P&L)和持有至到期的头寸的净收益计算的。第一列显示了公开（已对冲）收益的值，第二列显示了不包括税后衍生品总利润和损失（未对冲收益）的值。第一行报告平均值。衍生品对季度平均收益有正面影响（623万美元）。然而，如果衍生品被用作风险管理工具，那么对冲可能会降低收益的变动程度。套期保值增加了150万美元的平均收益（或者约是收益增长率的0.9%）。更有趣的是套期保值对收入变化的标准偏差的影响。套保将标准偏差从2 014万美元降至1 570万美元（减少444万美元，降幅22.0%）。然而，HDG公司的营业范围是季节性的，外部分析师通常将收益与上年同季度进行比较（同比）。表10-3中的第三行显示了这些年同比收入变化的标准偏差。以这种方式衡量对冲的影响也显示出类似的结果；公开收益的标准偏差减少了约398万美元（仅因为较大的基数而减少了10.2%）。

表10-3 对冲收益、现金流及股票收益的影响

表10-3报告了外汇衍生品损益对报告收益、现金流和股票收益的影响。在面板A中，未对冲的结果是通过从报告收益和现金流中减去税后衍生品损益计算的。对于连续的季度结果和年度结果报告美元变化的标准差和半偏差。报告的结果基于1995年第一季度至1998年第二季度的14个季度的数据。将低于平均变化的偏差的平均值和零比大小，取较小的值作为半偏差。面板B中的值的单位都是百万美元。以HDG的季度股票收益作为因变量，标普行业指数的回报，美元的贸易加权汇率变化和衍生品损益表作为自变量，面板B报告了上述回归的系数估计值和t-统计数据。***，**，*分别代表在单侧检验中10%，5%，1%的显著水平。

面板A：收益和现金流

	已对冲收益	未对冲收益	已对冲现金流	未对冲现金流
平均值	169.40	163.17	389.04	382.80
平均值（变动）	22.87	21.37	80.37	78.72
标准差（变动）				
季度	15.70	20.14	146.40	153.02
年度	34.91	38.89	241.50	256.40
半偏差（变动）				
季度	6.65	7.76	53.78	56.83
年度	15.47	15.61	103.36	109.92
相关系数（季度未对冲衍生品损益变动）	−0.37		−0.28	

面板 B：股票收益　　　　　　　　　　　　　　因变量：HDG 公司季度股票收益

常数	0.12	0.46
	1.00	1.36
行业指数	2.09***	1.65***
	3.32	2.45
美元/记账货币汇率变动	1.01	-1.43
	0.39	-0.47
衍生品损益	—	5.00*
		1.42

标准偏差可能不是评估 HDG 公司外汇对冲活动影响的合适指标。后续部分的分析表明，HDG 公司更关注下行风险（低于预期收益），而不是上行风险（高于预期收益）。为了解决这一可能性，本文通过计算实际收益变化的最小值和平均收益变化，估计半偏差。表 10-3 为季度和年收益变化的半偏差。其结果与标准偏差的结果相似，但不太显著。从季度比较看，对冲把半偏差从 776 万美元减少到 665 万美元，同比下降的幅度可以忽略不计，从 1 561 万美元降至 1 547 万美元。

表 10-3 的最后两列（面板 A）显示了现金流变量相似的计算结果。其与盈利情况大体相似：季度和年度的现金流量变化都是一致且伴有小幅下降的。然而，表 10-3 中所有的计算都是基于 14 个季度的观察结果。F 检验表明，在 10% 的水平上这些差异都不显著。由于 HDG 公司的收益很大，并且在样本期快速增长，因此解释这些下降的经济影响是很复杂的。例如，一个人可能会认为标准偏差减少 22.0% 已经很多了，但在平均收益为 1.7 亿美元的情况下，标准偏差减少 400 万美元似乎没那么明显。HDG 公司管理层的成员指出（Brown, 1999），这些削减与他们对外汇对冲的预期一致……不到一半的收入是来自国外的，潜在的商业风险不能用衍生品直接对冲。

表 10-3 的最后一行（面板 A）报告了季度收入变化（或现金流）与衍生品损益表的相关性。其中负值与已经报告的结果一致（指出了 HDG 公司实际上是在套保），但相对较小的相关性（-0.37 和 -0.28）揭示了收益和现金流的大部分变化并没有用衍生品对冲。这是因为 HDG 公司没有完全套保，或者一些风险是不可避免的（不可对冲的），例如国外和国内的销售。

表 10-3 面板 B 报告了以 HDG 公司季度股票收益为因变量的线性回归系数估计。第一列包括行业指数的市场回报和贸易加权美元汇率的变化，这两个作

为解释变量。对于HDG公司股票市场回报率来说，汇率并不是一个显著的解释变量。相关关系的缺失可能是由许多因素造成的。第一，HDG公司可以通过套期保值有效地消除汇率风险；第二，贸易加权指数不能很好地反映真实的风险敞口，尽管使用HDG公司销售加权指数也不会显著改变结果；第三，模型可能不合适，因为行业回报可能无法反映和回报有关的其他因素的影响；第四，测试的强度受到观测次数较少的限制。第二列重复分析，但将导数损益表作为解释变量。在单尾检验中，系数估计值在10%的水平上显著（统计学意义上）。系数的经济意义是巨大的。估计为5.00意味着衍生品损益表平均风险敞口增加1%（660万美元）与大约8亿美元的市值增长有关。这一结果与阿莱亚尼斯（Allayannis）等和韦斯顿（Weston，1998）发现的结论一致，即外汇衍生品的使用与较高的市场估值有关。由于HDG公司的市场价值在样本期内迅速上升，而衍生品损益表可能代表其他公司特有的因素，因此衍生品损益表的估计系数可能被夸大。估计较高频率（月、周和日）的回归值也表明，汇率并不能作为一个很好的解释变量来解释HDG公司股票的市场回报。

衍生品数据可以在交易层面得到，因此外汇套期保值的影响也可以用货币分析。分析的结果是通过比较未对冲美元风险敞口（假设风险以季末即期汇率折算）与实际对冲风险敞口得来的。表10-4报告了此分析的结果。表10-4分为三部分：第一部分报告了总计外币头寸的结果。HDG公司在样本期间所有季度对冲的15种货币（随后标记为A到O）被称为全样本货币（分别显示在表的第二部分）。HDG公司仅在样本期的部分时段对冲的9种货币（标记为P到X）被称为部分样本货币（分别显示在表的第三部分）。

表10-4 风险敞口、衍生品损益和对美元现金流的影响

表10-4列出了14个季度内未对冲风险、衍生品损益以及期权费占美元敞口的比例，三者的平均值（Ave）、最低值（Min）和最高值（Max）。也显示了季度对冲和未对冲敞口的标准差（水平和百分比）和半偏差，以及同比敞口。对于部分样本货币，仅使用对冲季度的统计数据（如正文所定义）计算。星号表示对冲敞口，其波动率比未对冲敞口要低。单位为1 000美元。

总计	货币编号	未对冲美元风险敞口	衍生品损益	总期权费用(%外汇)		季度		年度	
						未对冲风险敞口波动率	已对冲风险敞口波动率	未对冲风险敞口波动率	已对冲风险敞口波动率
全样本货币	15	平均值 663 085	7 590	-3.36		313 844	319 418	—	—
		最小值 358 071	-8 569	-8.31	标准差(%)	13.52	13.89	25.98	21.80*
		最大值 1 336 793	38 127	0.94	半偏差(%)	5.43	5.53	8.91	7.42*

续表

总计	货币编号		未对冲美元风险敞口	衍生品损益	总期权费用(%外汇)		季度		年度	
							未对冲风险敞口波动率	已对冲风险敞口波动率	未对冲风险敞口波动率	已对冲风险敞口波动率
部分样本货币	9	平均值	41 787	1 314	0.04		30 622	32 301	—	—
		最小值	6 954	-2 700	-0.16	标准差(%)	24.34	26.30	122.73	114.64*
		最大值	96 340	10 850	0.46	半偏差(%)	9.75	10.49	48.41	45.17*
所有货币	24	平均值	704 872	8 905	-2.91		341 725	348 849	—	—
		最小值	366 089	-8 440	-7.79	标准差(%)	12.73	13.19	22.88	19.47*
		最大值	1 433 132	40 942	0.70	半偏差(%)	5.12	5.25	7.76	6.50*
全样本货币	对冲季度/风险季度									
货币A	14/14	平均值	239 046	-2 453	1.03		139 027	138 252*	—	—
		最小值	126 450	-8 252	-0.93	标准差(%)	28.84	28.70*	56.22	56.57
		最大值	558 234	2 670	3.21	半偏差(%)	9.56	9.84	20.15	20.00*
货币B	14/14	平均值	64 793	2 495	0.53		30 169	30 978	—	—
		最小值	30 976	-2 282	-17.74	标准差(%)	18.45	18.37*	35.20	36.78
		最大值	115 848	11 825	7.44	半偏差(%)	7.33	7.20*	14.33	12.90*
货币C	14/14	平均值	59 754	1 035	0.43		34 326	34 683	—	—
		最小值	24 908	-1 740	-10.99	标准差(%)	21.66	22.86	27.47	16.83*
		最大值	122 019	8 192	4.33	半偏差(%)	7.60	8.71	11.58	6.74*
货币D	14/14	平均值	36 076	183	1.04		18 836	19 499	—	—
		最小值	19 257	-2 135	-10.51	标准差(%)	26.24	27.02	44.90	39.77*
		最大值	73 573	3 325	8.20	半偏差(%)	10.58	10.40*	16.36	14.61*
货币E	14/14	平均值	17 293	403	0.61		9 386	9 524	—	—
		最小值	7 437	-643	-7.45	标准差(%)	24.31	26.14	23.76	23.18*
		最大值	33 655	2 460	5.09	半偏差(%)	8.32	9.11	9.62	8.88*
货币F	14/14	平均值	35 010	891	-0.12		17 615	17 577*	—	—
		最小值	15 121	-888	-12.80	标准差(%)	24.74	21.26*	43.40	30.76*
		最大值	75 701	4 587	4.81	半偏差(%)	9.54	8.76*	16.58	12.12*
货币G	14/14	平均值	14 885	34	0.97		4 380	4 486	—	—
		最小值	9 874	-683	-7.04	标准差(%)	21.71	22.21	32.89	22.85*
		最大值	23 895	1 587	4.78	半偏差(%)	8.24	8.35	12.33	9.10*

续表

总计	货币编号		未对冲美元风险敞口	衍生品损益	总期权费用(%外汇)		季度		年度	
							未对冲风险敞口波动率	已对冲风险敞口波动率	未对冲风险敞口波动率	已对冲风险敞口波动率
货币 H	14/14	平均值 最小值 最大值	12 367 7 369 18 500	213 -622 1 998	0.35 -19.03 4.78	标准差(%) 半偏差(%)	3 716 25.06 11.05	3 800 22.53* 9.71*	— 26.99 10.79	— 15.64* 6.27*
货币 I	14/14	平均值 最小值 最大值	16 767 9 558 29 536	574 -741 2 845	0.66 -9.48 7.40	标准差(%) 半偏差(%)	6 444 19.06 6.58	6 644 20.17 6.98	— 32.52 13.07	— 25.26* 10.12*
货币 J	14/14	平均值 最小值 最大值	2 868 1 844 5 354	91 -144 522	0.15 -22.22 7.50	标准差(%) 半偏差(%)	931 30.40 12.27	930* 30.80 12.49	— 33.87 12.22	— 27.34* 10.22*
货币 K	14/14	平均值 最小值 最大值	2 471 1 022 4 972	37 -126 243	0.93 -10.41 8.95	标准差(%) 半偏差(%)	1 197 33.95 13.54	1 218 33.56* 13.45*	— 59.92 23.36	— 56.00* 21.99*
货币 L	14/14	平均值 最小值 最大值	5 628 1 251 12 865	102 -128 815	-0.11 -14.02 3.51	标准差(%) 半偏差(%)	3 552 33.35 12.13	3 607 31.93* 11.30*	— 50.90 20.32	— 47.80* 18.47*
货币 M	14/14	平均值 最小值 最大值	64 940 24 181 134 980	825 -2 291 6 143	0.39 -1.41 0.90	标准差(%) 半偏差(%)	34 661 31.27 12.25	36 526 31.50 12.26	— 44.15 17.62	— 45.07* 18.16*
货币 N	14/14	平均值 最小值 最大值	73 190 54 707 109 346	2 552 -50 8 209	0.06 -1.25 2.70	标准差(%) 半偏差(%)	18 741 19.51 6.68	20 669 19.79 6.94	— 22.72 9.74	— 25.15* 10.32*
货币 O	14/14	平均值 最小值 最大值	17 996 4 005 38 681	609 -431 3 654	0.54 -1.14 1.98	标准差(%) 半偏差(%)	10 250 82.29 25.19	11 104 86.81 25.59	— 100.18 42.78	— 100.73* 42.68*
部分样本货币										
货币 P	5/6	平均值 最小值 最大值	4 327 3 750 5 568	404 186 786	0.49 -3.35 2.55	标准差(%) 半偏差(%)	736 23.18 8.61	951 18.13 6.38	— — —	— — —

续表

总计	货币编号		未对冲美元风险敞口	衍生品损益	总期权费用(%外汇)		季度		年度	
							未对冲风险敞口波动率	已对冲风险敞口波动率	未对冲风险敞口波动率	已对冲风险敞口波动率
货币Q	11/14	平均值	15 524	62	0.00		7 570	8 646	7 570	8 646
		最小值	6 954	-2 486	0.00	标准差(%)	30.01	39.74	39.51	60.48
		最大值	31 359	2 375	0.00	半偏差(%)	11.69	14.87	16.51	23.16
货币R	10/10	平均值	5 575	184	0.06		3 532	3 881	3 532	3 881
		最小值	1 378	-253	0.00	标准差(%)	107.92	130.64	141.83	125.45*
		最大值	11 742	1 839	0.58	半偏差(%)	33.31	37.86	55.55	49.01*
货币S	6/10	平均值	8 691	406	0.49		3 373	3 600	3 373	3 600
		最小值	4 621	-11	-0.02	标准差(%)	16.70	16.58*	27.50	7.77*
		最大值	13 978	857	1.98	半偏差(%)	7.95	6.53*	10.50	2.75*
货币T	5/6	平均值	3 593	461	0.00		885	1 003	—	—
		最小值	2 984	-267	0.00	标准差(%)	32.26	47.79	—	—
		最大值	5 087	1 524	0.00	半偏差(%)	11.28	16.18	—	—
货币U	3/8	平均值	12 748	2 955	0.00		2 571	4 745	—	—
		最小值	10 171	442	0.00	标准差(%)	17.60	28.10	—	—
		最大值	16 187	5 508	0.00	半偏差(%)	22.94	9.93*	—	—
货币V	3/10	平均值	10 188	-67	0.00		2 278	2 326	—	—
		最小值	7 888	-105	0.00	标准差(%)	104.65	5.03*	—	—
		最大值	12 443	1	0.00	半偏差(%)	10.16	1.78*	—	—
货币W	4/8	平均值	3 717	225	0.00		2 357	2 034	—	—
		最小值	2 383	-278	0.00	标准差(%)	99.86	99.42	—	—
		最大值	7 241	859	0.00	半偏差(%)	24.15	37.68	—	—
货币X	3/8	平均值	1 962	66	0.00		1 062	1 082	—	—
		最小值	1 069	33	0.00	标准差(%)	109.92	122.05	—	—
		最大值	3 376	91	0.00	半偏差(%)	35.62	45.33	—	—

表10-4的第一列报告两个项目。"总计"是货币的种数。对于单个货币，报告两个值。第一个值表示HDG公司以给定货币进行衍生交易的季度数目；第二个值报告了税务会计组记录的货币风险敞口的季度数目。对于全样本货币，两个值都是14个季度（根据定义）。对于部分样本货币，从第一次识别风险（如创造外汇的一种新功能）到采取相应对冲策略之间有三个季度的延迟。

表10-4的前三列报告了未对冲美元风险敞口、衍生品交易的合并损益,以及作为未对冲敞口1%的总溢价。首先,未对冲美元风险敞口的平均规模之间存在巨大差异。对于全样本货币,平均风险敞口从250万美元到2.39亿美元;对于部分样本货币,大部分风险敞口很小,从200万美元到1 550万美元不等。所有货币的平均季度风险敞口为7.049亿美元,其中大部分可归因于全样本货币(6.631亿美元)。最小和最大的未对冲敞口被报告出来,数据再次显示出巨大的差异。平均而言,总体看最小风险敞口约为平均风险敞口的一半,最大风险敞口约为平均风险敞口的2倍。这种差异很大程度上(尽管不是全部)是由于样本期内大多数币种收入快速增长所致。

表10-4的下一列报告衍生品交易的净回报(包括已支付的任何溢价)。所有和部分样本货币的平均损益表一般都是正值。最可能的结果是,HDG公司的所有外币净敞口都为正(流入),而且在样本期内美元普遍走强。所有货币的平均总回报是890万美元。然而,每季度的净利润和亏损有很大的差异。对于全部样本货币,衍生品交易导致至少一个季度的损失。同样,至少有一个季度是盈利的。9种部分样本货币中的6种也是如此(尽管特殊货币的对冲期只有3~5个季度)。所有货币中季度最大亏损为840万美元,最大利润为4 090万美元。正如从风险敞口的大小可以预料到的那样,部分样本货币的盈亏通常比完全样本货币的盈亏要小。

对平均、最小和最大损益的检验表明,套期保值收益呈现正偏态。对于所有的货币,最大损益与平均损益的差异都大于平均损益与最小损益的差异。衍生品交易的总回报也对子样本和所有货币有正向的倾斜,表明对非线性(期权)对冲策略的偏好。

因为HDG公司套期保值时多使用期权,所以本文把衍生品的使用成本(期权费)也计为潜在风险敞口的一部分。这些计算结果包括任何来自循环交易的期权费,但与期权交易损益不同,因为它们不包括将头寸持有至到期的收益。我们的目标是获得一个衡量HDG公司愿意在前期费用(衍生品使用成本)上花费多少的指标。表10-4第四列报告了这些数字。这些值可能是负值,表明该公司通过平掉现有的期权多头头寸而获得的收益大于最初的期权费。

单个的全样本货币的结果显示,期权费平均占风险敞口的小部分(大约1%)。对于部分样本货币,期权费通常为零,表明没有用期权对冲这些风险。最大值与最小值表明净期权费可以相当可观。例如,对于货币J来说,HDG公司在一个季度内通过交易相当于潜在风险敞口22%的期权实现了净利润。该公司愿意支出的上限似乎也很高。特别的,对于15种全样本货币中的6种货币,

HDG 公司至少在一个季度内的期权费超过了潜在风险敞口的 5%，尤其是货币 K，在一个季度的时间花费达到了 9%。当不同货币的结果聚合在一起时，结果会有很大的不同。对于全样本和所有货币的总和，平均支出明显为负值（分别为 -3.36% 和 -2.91%），表明该公司从期权交易中获得大量利润。与单个货币的情况相反，所有货币每季度的期权费最大支出只有 0.70%。再次强调，期权费净流入很可能是由于样本期内美元走强。

套保项目减少美元风险敞口波动的能力也可以计算出来。前面有关公司收益和现金流的结果显示，波动率在按季度频率测算和年度同比基础上都有所下降。由于收入和现金流包括来自国内业务（以及国外的美元业务）的收入，这些数据的波动性导致总体上有额外的变动。因此，以货币为标准计算波动率可以更清楚地反映套期保值对外汇风险敞口的影响。表 10-4 的最后四列报告了未对冲和对冲风险敞口的波动率。本文通过季度标准差解释美元变动幅度，重点关注百分比变化的标准差和半绝对离差，以便进行货币间比较。

按季度频率测算，在 24 种货币中，只有 10 种货币的美元风险敞口的标准差有所降低。此外，无论是子样本还是所有货币，未对冲风险敞口的标准差都小于已对冲风险敞口的标准差。尽管波动率在不同的货币中有所降低，但是结果和半绝对离差还是非常相似的。如前所述，HDG 公司的基础业务是季节性的，这些季节性影响在国家层面上要比在公司层面上明显得多。为了调整这个影响，表 10-4 的最后两列重复了用同比美元风险敞口变化计算的波动率。如果要计算年度同比波动率，至少需要 6 个对冲季度的数据，因此在分析中排除了 6 种部分样本中的货币。在这种情况下，套期保值对波动性的影响更为一致。套期保值降低了 18 种货币中 12 种货币的美元敞口的标准差，以及 18 种货币中 15 种货币的美元敞口的半绝对离差。通过对子样本和所有货币同时进行套期保值，可以降低标准偏差和半绝对离差。对于全样本货币，标准差从 26.0% 降低到 21.8%，半绝对离差从 8.9% 降至 7.4%。所有货币（包括所有全样本货币和部分样本货币）一起看，标准差由 22.9% 降至 19.5%，半绝对离差由 7.8% 降至 6.5%。

虽然数据有些混杂，但大部分数据表明，HDG 公司外汇套期保值确实减少了美元总风险的变化。结果体现出重要的一点是，所有现金流变动的减少程度并不大。例如，年收益（现金流）波动率下降了 400 万美元（1 400 万美元），仅为 3 900 万美元（2.41 亿美元），即总波动率的 10%（6%）。对于这个结果，至少有三种可能的解释。第一，HDG 公司套期保值计划虽然涉及面广，但执行不力；第二，该计划的目标可能不仅是减小美元风险敞口的变动；第三，其他类型的商业风险可能覆盖了货币的影响，使外汇风险管理的独立效果难以突出。

10.5 外汇风险管理动机

10.5.1 规定目标

关于外汇风险管理的动机，《资金部规章和执行手册》提供的信息少得惊人。文件中指出："HDG 公司针对经济和交易风险套期保值的项目目标是，通过最大化本公司的美元现金流流入，最小化汇率变动对这些风险敞口的影响。"尽管这种说法有些模棱两可，但在一个有效的资本市场，且没有企业特有的经济缺陷的情况下，这种说法前后不一致。换句话说，为了实现这一目标，HDG 公司至少需要满足以下两个条件中的一个：①能够在外汇衍生品交易中有利可图；②不套期保值会造成一些不确定的经济成本。

对于第一个条件，有数据表明，HDG 公司的管理层在是否能在外汇市场获利的问题上没有明确的立场。这反映在一封电子邮件中，该邮件是环球资金部主管发给负责欧洲—非洲区资金部分析师的，内容是关于分析师预测汇率所用的技术模型。"目前该模型的结果看起来不错。记住，我们不进行投机，但在能够改善贸易时机时，我们可以使用这个模型"。这一证据以及笔者和外汇项目组成员的交谈表明，在某种程度上，多数人认为，他们有能力调整对冲参数，以增加衍生品交易的预期净现金流。正如外汇经理所解释的那样"我们不投机，但我们的对冲程度取决于我们的观察判断"。HDG 公司风险管理项目的这方面体现并不是独一无二的。例如，博德纳尔（Bodnar）等人（1998）的报告指出，沃顿研究（Wharton Survey）的调查表明，大多数美国公司对市场的观察判断会影响套期保值的规模或时间；内姆等（Nam et al, 1998）发现，有证据支持企业利用利率掉期进行"观察"的假设。斯塔尔兹（Stulz, 1996）为这种行为提供了经济依据。

另一方面，HDG 公司也可能通过外汇对冲降低一定的经济成本。然而，官方制度声明中没有明确指出任何潜在的储蓄来源。其他文件提供了对可能的经济利益来源的线索。《资金部培训手册》中提到："主要货币风险管理指令包括：①通过支持有关预期汇率规划和定价决策并且对冲预测风险，来增加营业利润率的确定性；②通过对预测交易进行不间断管理并且向高级管理层提供有竞争力的信息，来减少汇率波动对竞争力造成的负面影响。"虽然这一描述更为详细，但仍不清楚这些动机是否源于潜在的经济储蓄。在同一份文件中，一个半开玩笑的例子提出了对冲的原因是"德国马克贬值使 HDG 公司在德国收入换算成美元后减少，而地区经理的薪酬却是基于美元损益表计算的"。这表明，即使是如此随意地探讨，也可能发现与图法诺（Tufano，1996）所描述的类似内部代理的问题，从而为套期保值提供了动机。

在向全球高管财务会议的简报中，外汇经理表示："当前外汇目标"是"减少现货波动，减少外汇计划上的不确定性，增强竞争力。"这些实质上相当于培训手册中所规定的目标。其他文件也在重复这些目标。

尽管这些目标并没有清楚地说明外汇套期保值的好处，但经济学理论中一个始终如一的假设是："你不需要学物理学也能打台球。"换句话说，HDG公司可能没有明确意识到其外汇风险管理项目背后的根本经济原理，但尽管如此它在进行外汇套期保值时能选择最优执行方案。

10.5.2 传统动机

公司管理市场风险原因的传统解释通常是最常被引用的对莫迪利亚尼—米勒假设（Modigliani-Miller assumptions，1958）的违反。例如，凸式税收制度、财务困境成本（直接和间接）、所有者和管理风险规避都可以为风险管理提供动机。

一个面临凸式纳税表的公司可以通过减少预期应纳税收益的波动来最小化其预期的税收责任（Smith，Stulz，1985）。格雷厄姆等（Graham et al，1999）指出，许多公司都面临一个凸性明显的税收制度。他们的方法是用一种模拟技术来衡量企业税收的有效凸度，并允许将应税收入、税收损失的退税和结转、投资税收减免和替代最小赋税的不确定因素包括进去。其中，应纳税收入的不确定性是最重要的。为了估计HDG公司的税收函数的有效凸性，本文计算了不包含因衍生品交易损益的季度税前收入增长的标准差，将其年化后计算6个标准差区间的税前收入，每个区间以每个季度收益的4倍为中心。这样就产生了14个年度税前收益（大约）99%置信区间的估计值。这一过程中的最小值是2.2亿美元，是美国税收制度最终变动的10倍（1830万美元）。因此，笔者认为，HDG公司经过衍生品调整的税前收入落入税收凸区的概率是可以忽略不计的。

对HDG公司管理层的直接问题也表明，降低预期的美国税收并不是对冲货币的动机，尽管与一些汇回的国外利润相关的税务责任是决定发行以美元计价的债务的一个因素。这增加了一种可能性，即国外和国内税收制度之间的相互作用，可能会对是否套期保值的决策或套期保值策略的构建产生影响。例如，套期保值方案的构建可能受到税收待遇或进行某种类型税收套利能力的影响。另一种可能性是，HDG公司分别对每种货币进行套保，也许是因为税收套利策略需要灵活性。或者,外国税收可以影响套保类型;如果两种类似的套期保值策略(例如,买入一个看跌期权或动态复制一个看跌期权)有不同的国外和国内税收处理,这可能是选择策略的决定性因素。尽管这些或其他税收效应可能有助于HDG公司实现套保,但管理层缺乏直接关注,表明这些因素的重要性排在第二位。

史密斯等(Smith, et al, 1985; Shapiro, et al, 1986)指出,财务困境的直接和间接成本导致了最优的套期保值策略。例如,史密斯等(Smith 和 Stulz, 1985)指出,对于一家有杠杆的公司而言,套期保值可以降低预期的破产成本,增加公司价值。夏皮罗等(Shapiro et al, 1986)提出,公司可以通过套期保值以多种间接方式降低成本。具体来说,如果套期保值降低了财务困境的可能性,那么该公司一些需求单一且厌恶风险的利益相关者(如员工、供应商和客户)与公司签订合同时,会接受一个相对更低的风险溢价。这些储蓄增加了企业价值。

对于HDG公司来说,这些潜在的成本储蓄可能非常少。HDG公司在短期内出现财务危机的可能性接近于零。在样本期,长期负债加上流动负债水平在任何时间点都没有超过现金和短期投资的30%。此外,在整个样本期间,现金和短期投资都超过了流动负债的水平。事实上,HDG公司在样本期内回购了超过15亿美元的普通股。简而言之,外汇风险管理计划似乎不太可能有在这个样本周期内显著降低财务困境的可能性。

另一种可能性是,经理或股东本身持有未分散的头寸,并希望通过套期保值来降低其总财富的波动性(Stulz, 1984; Smith, Stulz, 1985; Tufano, 1996; Chang, 1997)。在HDG公司的例子中,许多人的大部分个人财富就是公司的股权。一个人持有超过10%的流通股。1998年第二季度,该公司的几位董事和高管持有价值超过1 000万美元的纯股本头寸。尽管如此,笔者认为,这些未分散的头寸并不是外汇对冲的动机有三个原因。首先,HDG公司有一个大规模的员工股票期权计划,在这个计划中,管理层所有成员薪酬的一部分是看涨期权。研究表明,看涨期权会促使经理人提高股价的波动性,而不是降低股价的波动性。更具体地说,史密斯等(Smith 和 Stulz, 1985)的研究表明,一个足够凸的薪酬结构可以完全抵消经理人套保个人财富的欲望。其次,HDG公司高级管理人员普遍是大胆的冒险者,而不是厌恶风险的官僚。HDG公司在海外的迅速扩张,支持了这一说法。管理层似乎不太可能在大举扩张进入竞争激烈的新市场去冒险的同时,寻求通过对冲外汇来保障自己的财富。最后,在对高级管理人员的采访中,作者明确地询问了这是否是一种套期保值的诱因,而管理层中没有人予以肯定的答复。

弗鲁特等（Froot et al，1993）提出，如果获取外部资本成本很高，那么公司应该使用其风险管理规定来协调内部现金流与投资需求。HDG 公司在很大程度上有一层天然的对冲屏障。在该行业，尤其是 HDG 公司，投资需求可能与现金流正相关。对于 HDG 公司来说，投资（定义为资本支出加上研发支出）与现金流的相关性为 0.65。这表明，HDG 公司的对冲收益很可能比低相关性或负相关性的公司少。此外，HDG 公司的投资需求不太可能因为必须筹集外部资金而受到限制。如上所述，HDG 公司拥有大量的流动资产，几乎没有债务，并且在研究期间进行了大量的股份回购。从1994年到1998年的投资没有超过现金流的 52.0%，平均只有 13.3% 的现金和短期投资。综上所述，HDG 公司使用其外汇风险管理计划帮助协调这个时期的投资需求和现金流，似乎不会带来显著的好处。

数据表明，在本研究期间，尽量减少预期的税收负债、减少与财务困境有关的预期成本、规避管理风险以及平衡现金流与投资，可能不是管理 HDG 公司外汇风险的主要动机。

10.5.3 另类动机

10.5.3.1 增加经营利润率的确定性

HDG 公司套期保值项目的一个明确目标是"增加经营利润率的确定性"。实际上，这可能被转化为一种尝试，以尽量减少汇率变动对报告收益的影响。HDG 公司的一个口号是"线性"盈利增长或季度盈利公告的持续增长率。虽然通过套期保值来降低收益波动并不是内在价值提升，但最近的理论和实证研究已经为这种行为提供了可能的解释（除了前面讨论的那些）。例如，戴（Dye，1988）提出了一个模型，在模型中，所有者出售股份时，希望通过会计报告展示出更高的公司价值。特里曼等（Trueman et al，1988）的研究表明，相比其他管理者，价值最大化导向的管理者可能会由于管理层和投资者之间的信息不对称而使公司的收入曲线变得平滑。史密斯等（Smith et al，1985）和德马佐（DeMarzo et al，1991，1995）提出了与公司套期保值相关的类似可能性。

HDG 公司对"线性增长"的重视源于财务数据会对股价产生负面影响。管理层认为，一次高于市场预期的收益将导致市场非理性上调对公司的期望。如果市场参与者（例如分析师）对未来的平均收益感到失望，那么公司股价就会下跌。简而言之，管理层低于预期收益的观点给市场造成的负面影响要比高于预期收益给市场带来的正面影响更加强烈。因此，减小收益波动能提高公司股价。

最小化外汇损益波动的目标还具有一定负面影响。由于不同衍生工具的会计处理方式不同，使用期权对冲经济风险要优于使用远期合约（参见 FAS 52）。这是因为用于对冲连续季度经济风险的远期合约，必须以当期市场价格在会计报表中披露，增加了报表中利润的波动性。在实务操作中，这对渴望减小利润变动的 HDG 公司而言是一个重要关注点，进而影响公司对衍生工具类型的选择。真实的例子来自一则外汇管理经理向首席财务官和财务经理发送的备忘录，有关远期合约逐日盯市结算制度如何对亚洲外汇风险敞口的套期保值产生影响："虽然我们认识到这一策略将给公司带来经济利益，但它的正面作用并不是确定性的。我们将与公关部门合作草拟季度利润公告，因为我们预计逐日盯市结算制度将冲击报表中的融资与其他科目。"

回顾上一节提到的经验证据，套期保值计划对"线性增长"目标的有效性是难以检验的。衍生交易似乎小幅降低了收入和现金流的波动性。从货币角度看，美元外汇敞口波动的减少仅在年度统计频率上显著。因此提出：平稳季度利润增长率与年度利润增长率，二者谁更重要（鉴于它们可能是截然不同的两个目标）？由于 HDG 公司没有明确的目标利润，因此也就没有明确的偏好。

另外，两个证据同样揭示了套期保值的潜在动机。首先，HDG 公司极其重视财务会计准则第 133 号（FAS 133）对财务报表利润的影响。准则要求公司改变许多衍生交易工具的会计方法（本质上要求满足套期保值会计核算条件的衍生工具均使用逐日盯市结算制度）。有关 FAS 133 准则的内部评估表明，这个准则将显著增加报表利润的波动性。这不仅引起 HDG 公司管理层的极大关注，也大概率地影响了公司的套期保值策略。其次，套期保值对利润的影响并不像想象的那样严重。除了以上的分析外，本文未发现任何有关外汇交易对报表利润影响的长期跟踪或全面分析。虽然有大量证据表明了特定交易、事件或衍生工具对利润的影响，但本文未发现任何如表 10-3 和表 10-4 所展示的内部分析。

10.5.3.2 提供竞争性信息

套期保值计划的另一个目标是"通过向高管提供竞争性信息来减少货币流动对企业竞争力的负面影响"。实践中，这个目标被视为在不降低企业利润率的前提下，在产品市场中保持竞争性定价的套期保值方案，对预期利润的提高不具有显著作用。一个可能的原因是保持利润率是公司的一项重要战略目标，优先级高于销售量。因此，短期外汇反向变动会通过海外市场价格提升对产品销售产生不利影响。

套期保值能使公司平稳应对汇率波动。如果需要稳定的客户关系，保持有竞争力的产品定价是十分重要的。此外，调整海外市场价格也可能存在其他成本（更新价格信息或声誉价值带来的损失）。时间序列证据（Mark et al，1997）表明，汇率具备长期均值回归的特征。随之而来的问题是 HDG 公司的套期保值期限（通常不到一年）是否足以执行汇率平滑机制。短期套保能保证同时稳定利润率和竞争力，而长期提高竞争力的解决方案也需要得到补充（改变供应商，重新定位经营策略）。这与梅格等（Mello et al，1995）的研究结果一致，表明具有国际生产灵活性的跨国公司将实施财务对冲作为最优经营策略的一部分。

其他理论表明，竞争性和战略性因素将引发最优套期保值策略。例如，唐民等（Downie et al，1998）的最新理论研究表明，在一定条件下，在产品市场上拥有影响力的公司可以通过使用风险管理工具来实现先发优势。弗鲁特等（Froot et al，1993）认为，套期保值是跨国公司最优投资策略的重要组成部分，尤其是面对产品市场竞争的企业，投资是一种"战略替代品"。阿莱亚民斯等（Allayannis et al，1998）开发了一个模型，显示了外汇风险敞口的竞争性影响，并检验了其对美国制造业公司的影响。结果表明，身处竞争更激烈行业的企业（如 HDG 公司）会有更高的外汇风险敞口。明顿等（Minton et al，1997）发现，货币衍生工具的使用者更可能在进口业务中互相竞争，而他们倾向于使用短期（动态）套保策略，而非长期套保策略。阿莱亚民斯等（Allayannis et al，1999）发现，跨国公司在激烈竞争的行业更倾向于使用货币衍生品。

HDG 公司管理层强烈认为，其特定的外汇风险管理策略在产品市场上提高了竞争优势。这种信念在某种程度上增强了他们套期保值的意愿，也是公司构建套保结构的一个重要决定因素。相关证据表明，HDG 公司积极研究其主要美国竞争对手的套保计划。外汇管理部门会向外汇管理委员会提交季度报告，根据公开信息详细分析其四大主要竞争对手的外汇套期保值计划。大部分信息是从政府备案处（10-Q，10-K 和年报）收集的。外汇管理部门还通过分析信息确定竞争对手的外汇风险敞口。例如，一位竞争对手在报告中写道："（竞争对手）的套期保值方案使他们具有美元上涨的风险敞口。1996年12月31日，竞争对手签订了用于对冲交易风险的远期合约，但并未披露。"（Browa，1999）跟踪竞争对手的套保交易活动对 HDG 公司来说尤其重要，因为多数同行业大型企业也会使用货币衍生工具（Géczy，Minton，Shrand，1997）。

HDG 公司也意识到汇率变动对其竞争地位的影响。对于一个特定国家，这些竞争者可以是当地制造商，也可以来自第三国。对一笔大额海外销售订单而言，HDG 公司管理层表达了美元对该国货币升值，以及外国主要竞争对手本币贬值的"双重打击"的担忧。根据公司政策，HDG 公司不能直接对冲第二种外汇风险敞口。

HDG 公司认为，套期保值可以转化为极具竞争力的收益，具体例子就是亚洲金融危机期间 HDG 公司在东南亚的套期保值策略。在亚洲国家货币大幅贬值时期，该公司在外汇远期合约中保持了一个小的空头仓位。因此，公司不必像竞争对手那样为衍生品合同支付巨额款项。这直接转化为当期成本的减少，传导至客户端即为产品降价（竞争对手无法立即跟进降价）。在一份新闻稿中，该公司宣布："在亚洲金融危机期间遭受的所有负面影响都已经被相关采购成本的削减所抵消。"（Brown，1999）

如果外汇汇率影响了 HDG 公司在国外市场的竞争力，那么将会体现在该公司的海外市场份额上。表 10-5 报告了固定效应下的面板回归估计系数，其中 HDG 公司的市场份额（第一列）和市场份额的变化百分比（第二列）为被解释变量。数据包含样本中 14 个季度的 15 种全样本货币（变化百分比包含 13 个季度的数据）。本估计包括三个解释变量。首先是每种货币即期汇率在 3 个月内的变化百分比，以反映近期汇率变动。第二列的显著正相关系数表明，随着外币对美元的升值，HDG 公司的市场份额趋于增加。反过来表明 HDG 公司具有外币对美元贬值的敞口。

表 10-5　市场份额和外汇风险

表 10-5 列出了固定效应面板回归 14 个季度的系数估计值和 t 统计值（13 个变化值），以及 15 个完整样本货币（$N=210$ 和 195）。因变量是每个季度 HDG 公司的市场份额和市场份额的变化。自变量的定义为：3 个月即期汇率变动率为过去 60 个交易日即期汇率变动率。即期汇率（%）低于 12 个月高点（Spot % Below 12 Month high），是当前即期汇率（以美元/功能货币计算）与过去 12 个月的最高即期汇率（以日计）之间的百分比差值。这两个变量在每个季度结束前 6 个月记录下来。衍生品损益表是指衍生品投资组合的实际损益。星号 *，**，*** 分别代表双尾检验 10%，5%，1% 的显著水平。用 Hausman 设定检验比较随机效应和固定效应，结果拒绝了随机效应，更适用于固定效应。t 统计数据用异方差稳定性标准误差计算得来。

		市场份额	市场份额变化（%）
即期汇率 3 个月变动率 （美元/FCU）	系数 t-检验	0.036 1.09	0.060** 2.39
即期汇率（%）低于 12 个月高点 （美元/功能货币）	系数 t-检验	0.110** 4.79	0.031* 1.73

续表

		市场份额	市场份额变化（%）
衍生品损益	系数	0.051*	0.020
	t-检验	1.86	0.92

即期汇率相对于前 12 个月最高点的头寸，以衡量当前汇率相对于前 12 个月最有利状况下的汇率情况。这个变量的显著正相关系数表明，在货币相对走弱的国家（如果没有进行适当套期保值，对于 HDG 公司来说是坏消息），HDG 公司的市场份额和市场份额的变化幅度都会增加。如果套期保值使 HDG 公司提高了竞争力，将是理想的结果。估计中包含的第三个和最后一个变量是衍生工具的损益在现实风险敞口中的占比。如果衍生工具的收益可以被用来获得竞争优势，那么衍生工具损益应该与市场份额存在正相关关系。这两个变量的系数都是正的，但只有第一置信水平回归中的系数显著不为零。总之，这些统计检验结果证实了 HDG 公司从管理外汇风险中获得竞争优势的假设。

HDG 公司所在的产品市场竞争激烈，因此消费者对价格十分敏感。除了长期产品合同，商品买卖价格波动剧烈。HDG 公司面临更加复杂的问题是公司正在迅速扩张其海外业务，但在许多国家经营经验不足，从而加重了竞争压力。总之，竞争性定价问题是 HDG 公司套期保值计划的主要动机。

正如前一节所提到的，外汇管理部门的日常运作以对冲汇率为中心。对冲汇率在内部决策中十分重要。该汇率用于设定以当地货币计价的产品价格、预测销售和生产，并为部门和经理制定目标提供依据。HDG 公司在确定对冲汇率方面有两个相反目标。第一，希望有尽可能恒定的汇率。人们认为，对冲汇率的波动会导致其他业务产生意料之外的变化；第二，希望有一个尽可能"有利"的汇率。如果外币对美元升值，且 HDG 公司已经锁定在不利的对冲汇率水平上，将是企业在国外业务运作中所不希望发生的情况。

用外汇衍生品进行套期保值并确定对冲汇率至少有两个潜在的好处。

第一，可以通过提高管理能力使决策价值最大化，如投资和定价决策。当 HDG 公司决定扩展到一个新国家时，外汇风险是很重要的考虑因素。与前面提出的证据相反，表明 HDG 公司的投资政策与外汇风险存在间接关联关系。如果外汇套期保值允许公司更严谨地遵循其最优投资政策，将增加公司价值。例如，HDG 公司在特定国家扩张市场时可能盈利，但决策过程中的不确定性会增加拒绝此项目的可能性。而使用对冲汇率降低了项目决策中的不确定性，并增加实施项目的机会。对冲汇率的存在也会影响定价政策。如果海外经理人对最终获得的美元边际收益率有更大把握,那么将促使他们选择更激进的(和潜在增值)的定价政策。这可能与已被关注的套期保值潜在竞争性原理密切相关。

第二,对冲汇率可以促进部门之间形成更有效的内部契约,包括管理人员在内的全体雇员,甚至与供应商或转售商的外部合同,以形成与经理人自身可控因素结合更加紧密的激励机制。例如,如果通过对冲汇率避免一个表现优异的管理者因其自身无法控制的汇率波动而受到惩罚,那么公司利益将达到最大化(相关分析见 Stulz,1984)。另一方面,管理者对汇率波动的应对可能是最优的,但一味遵守对冲汇率却可能影响他们的最佳操作(Tufano,1998)。

在实践中,外汇管理部门在确定对冲汇率时必须均衡考虑几个因素。由于对冲汇率是期权溢价的净值,使用看跌期权消除下行风险,保留上升空间,对对冲汇率有很大的负面影响。同样,用远期合约锁定汇率可能在后期变成不利因素。区域经理会面临这一问题,甚至被对冲汇率影响经营绩效(和薪酬)。外汇风险管理计划能够不再产生负面影响。例如,区域经理会游说中央资金运作部门以获得更有利的对冲汇率,这个问题的后果可能相当严重。用外汇管理经理的话说,"我花了比管理货币更多的时间来管理管理者。"针对这一问题,本文的研究结束时提出了一项重组计划(Brown,1999)。第二个潜在问题是对"对冲汇率方差"或对冲汇率在时间序列上的变化极度关注,或者是对即期汇率和对冲汇率差额的重视。可能因为相信外汇市场效率低下,或是因为对冲汇率(存在偏差)的计算方法,所以人们极度关注"跑赢即期汇率"。从某种意义上说,真正的目标是"跑赢市场",而不仅是降低波动性。

当在外汇管理者的眼中,即期汇率优于对冲汇率时,人们会担心对冲汇率对海外业务的影响。与代理问题可能致使风险管理的现有代理理论相反,HDG 公司认为,风险管理实际上会导致(内部)代理问题。这与图法诺(Tufano,1998)提出的模型类似,即风险管理将在使用套期保值取代筹集外部资本市场资金需求时产生代理成本(Chang,1997)。在 HDG 公司外汇管理经理的例子中,"外部市场"可能以美国为主。例如,HDG 公司的外汇管理经理可以使用他们设定的次优对冲汇率进行经营管理,以便从他们自己的海外业务中获得私人收益。

总之,HDG 公司的套期保值动机似乎不是简单违反公司经典模型的结果。相反,盈余管理(也许是为了减少信息不对称)、产品市场中保持竞争性,以及内部契约改善是 HDG 公司为与风险管理计划保持一致的对冲原因。没有被解答的最大问题是,这些对冲原因是否带来公司价值的提升。不幸的是,这些动机的间接性质和数据缺乏阻碍了本文直接量化潜在公司价值的可能。

10.6 衍生证券投资组合结构

由于无法获得完整的交易数据，大多数研究还不能精确测量非金融公司的衍生品头寸。图法诺（Tufano，1996）的研究是一个例外，研究计算了黄金开采业公司的头寸增量和隐含 gamma 值。本文采取类似图法诺的方法，考虑 HDG 公司的特征，帮助其确定套期保值策略和货币对冲策略。第一，本文讨论对冲策略的一般决定因素和可能影响因素；第二，针对三个预测区间计算每个货币季度的总套期保值参数；第三，本文统计检验了理论模型和对冲策略决定因素的含义。具体来说，本文搭建固定效应面板回归（跨货币和时间）模型，以套期保值参数作为被解释变量，敞口和市场因素作为解释变量。

10.6.1 衍生证券投资组合的构造过程

前文指出，对冲策略的一个重要决定因素是衍生工具的会计处理。对于 HDG 公司而言，极少数跨季度远期合约符合套期保值会计的要求。事实上，为了在套期保值中获益，HDG 公司应更多使用期限更长的期权合约，主要原因在于公司希望财务报表中的利润"线性增长"，而采用逐日盯市结算制度的衍生品会使收益率显著波动。因此，HDG 公司在跨季套期保值交易中应选择卖出期权。对会计处理的关注并不仅限于 HDG 一家公司；博德纳尔等（Bodnar，1998）学者发现，沃顿调查问卷 80% 的受访者对衍生工具的会计处理表示适当或高度关注。通常，当经济风险敞口变成交易风险时，期权会被使用远期合约对冲所代替。

由于远期合约和看跌期权具有不同特征，HDG 公司只需要明确三个参数。第一，HDG 公司必须确定其希望对冲的风险敞口比例。政策声明为这个决定提供了充分的余地，特别是对于未来风险；第二，HDG 公司必须决定远期合约和期权合约的组合模式；第三，HDG 公司必须为套期保值方案中的所有期权制定执行价格。

在执行套期保值之前，HDG 公司必须明确是否希望对冲。例如，HDG 公司曾为某拉丁美洲货币（货币 Z）做决策。HDG 公司的业务正在迅速扩展到该国，于是向外汇管理委员会提交了一份关于该国货币风险问题的报告。管理层面临的第一个问题是商品应该以美元计价还是以货币 Z 计价。制定这个决定必须考虑三个问题。第一，第一笔资金往来将以何种货币计价？第二，严重通货膨胀情形下对收入的影响是什么？第三，法律和会计方面的限制或好处有什么？

就第二个问题而言，外汇管理部门考虑了可供对冲工具种类，HDG公司进入货币Z衍生合约的便利程度（衍生市场流动性），税收制度下的海外企业组织架构如何，以及HDG公司对精准量化外币风险敞口的能力。同时，应特别关注"政权更迭"（贬值）的可能性。虽然无法量化这些影响，但要注意考虑到它们的存在。

在本文样本观察期，HDG公司对冲了24种货币中的9种，因此，本文能够量化这个套期保值子集的最终决定因素。表10-6显示了在美元风险敞口下，第一季度样本货币的对冲金额，其600万美元的平均值远低于4 420万美元的全样本平均值，表明货币无须大量敞口才能执行对冲。同样，由于最小风险敞口仅为120万美元，最大风险敞口超越了一个数量级，为1 620万美元，因此也就不存在触发套期保值决定的阈值。这一推论可通过以下事实得到证实，即9种货币中的6种在第一个对冲季度中的风险敞口小于上个未对冲季度的平均敞口。新套保货币对美元敞口没有明显特征，表明其他定性方面（如上文提到的）才是决定因素。然而，所有超过2 060万美元的风险敞口都会被对冲，或者是在下个季度被对冲。

表10-6 新对冲货币

表10-6详细说明了在样本周期开始时没有对冲，但在样本期结束时被对冲（新对冲的货币）的货币信息。"新对冲"的值基于开始对冲的第一季度。单位为1 000美元。"全样本"数据基于全样本的均值。

	新对冲	全样本
平均数	6 006	44 206
中位数	4 207	17 996
最小值	1 226	2 471
最大值	16 187	239 046
标准差	5 263	59 176
样本量	9	14

影响HDG公司外汇套期保值的一个重要因素是风险敞口的数量风险。数量风险对套期保值策略的影响在农产品套期保值文献中得到了广泛的研究（Moschini, Lapan, 1995）。乔德里（Chowdhry, 1995）研究了不确定的外国现金流在套期保值和资本结构政策中的作用。布朗等（Brown, Toft, 1999）的研究表明，在一般情况下，数量风险对套期保值最优程度和类型有显著影响。为了估计HDG公司外币敞口的数量风险程度，本文计算了3个月、6个月和9个月敞

口预测误差的均值和标准差。表 10-7 的前四列显示了这一分析的结果。在大多数货币的敞口预测中，不存在大型或系统性偏差；总体敞口预测误差对全样本货币、部分样本和所有货币产生轻微负面影响。考虑到 HDG 公司在样本期的快速增长，这一点令人惊讶，表明所有增长都是有预期的。误差项的时间序列也没有明显的趋势；在整个样本中，9 个月期间的偏差实际上小于 3 个月的偏差。

表 10-7　风险敞口预测误差与相关分析

表 10-7 报告了风险敞口预测误差（或修正）与外汇汇率变化的差异和相关分析。预测误差的均值、标准差和年化标准差是基于 3 个月、6 个月和 9 个月期限统计所得。风险敞口和外汇汇率的相关分析将通过两个方法进行计算。相关分析前两列报告了最新预测与外汇汇率变化的关系。后三列根据时间序列数据进行季度和年度相关分析。均值项为第 1 至第 4 列的平均值。全样本货币包含货币 A 至货币 O，部分样本货币包括货币 P 至货币 X。样本选取 14 个季度的数据进行计算。

		风险敞口预测误差（%）				相关分析（外汇汇率 v. 风险敞口）					
		9 个月	6 个月	3 个月	均值	子周期	近 9 个月	季度值	季度变化(%)	季度变化(%)	均值
所有货币											
全样本货币	均值	1.22	-4.61	-3.92	-2.43	6~9 个月	0.22	0.43	-0.91	0.33	-0.55	-0.18
	标准差	16.51	7.99	6.18		3~6 个月	-0.08	—	—	—	—	—
	年化标准差	19.07	11.31	12.35	14.24	近 3 个月	0.05					
部分样本货币	均值	-3.56	-0.54	1.00	-1.03	6~9 个月	0.21	0.34	-0.79	-0.01	0.80	0.08
	标准差	21.17	16.19	8.98	—	3~6 个月	-0.20	—	—	—	—	—
	年化标准差	24.45	22.90	17.96	21.77	近 3 个月	0.07					
所有货币	均值	1.21	-4.28	-3.58	-2.21	6~9 个月	0.23	0.44	-0.93	0.34	-0.66	-0.20
	标准差	15.97	7.83	5.75	—	3~6 个月	-0.06	—	—	—	—	—
	年化标准差	18.44	11.07	11.51	13.67	近 3 个月	0.13					
全样本货币											
货币 A	均值	-9.62	-0.77	1.17	-3.07	6~9 个月	0.14	0.11	0.56	-0.04	-0.01	0.16
	标准差	27.77	14.63	10.18	—	3~6 个月	0.02	—	—	—	—	—
	年化标准差	32.06	20.69	20.36	24.37	近 3 个月	0.07					
货币 B	均值	15.84	14.25	9.51	13.20	6~9 个月	0.15	0.76	-0.87	0.25	0.53	0.16
	标准差	38.73	25.27	16.54	—	3~6 个月	-0.10	—	—	—	—	—
	年化标准差	44.72	35.74	33.08	37.85	近 3 个月	0.30					

续表

		风险敞口预测误差（%）					相关分析（外汇汇率 v. 风险敞口）					
		9个月	6个月	3个月	均值		子周期	近9个月	季度值	季度变化（%）	季度变化（%）	均值
货币C	均值	-12.33	-6.11	-6.15	-8.20	6~9个月	0.07	-0.07	-0.88	-0.32	0.67	-0.15
	标准差	10.60	9.07	7.95	—	3~6个月	-0.15	—	—	—	—	—
	年化标准差	12.24	12.82	15.89	13.65	近3个月	0.17	—	—	—	—	—
货币D	均值	-11.37	3.13	-0.91	-3.05	6~9个月	0.17	-0.11	-0.70	-0.03	0.13	-0.18
	标准差	22.74	26.73	26.37	—	3~6个月	-0.31	—	—	—	—	—
	年化标准差	26.26	37.80	52.75	38.94	近3个月	-0.17	—	—	—	—	—
货币E	均值	-3.94	0.94	-1.78	-1.59	6~9个月	0.37	0.03	-0.90	-0.27	0.22	-0.23
	标准差	16.63	17.25	10.83	—	3~6个月	0.38	—	—	—	—	—
	年化标准差	19.20	24.39	21.66	21.75	近3个月	-0.25	—	—	—	—	—
货币F	均值	0.07	6.20	-2.33	1.31	6~9个月	0.56	0.18	-0.84	0.41	0.71	0.12
	标准差	32.59	24.02	15.15	—	3~6个月	0.06	—	—	—	—	—
	年化标准差	37.64	33.97	30.30	33.97	近3个月	0.63	—	—	—	—	—
货币G	均值	1.59	4.07	1.55	2.40	6~9个月	0.08	0.41	-0.69	-0.22	0.86	0.09
	标准差	14.08	9.14	9.12	—	3~6个月	-0.08	—	—	—	—	—
	年化标准差	16.26	12.92	18.24	15.81	近3个月	0.40	—	—	—	—	—
货币H	均值	6.00	11.25	9.88	9.04	6~9个月	-0.09	0.74	-0.65	0.28	0.75	0.28
	标准差	21.11	20.16	19.20	—	3~6个月	-0.16	—	—	—	—	—
	年化标准差	24.38	28.51	38.40	30.43	近3个月	0.14	—	—	—	—	—
货币I	均值	1.79	2.66	1.46	1.97	6~9个月	0.23	0.38	-0.79	-0.05	0.64	0.05
	标准差	15.69	16.73	14.98	—	3~6个月	0.03	—	—	—	—	—
	年化标准差	18.12	23.66	29.96	23.91	近3个月	0.06	—	—	—	—	—
货币J	均值	30.01	22.96	23.46	25.48	6~9个月	0.49	0.63	-0.65	-0.04	0.47	0.10
	标准差	52.23	40.47	43.81	—	3~6个月	0.00	—	—	—	—	—
	年化标准差	60.31	57.23	87.62	68.39	近3个月	0.16	—	—	—	—	—
货币K	均值	19.63	12.95	2.59	11.73	6~9个月	0.31	-0.01	-0.66	-0.01	0.26	-0.11
	标准差	62.54	42.87	24.50	—	3~6个月	0.04	—	—	—	—	—
	年化标准差	72.22	60.63	49.00	60.62	近3个月	-0.30	—	—	—	—	—
货币L	均值	2.42	-3.31	-0.74	-0.54	6~9个月	-0.12	-0.28	-0.85	0.48	0.28	-0.09
	标准差	24.79	14.15	12.55	—	3~6个月	0.22	—	—	—	—	—
	年化标准差	28.62	20.01	25.11	24.58	近3个月	-0.16	—	—	—	—	—

续表

		风险敞口预测误差（%）					相关分析（外汇汇率 v. 风险敞口）				
		9个月	6个月	3个月	均值		子周期	近9个月	季度值	季度变化(%)	季度变化(%)	均值
货币 M	均值	-1.88	-0.32	2.67	0.16	6~9个月	0.04	0.51	-0.73	-0.30	-0.26	-0.20
	标准差	26.49	11.76	8.08	—	3~6个月	0.15	—	—	—	—	—
	年化标准差	30.59	16.63	16.17	21.13	近3个月	0.22	—	—	—	—	—
货币 N	均值	9.46	11.48	5.94	8.96	6~9个月	0.16	-0.21	-0.69	0.03	0.37	-0.12
	标准差	28.02	24.85	13.15	—	3~6个月	0.15	—	—	—	—	—
	年化标准差	32.36	35.15	26.30	31.27	近3个月	0.28	—	—	—	—	—
货币 O	均值	0.84	-1.20	2.31	0.65	6~9个月	-0.35	0.56	-0.36	0.13	0.64	0.24
	标准差	17.11	18.91	22.34	—	3~6个月	-0.40	—	—	—	—	—
	年化标准差	19.75	26.74	44.68	30.39	近3个月	0.25	—	—	—	—	—
部分样本货币												
货币 P	均值	-10.98	5.22	7.40	0.55	6~9个月	-0.08	0.45	0.10	-0.26	—	0.10
	标准差	27.23	34.30	31.88	—	3~6个月	-0.21	—	—	—	—	—
	年化标准差	31.44	48.50	63.76	47.90	近3个月	0.16	—	—	—	—	—
货币 Q	均值	-7.73	-4.62	-2.39	-4.91	6~9个月	-0.18	-0.14	-0.79	-0.15	0.55	-0.13
	标准差	23.29	15.79	14.57	—	3~6个月	0.03	—	—	—	—	—
	年化标准差	26.90	22.34	29.14	26.12	近3个月	-0.17	—	—	—	—	—
货币 R	均值	32.82	4.75	2.04	13.20	6~9个月	0.15	-0.40	-0.58	-0.77	0.70	-0.27
	标准差	116.14	61.82	43.52	—	3~6个月	-0.02	—	—	—	—	—
	年化标准差	134.11	87.42	87.04	102.86	近3个月	-0.14	—	—	—	—	—
货币 S	均值	-18.79	1.15	8.26	-3.13	6~9个月	0.21	0.82	-0.91	0.11	0.05	0.02
	标准差	24.40	28.09	13.23	—	3~6个月	0.20	—	—	—	—	—
	年化标准差	28.18	39.72	26.46	31.46	近3个月	-0.12	—	—	—	—	—
货币 T	均值	-10.04	-25.78	-13.34	-16.39	6~9个月	0.54	0.24	-0.72	-0.41	—	-0.30
	标准差	78.10	20.48	13.16	—	3~6个月	0.03	—	—	—	—	—
	年化标准差	90.18	28.96	26.31	48.48	近3个月	-0.56	—	—	—	—	—
货币 U	均值	22.29	23.78	11.39	19.15	6~9个月	-0.08	0.23	-0.06	0.31	—	0.16
	标准差	58.01	49.50	24.95	—	3~6个月	-0.44	—	—	—	—	—
	年化标准差	66.98	70.00	49.90	62.30	近3个月	-0.26	—	—	—	—	—

续表

		风险敞口预测误差（%）					相关分析（外汇汇率 v. 风险敞口）					
		9个月	6个月	3个月	均值	子周期	近9个月	季度值	季度变化(%)	季度变化(%)	均值
货币 V	均值	-19.50	-2.72	0.61	-7.20	6~9个月	0.06	-0.04	-0.65	-0.16	—	-0.28
	标准差	81.86	75.39	73.44	—	3~6个月	-0.26	—	—	—	—	—
	年化标准差	94.52	106.62	146.88	116.01	近3个月	-0.24	—	—	—	—	—
货币 W	均值	76.57	68.19	48.36	64.38	6~9个月	-0.13	-0.87	-0.58	0.33	—	-0.37
	标准差	90.59	71.24	48.67	—	3~6个月	-0.01	—	—	—	—	—
	年化标准差	104.61	100.75	97.33	100.90	近3个月	-0.27	—	—	—	—	—
货币 X	均值	85.90	53.75	27.93	55.86	6~9个月	0.66	-0.32	-0.47	-0.46	—	-0.42
	标准差	76.18	52.38	26.29	—	3~6个月	-0.19	—	—	—	—	—
	年化标准差	87.96	74.07	52.58	71.54	近3个月	0.14	—	—	—	—	—

为了测量这些误差项的方差，本文计算每个预测期的标准差。与预期一致的是，随着预测期的缩短，预测质量有很强的改善趋势。为了调整时间效应，本文将这些数字除以预测期时长占全年比例的平方根进行年化处理。这也能够应用在所有预测期的平均值上。对于大多数货币而言，敞口预测的波动性相当大（大于25%）。大多数分样本货币的敞口预测展现出极端年化波动率（在某些情况下超过100%）。然而，这种误差大多是货币特有的；全样本货币的年波动率仅为14.2%，而分样本货币的波动率仅为21.8%。所有货币组合的预测更加准确，误差波动仅为13.7%。一个有趣的特征是（总的来说）年化标准偏差随预测期的增加而增加。由于敞口预测的相对质量可能随着预测期的增加而恶化，可能解释了为什么HDG公司仅进行一年期内的套期保值。然而，在预测误差波动变化较大的水平上，这种关系不太明显。

出于各种原因，敞口预测误差对HDG公司是十分重要的。第一，该政策限制了头寸规模占预期敞口的比例。实际上，外汇管理部门根据对冲占比确定头寸，因此敞口预测对于确定头寸的名义价值至关重要。第二，敞口预测的波动反映了公司的主要风险。如果HDG公司设置完对冲后敞口显著向下进行修正，那么就会无意中创造一个与原始敞口相反的新敞口。直观地说，这为使用看涨期权提供了理论依据，因为期权的损失最多不超过期权费。如果HDG公司使用远期合约对冲不确定的风险敞口，将无法减少对冲失败的可能性，也会在远期交易中蒙受损失。理论模型（如上所述）还表明，数量风险意味着最优对冲是非线性的。实证研究还确定了与潜在敞口有关的风险是对冲汇率的重要决定因素。例如，蒙斯哈特（Haushalter，1999）发现，利率风险是解释油气生产商套期保值策略的一个重要因素。

坎贝尔等（Campbell et al，1990；Froot，Scharfstein，Stein，1993；Moschini，Lapan，1995；Brown 和 Toft，1999）学者的理论研究表明，不确定的敞口与市场风险因素之间的相关性是决定最优套期保值策略的重要因素。表10-7的下一部分报告了HDG公司外汇敞口与使用多种方法计算的汇率之间的相关系数。第一列显示了敞口预测的变化与汇率变化在3个月内的相关性。第二列显示了从9个月预测更新到实际敞口的类似计算。后面三列报告了实际敞口和实际汇率在时间序列上的相关性。这是在季度频率上进行，并以年为基础计算同比变化，结果很难理解。不同的方法对单个货币和整体都会产生显著不同的结果。在某种程度上，这可能是样本观测值过少导致的，但它指出了模型中的一个潜在不足，即需要估计敞口量和汇率的相关系数。

在14个观测值中，只有绝对值大于0.47的相关系数在10%水平上显著不为零（假设二元正态分布）。修正后的敞口预测估计系数都是不显著的，从未同时具有显著性与相同符号。敞口与汇率水平的相关系数一直显著为负。这是由于HDG公司的外汇敞口大幅增长，以及在观测期内外币对美元的普遍疲软（汇率按美元/外币计算）。当按季度值的变化或以年为基础计算相关系数时，相关系数通常更接近于零（尽管在年度基础上，个别货币有相当多的显著为正的系数）。总之，在样本期内HDG公司的敞口变化与汇率之间没有明确或一致的相关性。这可以解释为什么HDG公司没有明确将相关系数估计纳入其对冲决策中。总而言之，HDG公司在其潜在外汇敞口的数据特性方面面临着高度不确定性，并且这可能对套期保值策略产生可测量的影响（见上述理论模型）。

10.6.2　衍生证券组合对冲比率的特征

交易层面衍生品数据使计算3个月、6个月和9个月期间的套期保值组合成为可能。具体说，是计算所有对冲样本中每个货币的名义价值，delta，gamma，vega，假设处于加尔曼和科尔哈根（Garman & Kohlhagen，1983）式经济中，并采用第2节描述的利率和波动率。表10-8报告了所有货币、全样本和分样本货币中以上指标的平均值、最大值和最小值。这些值已被标准化以便于进行货币间的比较。

平均名义价值遵循政策声明所建议的趋势。套期保值的平均名义价值会随着风险的临近而增加，除了在任何期限平均名义价值均为零的货币Q和U之外。对于9个月、6个月和3个月期限的货币二元，对冲比率分别为32%，57%，74%。全样本对冲比率在货币之间均比较相似。相反，在许多情况下，分样本对冲比率在长期合约中更低，甚至可能为零。对冲比率的最大值和最小值表明其波动性，包括违反政策声明的可能性（价值超过100%）。超过敞口金额100%的名义值可能与过时的敞口预测数据错误有关。6个月期限低于25%的名义值和3个月期限低于40%的名义值均违反了合约下限。除了个别例外，全样本货币中违反合约的现象很少。分样本货币中违反合约的现象往往是极端的；对于货币R和X，HDG公司在某一季度超额对冲100%。同样，最小名义价值表明，至少在一个季度内所有分样本货币都没有被完全对冲。对于大部分分样本货币而言，合约期限为9个月的平均对冲比率为零。平均来说，分样本货币的对冲比例远小于全样本货币。

以上特征有几种可能的解释。第一，部分样本货币的流动性一般较差，因此使用衍生工具进行套期保值的成本相对昂贵（依据买卖价差），从而限制了套期保值的覆盖程度。外汇管理经理的言论也支持了此种可能性，他们认为，这些货币的远期合约和期权合约往往"太贵"，然而这些言论也被看作是为了解释价格的非理性剧烈波动。第二，根据定义，部分样本货币在相当长一段时间内都处于未对冲状态，表明HDG公司可能只有在掌握某种货币特征之后才会对其进行套期保值。这与首次观察到风险敞口到最终做出套期保值决策之间存在一定时间差的现象相一致。第三，由于部分样本货币风险敞口的不确定性更大（见表10-7），HDG公司会限制对其进行套期保值。莫斯基尼等（Moschini和Lapan，1995；Brown & Toft，1999）的理论模型也提出了这种可能性。第四，由于会计处理原因，HDG公司在选择套期保值组合时会优先选择期权合约。由于期权在这些货币中作为对冲工具的可行性较低，HDG公司可能更倾向于部分对冲或放弃对冲，而不是使用远期合约。

计算每个货币衍生品组合的套期保值参数有助于概括和比较套期保值组合的不同性质，而不仅是计算套期保值的量级。投资组合delta值代表套期保值组合对潜在汇率变化的敏感性（表10-8显示套期保值组合的delta值）。正如预期的那样，标准化delta值的定性特征非常类似于套期保值比率。随着风险敞口期限的缩短，delta的均值越发小于0（对于有对冲的货币来说）。对全样本货币而言，当期限从9个月减少到3个月时，delta总量显著从-0.17减少到-0.46。对于部分样本货币，9个月和6个月期限的delta总量基本为零（-0.01，-0.05），表明本币几乎不受美元风险的影响。3个月期限的部分样本货币的delta总量显著下降，仅为全样本货币的1/3（前者为-0.14，后者为-0.44）。

表10-8 名义价值和持有衍生品工具的套期保值参数

表10-8报告了14个季度名义价值占风险敞口比例、标准化delta平均值、标准化gamma和标准化vega的均值、最小值和最大值。预测区间为相关季度结束前的总月数。delta，gamma，vega已进行标准化。部分样本货币只在套保季度上（如正文中定义的）计算平均值。所有货币根据实际美元风险加权。货币A至货币O是全样本货币，货币P至货币X是部分样本货币。

	预测时长	名义价值（%）			标准化delta			标准化gamma			标准化vega		
		9个月	6个月	3个月	9个月	6个月	3个月	9个月	6个月	3个月	9个月	6个月	3个月
所有货币													
全样本货币	均值	33.4	59.7	76.8	-0.17	-0.31	-0.46	1.38	2.76	4.20	0.10	0.14	0.11
	最小值	9.1	28.3	51.0	-0.26	-0.53	-0.74	0.60	1.62	1.63	0.03	0.07	0.04
	最大值	48.8	78.5	96.9	-0.05	-0.15	-0.17	2.05	4.84	7.90	0.15	0.20	0.17
部分样本货币	均值	0.6	5.0	15.7	-0.01	-0.05	-0.14	0.01	0.08	0.24	0.00	0.00	0.00
	最小值	0.0	0.0	0.0	-0.07	-0.29	-0.47	0.00	0.00	0.00	0.00	0.00	0.00
	最大值	7.7	30.9	48.9	0.00	0.00	0.00	0.08	0.53	1.38	0.01	0.02	0.02
所有货币	均值	31.8	56.9	73.6	-0.16	-0.30	-0.44	1.31	2.62	4.00	0.10	0.13	0.10
	最小值	8.3	26.7	49.5	-0.25	-0.49	-0.68	0.55	1.59	1.51	0.03	0.07	0.04
	最大值	46.5	73.7	91.7	-0.04	-0.15	-0.16	1.88	4.54	7.41	0.15	0.18	0.16
部分样本货币													
货币A	均值	32.3	53.8	64.4	-0.16	-0.24	-0.28	1.48	2.94	4.28	0.10	0.14	0.11
	最小值	10.3	14.2	19.2	-0.40	-0.42	-0.49	0.62	1.08	1.48	0.03	0.04	0.04
	最大值	88.2	101.2	103.1	-0.06	-0.05	-0.04	3.19	6.77	7.86	0.30	0.28	0.16
货币B	均值	36.7	64.3	92.1	-0.18	-0.37	-0.60	1.32	2.60	4.39	0.12	0.15	0.13
	最小值	10.2	29.6	65.3	-0.42	-0.60	-1.14	0.48	1.37	0.54	0.03	0.07	0.02
	最大值	89.1	112.7	140.3	-0.05	-0.08	-0.16	2.80	4.16	8.58	0.31	0.30	0.24
货币C	均值	33.1	69.9	84.8	-0.17	-0.37	-0.50	1.40	3.28	4.74	0.11	0.17	0.13
	最小值	9.9	22.6	62.9	-0.36	-0.67	-0.84	0.52	1.53	0.83	0.03	0.06	0.03
	最大值	66.4	112.6	109.6	-0.04	-0.16	-0.21	2.90	6.31	9.01	0.23	0.31	0.23

续表

预测时长		名义价值（%）			标准化 delta			标准化 gamma			标准化 vega		
		9个月	6个月	3个月	9个月	6个月	3个月	9个月	6个月	3个月	9个月	6个月	3个月
货币 D	均值	38.8	56.1	80.3	-0.17	-0.26	-0.39	1.49	2.38	3.95	0.11	0.13	0.10
	最小值	9.0	34.1	49.3	-0.35	-0.63	-0.84	0.56	1.39	0.60	0.03	0.06	0.02
	最大值	84.2	70.7	104.8	-0.04	-0.05	-0.01	2.29	3.36	8.21	0.18	0.18	0.20
货币 E	均值	30.4	55.6	81.5	-0.15	-0.29	-0.50	1.24	2.36	3.89	0.10	0.13	0.12
	最小值	8.4	20.1	45.5	-0.26	-0.57	-0.87	0.44	1.23	0.88	0.02	0.05	0.03
	最大值	50.0	75.4	99.1	-0.04	-0.15	-0.17	2.31	3.76	9.62	0.17	0.19	0.20
货币 F	均值	27.8	52.9	75.9	-0.14	-0.29	-0.50	1.10	2.33	3.73	0.09	0.13	0.11
	最小值	5.6	19.8	44.3	-0.26	-0.56	-0.86	0.25	1.05	0.64	0.02	0.05	0.02
	最大值	50.1	85.0	99.5	-0.02	-0.14	-0.18	2.17	4.01	7.55	0.17	0.20	0.20
货币 G	均值	39.9	71.7	88.6	-0.17	-0.32	-0.44	1.73	3.57	5.44	0.13	0.17	0.13
	最小值	10.0	28.5	69.2	-0.34	-0.59	-0.81	0.61	2.10	0.97	0.03	0.08	0.03
	最大值	85.0	104.2	103.9	-0.05	-0.12	-0.11	3.18	7.67	9.69	0.28	0.28	0.20
货币 H	均值	42.9	69.3	82.8	-0.22	-0.34	-0.45	1.80	3.54	5.05	0.14	0.17	0.13
	最小值	9.7	28.4	53.0	-0.50	-0.61	-0.90	0.59	1.55	0.79	0.03	0.08	0.03
	最大值	84.2	107.0	109.4	-0.04	-0.16	-0.22	3.05	8.73	11.58	0.28	0.30	0.23
货币 I	均值	43.1	77.7	86.1	-0.23	-0.41	-0.54	1.41	2.93	3.42	0.14	0.19	0.12
	最小值	9.5	52.0	54.2	-0.51	-0.68	-1.17	0.37	1.84	0.71	0.03	0.13	0.03
	最大值	84.6	107.0	132.4	-0.07	-0.22	-0.17	2.70	4.62	5.88	0.27	0.27	0.19
货币 J	均值	51.8	80.5	93.2	-0.29	-0.46	-0.61	1.79	3.41	4.60	0.15	0.18	0.13
	最小值	9.8	30.3	39.7	-0.83	-0.90	-1.00	0.00	0.00	0.00	0.00	0.00	0.00
	最大值	108.8	127.6	149.5	-0.04	-0.21	-0.19	4.20	9.04	13.75	0.37	0.36	0.31
货币 K	均值	35.0	65.7	94.9	-0.18	-0.40	-0.60	1.43	2.69	4.43	0.11	0.14	0.11
	最小值	0.0	38.2	60.3	-0.50	-0.75	-1.36	0.00	0.00	0.00	0.00	0.00	0.00
	最大值	86.0	110.9	188.7	0.00	-0.16	-0.12	4.00	5.37	17.06	0.28	0.26	0.37
货币 L	均值	31.6	68.2	74.1	-0.16	-0.39	-0.48	1.36	2.89	3.61	0.10	0.15	0.10
	最小值	0.0	22.2	36.1	-0.29	-0.86	-0.98	0.00	0.00	0.00	0.00	0.00	0.00
	最大值	53.8	88.4	105.2	0.00	-0.15	-0.12	2.37	5.44	7.32	0.18	0.21	0.17
货币 M	均值	27.5	49.9	64.4	-0.12	-0.23	-0.35	2.30	4.37	7.32	0.09	0.12	0.11
	最小值	0.0	22.0	37.7	-0.29	-0.43	-0.88	0.00	1.36	2.72	0.00	0.06	0.06
	最大值	74.8	106.0	119.7	0.00	-0.09	-0.07	6.67	7.31	15.50	0.25	0.19	0.25

续表

预测时长		名义价值（%）			标准化 delta			标准化 gamma			标准化 vega		
		9个月	6个月	3个月	9个月	6个月	3个月	9个月	6个月	3个月	9个月	6个月	3个月
货币 N	均值	12.0	16.4	27.5	-0.07	-0.11	-0.28	-0.08	-0.44	0.20	0.00	0.01	0.01
	最小值	0.0	0.0	0.0	-0.34	-0.54	-0.90	-1.52	-3.92	0.00	-0.04	-0.03	0.00
	最大值	59.0	91.9	90.2	0.00	0.00	0.00	0.88	0.97	2.12	0.06	0.07	0.10
货币 O	均值	18.4	43.8	61.1	-0.10	-0.22	-0.31	0.96	2.63	3.97	0.06	0.11	0.10
	最小值	0.0	18.5	36.4	-0.22	-0.37	-0.65	0.00	1.15	2.01	0.00	0.05	0.05
	最大值	42.5	70.8	114.5	0.00	-0.06	-0.07	2.18	4.29	6.78	0.14	0.20	0.17
货币 P	均值	8.6	39.0	70.3	-0.05	-0.25	-0.55	0.40	1.77	2.96	0.03	0.09	0.09
	最小值	0.0	0.0	41.0	-0.13	-0.58	-0.78	0.00	0.00	1.52	0.00	0.00	0.04
	最大值	26.8	84.5	92.7	0.00	0.00	-0.23	1.19	3.05	4.12	0.09	0.20	0.12
货币 Q	均值	0.0	0.0	0.0	0.00	0.00	0.00	0.00	0.00	0.00	0.00	0.00	0.00
	最小值	0.0	0.0	0.0	0.00	0.00	0.00	0.00	0.00	0.00	0.00	0.00	0.00
	最大值	0.0	0.0	0.0	0.00	0.00	0.00	0.00	0.00	0.00	0.00	0.00	0.00
货币 R	均值	0.0	2.7	66.8	0.00	-0.03	-0.61	0.00	0.00	0.71	0.00	0.00	0.01
	最小值	0.0	0.0	0.0	0.00	-0.27	-2.95	0.00	0.00	0.00	0.00	0.00	0.00
	最大值	0.0	26.5	295.0	0.00	0.00	0.00	0.00	0.00	7.09	0.00	0.00	0.10
货币 S	均值	4.9	30.7	49.7	-0.05	-0.28	-0.46	0.00	0.73	1.25	0.00	0.02	0.02
	最小值	0.0	0.0	0.0	-0.29	-0.67	-0.90	0.00	0.00	0.00	0.00	0.00	0.00
	最大值	29.4	67.5	93.6	0.00	0.00	0.00	0.00	3.12	4.95	0.00	0.07	0.05
货币 T	均值	3.7	52.6	83.0	-0.04	-0.53	-0.83	0.00	0.00	0.00	0.00	0.00	0.00
	最小值	0.0	0.0	0.0	-0.19	-1.02	-1.74	0.00	0.00	0.00	0.00	0.00	0.00
	最大值	18.7	101.8	174.2	0.00	0.00	0.00	0.00	0.00	0.00	0.00	0.00	0.00
货币 U	均值	0.0	0.0	0.0	0.00	0.00	0.00	0.00	0.00	0.00	0.00	0.00	0.00
	最小值	0.0	0.0	0.0	0.00	0.00	0.00	0.00	0.00	0.00	0.00	0.00	0.00
	最大值	0.0	0.0	0.0	0.00	0.00	0.00	0.00	0.00	0.00	0.00	0.00	0.00
货币 V	均值	0.0	3.3	18.7	0.00	-0.03	-0.19	0.00	0.00	0.00	0.00	0.00	0.00
	最小值	0.0	0.0	0.0	0.00	-0.10	-0.29	0.00	0.00	0.00	0.00	0.00	0.00
	最大值	0.0	10.0	29.0	0.00	0.00	0.00	0.00	0.00	0.00	0.00	0.00	0.00
货币 W	均值	0.0	12.2	43.7	0.00	-0.12	-0.44	0.00	0.00	0.00	0.00	0.00	0.00
	最小值	0.0	0.0	0.0	0.00	-0.49	-1.04	0.00	0.00	0.00	0.00	0.00	0.00
	最大值	0.0	48.9	104.0	0.00	0.00	0.00	0.00	0.00	0.00	0.00	0.00	0.00

续表

预测时长		名义价值（%）			标准化 delta			标准化 gamma			标准化 vega		
		9个月	6个月	3个月	9个月	6个月	3个月	9个月	6个月	3个月	9个月	6个月	3个月
货币X	均值	0.0	63.7	105.4	0.00	-0.64	-0.91	0.00	0.00	0.00	0.00	0.00	0.00
	最小值	0.0	0.0	31.6	0.00	-1.53	-2.37	0.00	0.00	0.00	0.00	0.00	0.00
	最大值	0.0	153.1	237.5	0.00	0.00	-0.32	0.00	0.00	0.00	0.00	0.00	0.00

套期保值组合 gamma 值和 vega 值提供了最优套期保值组合中"期权风险"的计算方法。较大的 gamma 值表明套期保值组合的局部凸性较大。表10-8 第三列报告了组合的 gamma 值。对于全样本货币，gamma 平均值大于0，且不断增加（除了货币 N）。全样本货币的 gamma 总值也随着对冲期限的缩短而单调递增。这是大部分持有平值期权的组合所预期的。而分样本货币的结果显著不同，在 9 种货币中，只有 3 种在套期保值组合中使用期权合约，且只有一种（货币 P）在所有期限中均使用期权合约。这导致在分样本货币中所有期限的平均凸性接近于零。虽然该数据没有被记录在表格中，但 gamma 值经常下降到零（即使是全样本货币），这是因为期权合约在本季度被远期合约所取代。

以上结果表明，典型套期保值组合中的期权风险随着对冲期限的减少而大幅增加。这主要由两个原因造成。第一，随着一个平价期权到期日的临近，它的 gamma 值会增加。HDG 公司通常使用期权合约，以便使头寸保持在平价水平。第二，套期保值平均名义价值的增加将使凸性增加（如果价值的增加是由期权合约导致的）。这与阿恩（Ahn，1999）等人的预测相同；最优看跌期权套期保值的结论也与布朗等（Brown & Toft，1999）的研究保持一致，但最优奇异套期保值的结论与他们的建议相反（凸性应该随着风险敞口的临近而减小）。

投资组合的 vega 值也为衡量套期保值组合的期权性风险提供了标准。具体来说，vega 值衡量了套期保值组合价值对波动性变化的局部灵敏度。与 gamma 值相反，平价期权的 vega 值随着到期日的临近而降低。表 10-8 中的最后一列报告了在不同期限下，每种货币套期保值组合的 vega 值。正如组合的 gamma 值所指出的，全样本货币比部分样本货币更有可能具有期权性质。然而，套期保值期限与 vega 值存在非单调关系。对于使用期权进行套期保值的货币来说，vega 值通常在 9—6 个月的期限内增加，随后在 6—3 个月的期限内减少。这一结果是由于随着套保期限的缩短，套期保值组合中期权的名义价值不断增加。

在9—6个月期限之间，期权名义价值的增加是vega值随着时间推移而衰减的主要原因，但在6个月和3个月期限之间会出现截然相反的情形。因此，套期保值组合在6个月期限附近对汇率波动最为敏感。如果波动性的变化与敞口大小的变化呈正相关，那么vega值越大，潜在收益越大。然而，如果货币期权市场存在波动风险溢价，而HDG公司在支付期权费后没有得到任何收益，那么代价将是高昂的。

综上所述，HDG公司全样本套期保值组合的结构一般与公司的制度声明与偏好期权合约的前文结论保持统一。随着风险到期时间的减少，名义值和delta都会增加。凸性的相应增加表明，任何远期合约比重的增加都抵不上期权凸性的增加，因此会采取更多"期权类"套期保值策略（最迟在敞口出现的三个月前落实）。对于部分样本货币，公司的套期保值意愿明显减少，因此很少违反公司规定的套保政策。此外，部分样本套期保值组合的凸性较小，但确切原因未知，可能是因这些货币衍生工具的市场流动性相对较差，且自身风险敞口存在较大不确定性。

10.6.3 衍生证券组合对冲比率的决定因素

实体企业与金融机构的套期保值问题存在本质区别。例如，如果一个衍生品做市商同时又是HDG公司期权交易的对手方。金融机构具有明确的风险敞口，擅长构建复杂的金融模型，能够轻而易举地量化且动态对冲其风险。此外，金融机构不得不考虑的风险因素是有限的（如套期保值衍生品足以通过二元模型对冲单个资产）；套期保值的目的清晰明了（如对冲衍生品头寸以减少净值变化）。相比之下，一个类似HDG公司的实体企业往往在使用衍生工具构建最优套保组合时面临着不确定的风险敞口、多个经营目标（也许是相互矛盾的），以及屈指可数的定量模型。在这一节中，本文调查了几个可能会影响HDG公司套保组合的因素，并根据阿恩等（Ahn, 1999; Brown & Toft, 1999）学者的理论模型尝试进行具体预测。本文将因素分为三大类：①当前外汇市场因素；②潜在的风险敞口因素；③可能获得"市场关注"的因素。

使用看跌期权进行外汇风险套期保值时，阿恩等人的模型预测：

（1）随着风险时间的增加，最优delta值在坐标轴上呈现U形（拐点取决于参数值）；

（2）最优delta值与价格波动之间存在负相关关系（在大多数正常情况下）；

（3）最优套期保值组合delta值与远期点之间存在正相关关系（预测其产生的影响较小）。

HDG 公司的数据不支持第一项预测。表 10-8 数据显示，随着风险时间的减少，投资组合的 delta 值并不会增加。然而以上可能的原因是 HDG 公司的观测值都在预测拐点的一侧。假设 2 和 3 将在下文的回归分析中得到验证。

布朗等（Brown & Toft，1999）对一家价格和数量之间存在低/负相关性的公司进行预测，当公司有能力交易所有定价合理的衍生工具时：①最优套期保值组合总是具有正凸性；②随着风险时间的减少，最优套期保值方案的 delta 值（经标准化后）接近-1，凸性接近 0；③数量风险的增加意味着套期保值比例更小，凸性更大的最优组合；④价格波动与数量风险之比的降低增加了最优凸性。

表 10-8 的数据很大程度上支持第一项预测。经由平均投资组合 gamma 值的测算，所有衍生证券组合都具有非负凸性（除 9 个月期限和 6 个月期限的货币 N）。具有零凸性的货币大多是为部分样本货币，它们的期权合约流动性极差，或根本不具有流动性。表 10-8 为第二个假设提供了多项证据。与预测相一致的是，随着套期保值期限的减少，所有货币的套期保值的比例均会增加。与假设相反的是，当风险时间减少时，套期保值组合的凸性增加（对于所有 gamma 值不为零的货币而言）。剩余假设测试如下。

如上文所述，在确定套期保值策略时，HDG 公司通常会考虑未来汇率水平。由于期权合约被广泛使用，HDG 公司也包含了（至少是隐含的）对未来汇率波动的看法。外汇管理部门使用各种技术指标和外部金融机构的预测做分析。这些看法是否会显著或系统性地影响套期保值组合的特征都难以测试，因为反映外汇管理部门观点的数据无法获得。因此，本文采用了一些技术性因素试着代表公司观点。

为了检验各种因素如何影响套期保值组合的构造，本文采用固定效应面板回归模型，选取全样本货币的季度套期保值参数作为被解释变量，分别从三类预测期限，delta，gamma，vega 的角度进行检验。本文选取七个解释变量代理上述因素：①汇率隐含波动率，名称为 FX Volatility，用于反映价格风险的影响；②6 个月远期汇率与即期汇率的差额，名称为 Forward Points（%），计算当前远期点的大小；③预期风险和实际风险的绝对差额，名称为 Exposure Volatility，用来代理数量风险；④⑤过去 12 个月内即期汇率与最高（最低）值的差值（用百分比表示），名称为 Spot % Below（Above）12 Month High（Low），用来代理定位市场顶部或底部的技术变量；⑥过去 60 个交易日内即期汇率变化的百分比，名称为 3 Month Change in Spot，用来反映趋势跟踪表现；⑦上季度套期保值的实际损益，名称为 Derivative P&L（$t-1$），用来衡量近期套保结果的影响（仅用于三个月的预测区间），变量可以反映上一季度因套保不足或过度套保而产生的影响。

表10-9报告了这些面板回归的结果。正如阿恩等人预测的，9个月预期期限的外汇波动性与投资组合 delta 值存在负相关关系。然而，在6个月或3个月期限不存在显著相关性。系数为负意味着随着汇率波动性增强，HDG 公司降低了 delta 值（也就是增加套期保值比例）。直观地说，随着外汇波动性增强，HDG 公司的名义美元风险增加，反过来会增强套期保值的动机。然而，HDG 公司对期权的偏好意味着套期保值的前期成本也会更大，这或许解释了为什么在6个月和3个月期限上缺乏显著关系。使用投资组合 gamma 值作为被解释变量的结果与价格风险和套期保值凸性负相关的假设一致。正如布朗等预测的那样，FX Volatility 的系数显著为负（在6个月和3个月期限上）。虽然这两个模型都无法预测 FX Volatility 对套保组合 vega 值的影响，但在9个月和6个月的期限中观察到了显著的正相关关系。这可能是 HDG 公司倾向于对冲更多汇率剧烈波动货币的人为结果。

表10-9 套期保值组合的决定因素

表10-9报告了固定效应面板回归下，14个季度和15个全样本货币（$N=210$）的系数估计值和 t 统计值。被解释变量是在9个月、6个月和3个月的风险预测时长下的套保组合参数（delta，gamma，vega 值）。解释变量的定义如下：FX 波动率是在适当期限下，美元/外币（USD/FCU）汇率的隐含波动率。风险敞口波动率是风险敞口预计值与实际值之间的绝对差异。衍生性损益（$t-1$）是上一季度套期保值的实际损益。即期汇率低于（高于）USD/FCU 12个月高点是当前即期汇率（以 USD/FCU 计）和过去12个月的最高（最低）即期汇率差值的百分比。3个月即期汇率变化是过去60个交易日即期汇率的变化率。远期点数（%）是6个月远期汇率与即期汇率之间相差的百分比。*，**，*** 分别代表在双尾检验10%，5%，1%水平上显著。检验随机效应与固定效应的 Hausman 测试没有选择相同的模型。然而，两个模型的系数估计值和显著性没有较大差异。t 值的计算使用了异方差稳健标准误。导数 P&L（$T-1$）的第一个观测值被设置为剩余13个季度的平均值。同时，默认第一季度的值对结果没有明显的影响。

自变量		Delta			Gamma			Vega		
		近9个月	6个月	3个月	近9个月	6个月	3个月	近9个月	6个月	3个月
FX 波动率	系数	-0.92**	0.11	0.46	-1.80	####***	####***	0.67***	0.44*	-0.16
	t 值	-2.02	0.18	0.57	-0.50	-2.95	-4.97	2.68	1.89	-0.76
远期点数（%）	系数	0.44	1.58	-7.24**	0.57	####	60.63*	-0.23	-0.86	1.39*
	t 值	0.25	0.64	-2.41	0.04	-0.67	1.81	-0.24	-0.93	1.79

续表

自变量		Delta			Gamma			Vega		
		近9个月	6个月	3个月	近9个月	6个月	3个月	近9个月	6个月	3个月
风险敞口波动率	系数	0.33**	0.40**	0.40	0.52	0.64	-0.29	-0.03	0.01	-0.02
	t值	2.23	1.98	1.57	0.65	0.35	-0.11	-0.33	0.19	-0.02
即期汇率低于12个月高点（USD/FCU）	系数	-0.28	-0.58**	0.77**	4.28***	-3.49	-0.08	0.27**	-0.16*	-0.04
	t值	-1.44	-2.29	1.97	2.79	-1.50	-0.02	2.50	-1.73	-0.37
即期汇率高于12个月高点（USD/FCU）	系数	0.10	0.48	1.8***	3.82	####***	-8.69	0.30*	-0.47***	-0.27*
	t值	0.32	1.10	3.24	1.56	-2.81	-1.33	1.75	-2.88	-1.78
3个月即期汇率变化（USD/FCU）	系数	0.45**	0.40	0.09	-2.20	5.77**	10.27**	-0.27**	0.20*	0.27***
	t值	2.09	1.36	0.21	-1.30	2.13	2.32	-2.30	1.79	2.61
衍生性损益（$t-1$）	系数	—	—	-1.88***	—	—	####***	—	—	-0.60***
	t值	—	—	-4.09	—	—	-4.45	—	—	-4.97
调整R^2		0.21	0.37	0.55	0.25	0.42	0.53	0.290	0.37	0.510

下一行报告了Forward Points（%）的系数。与阿恩等人的预测相反，该变量与套保组合delta值存在显著的负相关关系（但仅在3个月期限上）。Forward Points（%）值的大小也可以度量套保成本。如果远期汇率不是即期汇率的无偏预测值，但衍生工具价格却是在风险中性测度下形成的，则该变量可以代表套期保值的增量成本。如果当前即期汇率是未来即期汇率的最佳预测值，那么较大的Forward Points（%）值将意味着衍生工具"成本高昂"。因此，可能导致套期保值的减少和估计偏差（与阿恩等学者的预测结果相矛盾）。表10-9表明，Forward Points（%）值在3个月期限上与套期保值组合的gamma值和vega值存在显著正相关性。证明当Forward Points（%）值较大时，使用期权进行套期保值是不合理的。

直观来说，风险敞口波动性（数量风险）的增加使得套期保值愈发艰难，因为实际敞口的变动幅度会增加不确定性。布朗等预测这将导致套期保值意愿的减弱（负delta值进一步减小）和套期保值凸性的增大（gamma值变大）。表10-9中的第二行报告了风险敞口波动率的估计系数。在假设的支持下，9个月和6个月期限组合的风险敞口波动率（数量风险）与delta值之间存在显著的正相关关系，与套保组合的gamma值或vega值不存在显著相关性。这可能是由于对期权的强烈偏好所导致的。具体地说，HDG 公司仅仅简单地减少了套保规模，并非在数量风险降低的情况下使用远期合约替代期权。

技术变量的估计系数（表 10-9）显示了这些变量对套保组合 delta 值、gamma 值和 vega 值的显著综合影响。例如，即期汇率相对于近 12 个月最高点与 6 个月期限的 delta 值显著负相关，与 3 个月期限的 delta 值显著正相关。当前的即期汇率相对于近 12 个月的最低点仅与 3 个月期限的 delta 值显著正相关。相反的，近期的趋势是，汇率仅在 9 个月期限上与套保组合 delta 值显著相关。其正相关关系表明，如果外币对美元升值，HDG 公司的套保意愿将减弱。此结果的一种解释是，套保的意愿取决于与这些技术因素相关的市场观点。另一种解释是，这些因素反映了确定最优套保比率的其他因素（可能是竞争性因素，如上所述）。

对于套保组合 gamma 值和 vega 值，每个技术变量在至少一个预测期内显著不为零，但很多系数在不同的预测期改变了符号。值得关注的一个有趣现象是，上述技术变量很好地解释了套保组合的特征。在没有理论支撑的情况下，它们的意义很难得到解释。

最后一行显示了上一季度的衍生品损益（Derivative P&L）对套保组合 delta 值的影响，系数显著为负表明如果上季度的套保带来可观利润（即货币向预期敞口的反方向波动），HDG 公司将在该种货币上进行更多套期保值。这可能代表着汇率大幅反向波动之后，形成了对汇率走势的判断或产生对套期保值的更大需求。衍生品损益与套保组合的 gamma 值和 vega 值也存在显著负相关关系。换言之，当上季度套保收益较大时，HDG 公司使用的期权类合约将减少。在此分析中，这些系数的显著性是最强的，而其经济意义同样值得关注：$t-1$ 期衍生品损益的标准差每增加 1，其 delta 值将减少 0.10。

总而言之，这些回归的解释力（R^2）随着预测期的缩短而增加，意味着这些解释变量在执行短期套保决策中更为重要。FX Volatility 和 Exposure Volatility 的结论与套保组合 delta 值和 gamma 值的理论预测一致。技术指标和套期保值参数在统计上具有很强的相关性，但因为估计系数符号的不固定而难以做出解释。最后，套保参数和滞后一期的衍生品损益之间存在显著且一致的关系。这表明，近期套保行为会极大地影响 HDG 公司的套保决策，遗憾的是我们无法确定这究竟是理性的策略，抑或只是对近期市场事件的行为反应。

10.7 结论

大多数理论模型和实证研究对企业套期保值决策分析进行简化。这种方法的最大优点是在理论分析中可追踪，并为实证研究提供大样本。本文着重对一个大型跨国公司的外汇风险管理进行详细的研究。这种方法的优点在于能够更精确地理解风险管理过程和细节，识别套保动机和决策因素，获得一般情况下不可得的交易数据。本文的分析集中在三个基本问题。

第一，风险管理项目的结构是怎样的，对公司产生的总体影响是什么？本文指出，HDG公司外汇套期保值策略符合当前最佳实践效果，通过彻底的监督、控制和运营制度来掌控全过程。例如，制度禁止持有某些套保工具并限制投机交易。套期保值的主要目标是确定对冲汇率，可帮助国外业务和管理者制定预算和价格，依据过去经济发展情形进行事后评价。套期保值对公司整体收益的影响并不大。在三年半的样本期内，衍生品交易直接给收入带来约1%的增长，将季度收入的标准差降低440万美元（占比22%），将年化收入的标准差降低约400万美元（占比10.2%）。货币波动性减少主要是在年度频率上，平均为14.9%。

第二，企业管理外汇风险的动机是什么？风险管理的许多常见解释（如最小化预期税额、避免财务困境成本、管理风险厌恶，以及现金流和投资之间的协调）均与HDG公司的现实情况不一致，也未受到管理层支持。此外，公司的套保制度几乎不包含对这个问题答案的任何提示。其他文件和与管理层的讨论表明HDG公司有多种原因进行风险管理，包括平滑收入、加强内部契约（通过对冲汇率），并在产品市场上获得有竞争力的定价优势。一些证据表明，风险管理可能会导致外国经理人与母公司资金部门的内部代理问题。

第三，企业如何构建管理外汇风险的衍生证券组合？由于该计划侧重于对冲汇率的设置，每种货币都会按照季度进行单独处理原因。一般来说，衍生品头寸大约在某一季度结束前的一年开始建立。随着风险敞口的临近，套保组合的名义价值将不断增加，因此HDG公司在季度初就会实施完全套保。主要考虑到会计处理原因，HDG公司严重偏好使用期权合约。事实上，对于一些因流动性较差而影响到期权合约的货币来说，HDG公司宁愿选择不套保，也不会转而使用远期合约。典型套保组合的gamma值会随着期限缩短而单调增加。相比之下，套保组合的vaga值通常在季末前的3—9个月达到最大值。统计检验结果支持一些理论模型的预测，提出汇率波动和敞口波动是最优套保策略的重要决定因素。最后，一些证据表明，管理层观点和近期套期保值情况也是对冲行为的重要决定因素。

然而，仍有一些重要的问题尚未得到解答，尤其在于无法精准确定套期保值是否处于最优或是否增加了公司价值。因为风险管理的目标很难量化，所以标杆管理也存在一定问题。HDG 公司的不同目标间（可能是相互冲突的）如何相互影响？例如，收入平滑比获得竞争性定价优势更重要吗？这些不同的目标如何影响企业？如何构建它的套期保值策略？或许最重要的是，外汇风险管理的经济影响有多大？换句话说，即使执行最优管理，实际上能给公司增加多少价值？

参考文献：

[1] Ahn, Dong-Hyun, Jacob Boudoukh, Matthew Richardson, Robert F. Whitelaw. Optimal risk management using options [J]. Journal of Finance, Vol.54, No.1, 359-375, 1998.

[2] Allayannis, George, Jane Ihrig. Exchange rate exposure and industry Structure [R]. University of Virginia Working Paper, 1998.

[3] Allayannis, George, James P. Weston. The use of foreign currency derivatives and firm market value [R]. University of Virginia Working Paper, 1998.

[4] Allayannis, George, James P. Weston. The use of foreign currency derivatives and industry structure [R]. University of Virginia Working Paper, 1999.

[5] Block, Stanley, Timothy Gallagher. The use of interest rate futures and options by corporate financial managers [J]. Financial Management, 1986(Autumn): 73-78.

[6] Bodnar, Gordon M, Gregory S. Hayt, Richard C. Marston. Wharton survey of financial risk management by US non-financial firms, Financial Management [J]. 1998, Vol.27, No.4, 70-91.

[7] Brown, Gregory W, Klaus Bjerre Toft. How firms should hedge [R]. University of North Carolina Working Paper, 1999.

[8] Campbell, Tim S, William Kracaw. Corporate risk management and the incentive effects of debt [J]. Journal of Finance, 1990, 45(5): 1673-1686.

[9] Chang, Chun. Does hedging aggrevate or alleviate agency problems? a managerial theory of risk management [R]. University of Minnesota Working Paper, 1997.

[10] Chowdhry, Bhagwan. Corporate hedging of exchange rate risk when foreign currency cash flow is uncertain [J]. Management Science, 1999, 41(6): 1083-1090.

[11] DeFusco, Richard A, Robert R. Johnson, et al., The effect of executive stock option plans on stockholders and bondholders [J]. Journal of Finance, 1990, 45(2): 617-627.

[12] DeMarzo, Peter M, Darrell Duffie. Corporate financial hedging with proprietary information [J].

[13] DeMarzo, Peter M, Darrell Duffie. Corporate incentives for hedging and hedge accounting[J]. Review of Financial Studies, 1995, 8(3): 743-771.

[14] Dolde, Walter Hedging. Leverage and primitive risk[J]. The Journal of Financial Engineering, 1995, 4(2):187-216.

[15] Downie, David, Ed Nosal. Corporate hedging: a strategic approach[R]. University of Waterloo, Working Paper, 1998.

[16] Dye, R. Earnings management in an overlapping generations model[J]. Journal of Accounting Research, 1988(26):195-235.

[17] Froot, Kenneth, David Scharfstein, , Jeremy Stein. Risk management: coordinating corporate investment and financing policies[J]. The Journal of Finance, 1993, 48(5):1629-1658.

[18] Garman H B, Kohlhagen S.W. Foreign currency option values[J]. Journal of International Money and Finance, 1983(2):231-237.

[19] Géczy, Christopher, Bernadette A. Minton, Catherine Schrand. Why firms use currency derivatives [J]. Journal of Finance, 1997, 52(4):1323-1354.

[20] Graham, John R, Daniel A. Rogers. Is corporate hedging consistent with value-maximization? an empirical analysis[R]. Fuqua School of Business working paper, 1998.

[21] Graham, John R, Clifford Smith W. Jr. Tax incentives to hedge[J]. Journal of Finance, 1999.

[22] Haugen, Robert A, Lemma Senbet. Resolving the agency problems of external capital through options[J]. Journal of Finance, 1981, 36(3):629-647.

[23] Haushalter, David G. Financing policy, basis risk and corporate hedging: evidence from oil and gas producers[J]. Journal of Finance, 1999.

[24] Lewent J C, Kearney A J. Identifying, measuring and hedging currency risk at Merck[J]. Journal of Applied Corporate Finance, 1990(2):19-28.

[25] Mark, Nelson, Doo-Yull Choi. Real exchange rate prediction over long horizons[J]. Journal of International Economics, 1997, 43(1/2):29-60.

[26] Mello, Antonio S, John Parsons, Alexander J. Triantis. An integrated model of multinational flexibility and financial hedging[J]. Journal of International Economics, 1995(39):27-51.

[27] Modigliani, Franco and Merton Miller. The cost of capital, corporate finance, and the theory of investment[J]. American Economic Review, 1958(30): 261-297

[28] Moschini, Giancarlo, Harvey Lapan. The hedging role of options and futures under joint price, basis, and production risk[J]. International Economic Review, 1995, 36(4):1025-1049.

[29] Nam, Jouahn, John H. Thornton. Interest rate swap usage by corporations: hedging or "taking a view"[R]. Georgia State University Working Paper, 1998.

[30] Nance, Deana, Clifford Smith, Charles Smithson. On the determinants of corporate hedging[J]. Journal of Finance, 1993, 48(1):267-284.

[31] Shapiro, Alan C, Sheridan Titman. An integrated approach to corporate risk management[C]. in Joel Stern and Donald Chew, Eds. The Revolution in Corporate Finance [M]. Basil Blackwell, Ltd. Oxford, England and Basil Blackwell, Inc., Cambridge, Mass.), 1986.

[32] Smith, Clifford and René Stulz. The determinants of firms' hedging policies[J]. Journal of Financial and Quantitative Analysis, 1985, 20(4): 391–402.

[33] Stulz, René. Optimal hedging policies[J]. Journal of Financial and Quantitative Analysis, 1984, 19(2): 127–140.

[34] Trueman, Brett, Sheridan Titman. An explanation for accounting income smoothing[J]. Journal of Accounting Research, 1988(26): 127–139.

[35] Tufano, Peter. Who manages risk? an empirical examination of risk management practices in the gold mining industry[J]. Journal of Finance, 1996, 51(4): 1097–1137.

[36] Tufano, Peter. Agency costs of corporate risk management[J]. Financial Management, 1998, 27(1): 67–77.

[37] Wall, Larry and John Pringle. Alternative explanations of interest rate swaps: a theoretical and empirical analysis[J]. Financial Management, 1989: 59–73.

11 米其林公司外汇避险策略

11.1 引言

米其林公司是世界上两家大轮胎制造商之一,另一家是普利司通。公司总部设在法国,营销网络则遍布全球。米其林因欧元、美元、巴西雷亚尔、日元、英镑等国际主要货币的汇率波动而承受着巨大的风险暴露。2013上半年,米其林净销售额的60%以上(102亿欧元)来自欧洲以外的地区,同时,欧洲地区的销售额中也有相当一部分来自非欧元市场。

米其林公司的财务业绩对世界大宗商品价格的变化非常敏感,尤其是天然橡胶与合成橡胶,二者占到了公司2013年上半年原材料成本的60%。与此同时,原材料成本在米其林总销售成本中的占比也达到了40%以上。

11.2 米其林公司风险对冲政策

公司金融部控制、测量与监督集团、各子公司以及各地区公司的金融风险,并向集团金融部门报告。公司金融部的一项使命是确定适用金融风险管理政策的规则,这些政策受内部标准、程序与权威文件等构成的一套材料监督。区域金融经理监督集团金融风险管理政策在该地区的执行情况。另外,公司通过内部审计对金融风险政策的合规审查以评估风险控制效率,确认改善措施。集团金融部决定集团的金融风险对冲政策,一个总的原则是,集团严格限制衍生品仅用于对冲清晰确认过的风险敞口。金融风险委员会负责制定与改进金融风险管理政策,确认与评估风险,改进与监测对冲行为。委员会由集团与公司金融部代表组成,每月进行一次评估活动。

对于汇率风险,公司首先界定汇率风险因子。汇率风险因子是指在常规业务运行中,汇率波动对公司财务指标的影响。集团因业务中的外汇交易以及对外国子公司的净投资的外汇转换而暴露在外汇风险中。外汇交易风险是集团与子公司的货币资产与负债(主要是现金、现金等价物、应收与应付账款、贷款等）因由外国货币记账，而产生的应记账日与结算日汇率变动的风险。外汇转换风险是集团对外国子公司的净投资，在合并财务报表过程中，转换成欧元的汇率变动而产生的风险。

外汇交易风险由公司金融部监测。每个分公司计算其对应于记账货币的会计外汇敞口并系统化的对冲。当一种货币无法对冲风险时或有例外市场状况时，由集团金融部认定进行豁免。同一类型与期限的应收、应付账款轧差后进行对冲。对冲通常通过金融控股公司或通过一家银行进行。主要的对冲工具是外汇远期合约。结构性的敞口用长期限的工具（长达六年）进行对冲，运作性的敞口用短期限的工具（一般是三个月）进行对冲。外汇风险监测与对冲基于集团内部标准与程序。整个集团的外汇交易风险预警系统由公司金融部负责执行。每月对这些敞口通过详细的管理报告并进行跟踪。

集团不用对冲工具主动管理外汇转换风险。对外国子公司的投资由母公司的记账货币记账，不包括在母公司的外汇头寸中。

2008年以来，公司使用外汇远期对冲的量总体呈现增长趋势（见图11-1）。

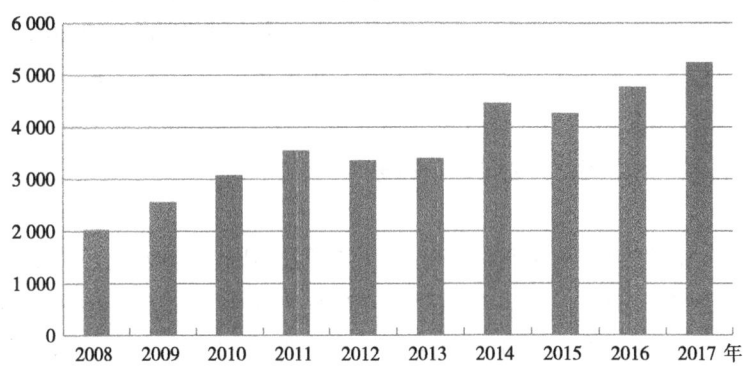

图11-1 米其林公司使用外汇远期情况（百万欧元）

数据来源：公司年报.www.michelin.com

11.3 对冲的优化[①]

根据塔米尔等（Tamir，2013）的研究，我们已经确定了一系列关键参数以

---

① Tamir Druz, Carlos Blanco. An integrated approach to commodity and foreign exchange hedging: michelin case study［OL］. https://capraenergy.com/uploads/3/4/5/3/.../michelin_case_study.pdf.

确保对冲方案的有效性。本文通过分析依据米其林公司的公开财务信息所建立的案例，说明商品与外汇综合对冲方案的优势。

一般而言，一个被有效设计和执行的对冲方案要实现三个目标。

第一，对冲会计准则下的高度有效性。

第二，提高企业未来财务业绩的可预测性和稳定性。

第三，从长期看，企业的风险调整后收益有所改善。

如果该对冲方案没有带来相应的结果，那么就应当重新评估该方案的基本假设和方法。在进行评估时，应分别从单个和整体的角度来审视方案的参数优化程度。

对冲方案通常包括多个参数，但依据我们的研究，我们确定了五个关键参数对所有的对冲方案进行定义（见表11-1）。

表11-1 对冲方案关键参数

对冲程序参数	示例
1. 对冲期限	1年期对冲 5年长期对冲
2. 对冲时机	基于某种规则 操作者自行裁量
3. 头寸管理	固定比例分批滚动 固定的上下限
4. 标的选择	燃料油对冲喷气燃料 欧元对冲瑞士法郎
5. 工具结构	掉期或期货 平价期权或价外期权 低成本领式期权

在本文的研究中，观察到上述各参数和企业目标存在很强的联系。对于每个目标而言，通常只有一到两个程序参数会发挥极为重要的影响。例如，一个对冲方案能否在有效的对冲会计准则下，顺利施行的重要决定因素就是选择合适的对冲标的。

然而，本文也注意到，任何单个参数的影响只有在其他参数被正确配置时才得以发挥。例如，虽然对冲的时机和规模对于改善企业风险调整后的收益至关重要，但如果使用不合适的对冲工具或者对冲期限太短，那么该参数就难以发挥影响。

下一节将介绍我们的方案,并着重介绍分析米其林公司的公开信息后发现的深层次的结果。我们将重点说明对冲方案的设计和成功达成企业目标之间的联系。

11.4 对冲目标与策略

11.4.1 企业目标1:套保会计的有效性

为米其林公司设计外汇和大宗商品价格对冲方案的关键因素之一,是为米其林潜在的金融风险选择合适的对冲标的。如前所述,这一决定将极大影响米其林公司能否在对冲交易所产生的众多损益科目中选择特殊的套保会计法则。大多数上市公司更喜欢套保会计,因为这允许它们只将现金流相匹配的对冲损益计入收益之中。避免了由对冲组合的市值波动而导致的收益过度波动。

在我们对米其林公司的财务业绩与市场价格和其主要原材料支出的关系进行深度的研究后,发现米其林的销售成本与天然橡胶期货的市场价格存在很强的相关性(93.5%)。

因为合成橡胶是石油加工而成的,我们研究了米其林公司的成本与原油市场价格的关系,发现两者之间的相关性较弱。我们还分析了米其林公司的现金流收入,发现欧元/美元汇率与公司在北美的收入显著相关。

若要根据会计准则对对冲方案有效性进行更严格的分析,我们还需要米其林公司的历史现金流及其实物原材料和销售合同的详细信息。无论如何,我们针对米其林公司风险敞口的深度分析已经表明,可以使用天然橡胶和欧元/美元合约作为对冲工具来调节原材料成本和地区性收入的波动。

11.4.2 企业目标2:财务业绩的可预测性和稳定性

确定了符合目标1的对冲标的之后,提高财务业绩的可预测性和稳定性就成为决定对冲程度的关键因素。在极端情况下,如果一家公司只进行为期一个月的对冲交易,这样的对冲方案几乎不可能抑制业绩的波动。事实上,若交易的规模和时机选择不恰当,对冲交易可能会放大公司财务的不确定性。

在米其林公司的案例中,我们在选定天然橡胶作为工具对冲公司成本波动的基础上,分析了不同期限的对冲交易对于降低成本波动的影响程度(见图11-2)。

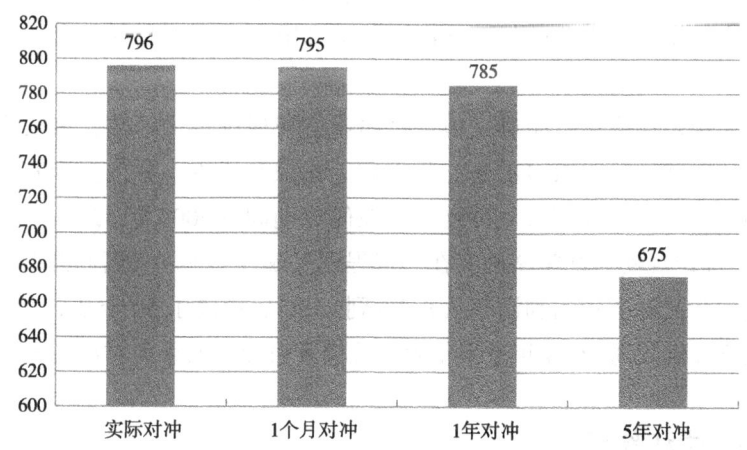

图 11-2　米其林公司销售成本波动与对冲期限的关系（百万欧元）

与预期相同，我们发现为期一个月的对冲交易没有对研究期间（2007年6月至2013年6月）的半年度成本波动产生实质性影响。值得注意的是，一年期对冲交易也没有明显降低成本波动。只有将期限跨度延长到几年，成本波动才会显著降低。例如，五年期对冲交易使得米其林公司销售成本的半年度标准差降低了1.1亿欧元以上。

当我们对使用不同期限的美元工具对冲收入波动时，也发现了类似的现象。

不幸的是，潜在的期限因素往往被企业的对冲交易管理者所忽视。不恰当的期限选择是失败的对冲交易中存在的几个程序设计缺陷之一，也将导致人们认为对冲交易是一种失败的策略。

11.4.3　企业目标3：提高风险调整后的收益

以牺牲公司整体业绩为代价来获得财务业绩的高度确定性的做法通常是没有意义的。因此，衡量对冲方案是否成功的最终标准是，在调整交易成本、资本要求和其他操作成本后，对冲计划是否能够提高公司的收益。

对冲交易的时机和规模在决定这一目标的成败方面起着至关重要的作用。我们认为，从长期看，对冲交易管理者根据对商品或外汇价格和波动的看法，决定对冲实际和规模是不恰当的，也是有害的。这种方法相当于预测市场，而大多数管理者并不具备这样的预测能力。这一点是被多数机构认可的。一种通常用来避免潜在投机的做法，是将对冲头寸以一个固定的水平分批分期进行套保。另一种做法则要求在到期时进行对冲。

但是定量对冲不是最优的对冲方法,这种做法有时会导致灾难性的后果。管理者应当根据公司当前的经营状况、目标和限制,而不是基于市场观点来定期重新评估最优的对冲水平。

我们使用对冲优化程序对一项策略的业绩表现进行了评估,该策略以半年为周期对冲米其林公司50%的美元收入和天然橡胶成本,并依据米其林公司经营环境的变化来系统地调节对冲规模。在研究期间(2007年12月至2013年6月),虽然固定规模对冲策略确实在一定程度上改善了平均经营利润率,但动态规模策略使米其林公司的利润率从8.3%到8.8%,提高了50个基点。此外,动态规模策略能够规避2008年下半年固定规模策略导致的重大对冲损失。

11.5 概述和结论

成功的商品和外汇对冲方案是基于实现一系列明确界定的风险管理目标而设计的。而新的国际会计准则也强调对冲策略与具体的风险管理目标相匹配。

本文以米其林公司为例,介绍了一种为跨国公司对冲商品价格和外汇波动的综合对冲方案。

我们已经证明了一种对冲方案可以根据特定的约束条件实现一组风险管理目标。那些主动设定一个项目中的关键目标并设计综合对冲策略,以实现这些目标的公司很可能会比那些以被动和不集中的方式进行对冲决策的公司更具有竞争优势。

参考文献:

[1] Tamir Druz, Carlos Blanco. An integrated approach to commodity and foreign exchange hedging: michelin case study [OL]. https://capraenergy.com/uploads/3/4/5/3/.../michelin_case_study.pdf
[2] 米其林公司年报,www.michelin.com

12 雀巢公司外汇避险策略

本章以瑞士跨国公司（雀巢）为例，调查了外汇风险对其2011下半年财务报表的影响，并且提出一些运用外汇期权的对冲策略。

次贷危机以来，市场上的各类资产都经历了前所未有的波动。这种不可预测的波动对全球企业的核心业务可能产生重大影响。作为回应，各方在2011年8月底准备了各种对冲策略，并且在六周之后（2011年10月）测评所有策略的成效。

12.1 瑞士法郎

2011年的市场动荡引发了金融资产的挤兑，市场从业人员认为，瑞士法郎将是一种"避风"货币。在这些发生挤兑的资产中，有美国和德国的政府债券（上个月的收益率都非常低，分别为1.78%和1.75%）、黄金（上个月每盎司1 900美元）和其他资产。

瑞士法郎一直被当作"避风"货币。瑞士凭借其长期货币安全政策和政局的稳定，成为世界上经济最稳定的国家之一。

瑞士经济实力强劲，其特点是低通胀和低失业率（2011年5月只有3%），以及低国家债务（2010年为38.3%）。如人所料，瑞士法郎的确在过去三年中升值了（见图12-1）。

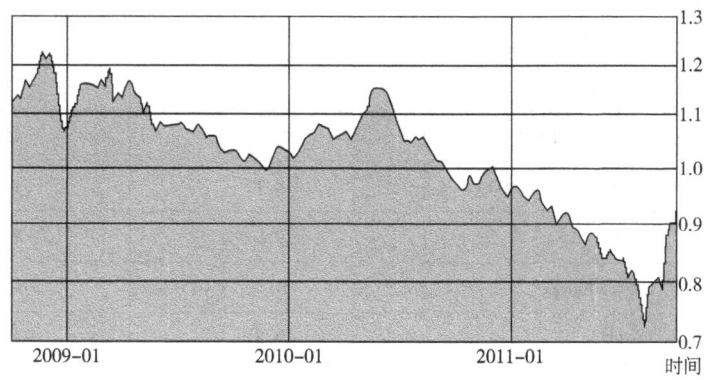

图12-1 美元对瑞士法郎即期汇率

12.2 案例分析：雀巢

雀巢是全球最大的营养、健康和保健公司之一，几乎在世界各个国家都有分支业务，2010年年销售额近1 100亿法郎。

作为一家跨国公司，雀巢的财务状况很大程度上受到了瑞郎升值的影响，各项业务的总体影响为-13.8%，如表12-1、表12-2所示。

表12-1 主要货币的变动与对雀巢公司财务状况的影响（加权平均汇率）

1单位瑞士法郎	2010年上半年	2011年上半年	%
美元（1）	1.09	0.90	-17
欧元（1）	1.44	1.27	-12
英镑（1）	1.65	1.46	-11
雷亚尔（100）	60.34	55.36	-8
墨西哥比索（100）	8.55	7.62	-11
日元（100）	1.19	1.11	-7
货币对报表折算的影响			
销售	交易营业利润	基础每股收益	营运现金流	资产负债表
-13.8%	-20bps	约-15%	6亿-7亿瑞郎	约50亿瑞郎

资料来源：Numerix（Sela，2011）。

表12-2 瑞士法郎走强对雀巢业务的影响（加权平均汇率）

（%）	1Q11	HY11
瓶装水（Nestie Waters）	-11.5	-15.8
美洲区（Zone Americas）	-9.4	-15.1
营养品（Nestie Nutntion）	-10.5	-15.0
亚洲、大洋洲、非洲区（Zone AOA）	-8.1	-13.4
其他	-9.9	-12.7
欧洲区（Zone Europe）	-10.8	-11.5
总计	-9.8	-13.8

资料来源：Numerix（Sela，2011）。

12.3 建议策略

这一部分将提出各种可被雀巢公司采纳的对冲策略（或雀巢公司已经在一定程度上使用的相似策略）。为了简单起见，假设在2011年8月22日，雀巢公司预计在6个月内将有1亿美元的现金流兑换为瑞士法郎。

雀巢公司面临的可能性有：

(1) 不采取任何措施，在资金到账时即兑换为瑞士法郎。
(2) 签订一个6个月的远期合约。
(3) 即期汇率：0.7900（美元兑瑞士法郎）。
(4) 买一个普通期权（看跌美元或者看涨瑞士法郎）。
(5) 采用"多腿策略"（multi-leg strategy）对冲，即多种对冲策略一起运用。

12.3.1 普通期权

雀巢公司可以买入一个名义金额为1亿美元的6月期的普通期权（看跌美元或者看涨瑞士法郎），从而以预先约定的执行价格卖出美元，买入瑞士法郎。期权费由执行价格决定。执行价格越高，预先支付的期权费也就越高。表12-3中分别显示了每个期权的执行价格和期权费用。

一般来说，以下两种情况会导致期权费的增加：

(1) 执行价格高（到期日相同，执行汇率为0.7960的期权费要比执行汇率为0.7860的高）。在美元看涨期权中，期权费随着执行价格的升高而减少。
(2) 期权的有效期长（同一执行价，一年期的期权费要比半年期的高）。

12.3.2 买入超额保护远期

买入超额保护远期策略常为财务主管所用——买入一个期权，再卖出另一个期权。这两个期权是特意组合好的，可以使得企业套期保值的总成本为零（企业卖出期权的期权费可以抵消买入时的费用）这个策略的具体操作细节如下。

(1) 买入一个普通期权：看跌美元或者看涨瑞郎，以0.7800为执行价。
(2) 卖出一个美元看涨，瑞郎敲入看跌期权，0.8403敲入，执行价0.7800。这个期权应是"美式障碍期权"，也就是说可以在到期日前的任何时点使期权生效。但如果市场价格没有到达0.8403，则这个期权不会被执行。

表 12-3　美元看跌/瑞郎看涨定价方案（期权费以瑞郎计，名义金额 1 亿美元）

	0.7360	0.7460	0.7560	0.7660	0.7760	0.7860	0.7960	0.8060	0.8160	0.8260	0.8360
1周	130.07	1 368.16	9 738.94	48 387.48	173 724.30	468 858.25	994 550.39	1 739 970.78	2 634 087.06	3 600 446.50	4 592 269.79
1月	71 845.83	145 431.20	271 677.35	471 284.61	763 946.05	1 164 454.43	1 679 546.97	2 306 600.13	3 034 566.71	3 846 680.08	4 723 887.14
2月	263 086.76	410 818.84	615 641.76	887 981.80	1 236 308.35	1 666 169.94	2 179 593.96	2 774 954.13	3 447 305.94	4 189 094.63	4 991 078.35
3月	515 835.70	718 533.28	974 961.90	1 290 886.65	1 670 628.27	2 116 757.91	2 629 945.52	3 208 973.90	3 850 906.30	4 551 376.50	5 304 957.78
6月	1 173 104.62	1 454 909.76	1 780 574.81	2 152 019.78	2 570 497.52	3 036 564.26	3 550 081.87	4 110 249.53	4 715 660.96	5 364 381.82	6 054 041.09
9月	1 725 907.04	2 046 919.43	2 405 575.98	2 802 766.81	3 238 987.91	3 714 341.47	4 228 547.75	4 780 967.38	5 370 632.26	5 996 283.26	6 656 412.61
1年	2 220 746.22	2 567 102.96	2 946 788.76	3 360 251.50	3 807 676.70	4 288 993.46	4 803 885.72	5 351 808.21	5 932 006.21	6 543 538.20	7 185 300.57

资料来源：Numerix.

(3) 每个期权 1 亿美元。

(4) 同样的到期日（都为六个月）。

在到期日时，本策略的收益情况如下。

(1) 如果在到期日时，市场汇率在 0.780 0 之下（但是仍然以 0.780 0 卖出），则该策略起到了完全保护作用，企业不受汇率下行影响。

(2) 如果标的资产（美元兑瑞郎）没有触及 0.840 3，自交易起始，企业便以当期市场汇率卖出美元。

(3) 如果市场汇率触及 0.840 3，则以 0.780 0 卖出。

本策略的优点如下：

(1) 最坏情况已知（0.780 0）。

(2) 有比合约高卖 6.9%的可能性（最好的情况是 0.840 3~0.786 0）。

(3) 可以通过合理构建实现零初始成本。

本策略的缺点为：

(1) 收益有上限：倘若瑞郎贬值到汇率为 0.840 3，因为执行汇率只有 0.780 0，企业丧失了无限收益的可能性。

(2) 更坏的情况是，执行价会低于远期汇率。

12.3.3 购买红利远期

购买红利远期策略由三个期权组成——买入两个，卖出一个。这种策略的目标是通过卖出期权得到的期权费买入两个期权，从而构建一个零成本策略。三个期权的组成如下（都不是普通期权）：

(1) 买入美元看跌，瑞郎敲出看涨期权，0.820 0 敲出，执行价为 0.760 0。

(2) 买入美元看跌，瑞郎敲入看跌期权，0.820 0 敲入，执行价为 0.789 0。

(3) 卖出美元看涨，瑞郎敲入看跌期权，0.820 0 敲入，执行价为 0.789 0。

在到期日，本策略的收益应为：

(1) 如果到期日市场以 0.760 0 或者更低的汇率交易，企业不受影响。

(2) 如果即期汇率一直没有到 0.820 0，企业可以以现行市场汇率（最多 0.820 0）卖出美元。

(3) 倘若市场上美元对瑞郎汇率高于 0.820 0，企业以 0.789 0 卖出美元。

本策略优点为：

(1) 最坏的情况已知（0.760 0）。

(2) 最好的情况是，企业可以以 0.819 9 卖出美元应收账款（比远期汇率高 4.31%）。

（3）可以通过合理构建，达到零初始成本。

本策略缺点为：

（1）收益有上限：如果美元对瑞郎即期汇率为 0.820 0 或者更高，公司只能以 0.789 0 卖出美元（依然高于远期汇率）。一旦市场汇率达到（触及）0.820 0，合成的远期合约开始生效（两个敲入期权）。

（2）更坏的情况是，执行价会低于远期汇率。

12.3.4　购买风险逆转期权

购买风险逆转期权是另外一种常用的策略，也被称作"双限合约"（collar）"一买一卖期权组合"。这种策略由两个普通期权组成：

（1）买入美元看跌，瑞郎看涨期权，执行价为 0.760 0。

（2）卖出美元看涨，瑞郎看跌期权，执行价为 0.803 0。

（3）每个期权 1 亿美元。

（4）相同到期日（6 个月）。

在到期日，本策略最后收益应为：

（1）如果在到期日，即期汇率为 0.760 0 或者更低，则企业无损失。

（2）美元对瑞郎以任意 0.760 0~0.803 0 的汇率进行交易时，企业能够以当期市场汇率卖出。

（3）倘若市场以高于 0.803 0 的汇率交易，企业即以 0.803 0 卖出美元。

本策略的优点：

（1）最坏情况已知（0.760 0）。

（2）最好的情况下，企业能够以 0.803 0 卖出美元应收账款（比远期汇率高 2.16%），在这个水平下，企业再没有收益上升的空间了。

（3）可以通过合理构建，达到零初始成本。

本策略的缺点：

（1）收益有上限：如果美元对瑞郎以 0.803 0 或更高的即期汇率交易，企业只能以 0.803 0 卖出美元（依然高于远期汇率）。

（2）更坏的情形是，执行价会低于远期汇率。

12.3.5　分享式远期合约

分享式远期合约由两个普通期权构成——一个美元看涨期权，一个美元看跌期权。两个期权执行价一样而且到期日相同。然而，买入两个期权的名义金额并不相等。

在本例中，由以下两个期权组成（零成本）：

（1）买入美元看跌、瑞郎看涨期权，执行价 0.806 0，名义金额 1 亿美元。

（2）卖出美元看涨、瑞郎看跌期权，执行价 0.806 0，名义金额 2 亿美元。

（3）相同到期日（6 个月）。

在到期日，本策略的收益应为：

（1）如果在到期日，即期汇率为 0.806 0 或者更低，则企业可把 1 亿美元兑换为瑞郎而不受汇率下行影响。

（2）倘若市场以高于 0.806 0 的汇率交易，企业能够以 0.806 0 卖出 2 亿美元。

本策略的优点：

（1）最终成交汇率已知（总是固定在 0.806 0）。

（2）最终成交汇率比远期汇率高 200 点。

（3）通过卖出双倍名义金额的美元看涨期权，企业可以用这份期权费买入一个看跌美元的实值期权，从而达到零成本。

（4）如果瑞郎贬值，这种策略可以帮助企业或者其他客户卖出额外的美元（在本例中是比原计划多出的 1 亿美元），以享受市场汇率上行的好处。

本策略的缺点：

（1）收益有上限：如果美元对瑞郎汇率上升至 0.806 0 以上，企业必须以 0.806 0 卖出美元（比远期利率高）。

（2）相比于初始计划，企业不得不卖出更多的美元。

12.3.6 连续重置合约

连续重置合约由 8 个期权构成，包括可产生 4 个合成远期合约的障碍期权（每次只有一个生效）。连续重置合约在零成本同时利用了市场有利走势。每当汇率达到障碍点（触发点）时，就有一个合成远期合约失效（敲出），同时还有一个生效（敲入）。

在本例中，连续重置合约策略由以下期权组成：

（1）买入美元看跌、瑞郎敲出看涨期权，执行汇率 0.772 5，0.820 0 敲出。

（2）卖出美元看涨、瑞郎敲出看跌期权，执行汇率 0.772 5，0.820 0 敲出。

（3）买入美元看跌、瑞郎看涨期权，执行汇率 0.780 0，在 0.820 0 敲入，0.860 0 敲出。

（4）卖出美元看涨、瑞郎看跌期权，执行汇率 0.780 0，在 0.820 0 敲入，0.860 0 敲出。

(5) 买入美元看跌、瑞郎看涨期权，执行汇率 0.790 0，在 0.860 0 敲入，0.900 0 敲出。

(6) 卖出美元看涨、瑞郎看跌期权，执行汇率 0.790 0，在 0.860 0 敲入，0.900 0 敲出。

(7) 买入美元看跌、瑞郎敲入看涨期权，执行汇率 0.800 0，0.900 0 敲入。

(8) 卖出美元看涨、瑞郎敲入看跌期权，执行汇率 0.800 0，0.900 0 敲入。

在到期日，本策略收益情况为：

(1) 最差的情况是汇率跌至 0.772 5 或更低，企业此时不再受汇率下行的影响，被完全保护。

(2) 如果即期汇率在 0.820 0 或以上，执行价提升至 0.780 0。

(3) 如果即期汇率更高，升至 0.860 0 时，执行价再次提升至 0.790 0。

(4) 如果即期汇率在 0.900 0 或更高，最终执行价将会是 0.800 0。

(5) 所有的触发点都可能在期权有效期阶段中的任何时间点激活。

本策略的优点：

(1) 如果汇率低至 0.772 5 以下，企业不受汇率下行影响。

(2) 瑞郎贬值至汇率为 0.800 0，执行价也会提升。

(3) 如果触发（0.790 0 和 0.800 0 两个点），两个水平的执行汇率都会高于远期合约汇率。

(4) 可以零成本构建。

本策略的缺点：

(1) 收益有上限：最高收益被限制在 0.800 0。

(2) 最差的情况（0.772 5）低于远期汇率（0.786 0）。

12.3.7　迅速换手策略

迅速换手策略由四个敲出逐渐增强期权（fade-in options）组成（所有触发点都在同一水平）。在初始阶段，设置 6 个以月为单位的固定值，并和逐渐增强水平对比，从而生成一个远期合约（每个固定日期对应有 1/6 的总名义金额）。逐渐增强水平设置在一个特别的即期汇率上，所以只有两种可能的结果。

本策略可由如下期权组成：

(1) 买入逐渐增强美元看跌、瑞郎看涨期权，执行汇率 0.780 0，逐渐增强水平低于 0.780 0，0.650 0 敲出。

(2) 卖出逐渐增强美元看涨、瑞郎看跌期权，执行汇率 0.780 0，逐渐增强水平低于 0.780 0，0.650 0 敲出。

（3）买入逐渐增强美元看跌、瑞郎看涨期权，执行汇率 0.797 5，逐渐增强水平高于 0.780 0，0.650 0 敲出。

（4）卖出逐渐增强美元看涨、瑞郎看跌期权，执行汇率 0.797 5，逐渐增强水平高于 0.780 0，0.650 0 敲出。

本策略预期收益情况：

（1）每月抽取一次美元兑瑞郎的日汇率（直到 2012 年 2 月 22 日到期）。

（2）如果汇率低于 0.780 0，企业能够以 0.780 0 卖出 16 666 666.67 美元。

（3）如果汇率高于 0.780 0，企业能够以 0.797 5 卖出 16 666 666.67 美元。

（4）如果即期汇率低于 0.650 0，组合敲出失效，组合购买者将以市场现行汇率卖出美元。

本策略的优点：

（1）只要在六个月中市场即期汇率不跌破 0.650 0（这比美元兑瑞郎历史最低汇率还要低 7.7%），最坏情况（汇率在 0.780 0 以下）企业不受汇率下行影响。

（2）最好的情况是以 0.797 5 成交（比远期汇率高了 1.46%）。

（3）可以零成本构建。

本策略的缺点：

（1）收益有上限：以 0.797 5 成交收益最大。

（2）如果美元对瑞郎的即期汇率在 0.650 0 或低于整个组合敲出价，对冲策略无法应对瑞郎进一步升值带来的负面影响（累积的对冲被保留）。

（3）最坏的情况中，成交汇率低于远期汇率。

12.4 结论

本文围绕财务主管通常会面对的一个现实对冲案例展开，提出了各种策略来解决这个问题。这些策略提供了不同的对冲方法，并且可以互相构建不同组合。这些组合以普通期权和奇异期权构建，从而实现零成本套期保值。重要的一点是，企业（或个人）可以根据自己的想法设置对冲水平，而且并不是所有策略一定要实现零成本。表格 12-4 总结了各种策略。

表 12-4 推荐策略表现情况汇总

	初始成本	最好结果	最差结果
远期合约	零	在 0.786 0 卖	在 0.786 0 卖

续表

	初始成本	最好结果	最差结果
普通期权	以 0.786 0（远期）为执行价，付 3 036 564	无限（如果即期汇率最终升高）	在 0.786 0 卖
超额保护远期	零	在 0.840 2 卖	在 0.780 0 卖
红利远期	零	在 0.819 9 卖	在 0.760 0 卖
风险逆转	零	在 0.803 0 卖	在 0.760 0 卖
分享式远期	零	在 0.806 0 卖	在 0.806 0 卖 2 倍的量
连续重置	零	在 0.800 0 卖	在 0.772 5 卖
迅速换手	零	在 0.797 5 卖	在 0.780 0 卖（只要 0.650 0 没有交易）

资料来源：Numerix,（sela, 2011）.

本文的创作初期，市场波动性已经增加了，并且瑞士国家银行宣布将会买入任意数量的欧元并以 1.200 0（欧元兑瑞郎）的汇率水平兑出瑞郎。这引发了市场情绪的重大转变，由此瑞郎对美元贬值，并且停留在 0.900 0 左右（美元兑瑞郎）。

如若在 2011 年 10 月中旬假设市场在到期日会以同一价格水平进行交易，各种策略的市场价值将会很有趣（见表 12-5）。

表 12-5　一个月汇总结果

	初始成本	操作	结果评价
远期合约	零	在 0.786 0 卖	可能损失将近 15%
普通期权	以 0.786 0（远期）为执行价，付 3 036 564	以当期市场汇率卖出	在即期 0.903 5 卖，远期 0.899 8（有可能收益将近 12%）
超额保护远期	零	在 0.780 0 卖	敲入看跌期权触发时，在 0.780 0 卖
红利远期	零	在 0.789 0 卖	比远期合约高 30 个点（收益非常有限）
风险逆转	零	在 0.803 0 卖	比远期汇率高 170 个点
分享式远期	零	在 0.806 0 卖	在 0.806 0 卖 2 倍的量
连续重置	零	在 0.800 0 卖	比远期汇率高 140 个点
迅速换手	零	在 0.797 5 卖	比远期汇率高 115 个点

资料来源：Numerix,（sela, 2011）.

参考文献:

Udi Sela. Hedging FX exposures: which strategy is right for your business? [OL]. http://www.gtnews.com/article/8 523.cfm,2011-10.

13 希尔顿酒店利率避险策略

13.1 引言

希尔顿酒店(以下简称希尔顿)成立于1946年,与旗下子公司的业务涉及酒店、度假村和分时度假酒店的管理、开发和所有权,以及酒店住宿物业的特许经营。希尔顿拥有60家酒店的全部所有权,经营53家酒店的部分所有权,租用经营203家酒店,管理343家第三方所有的酒店,并拥有2 242家特许经营酒店。

13.2 对冲方案描述

2002年,希尔顿的10-K报告披露:"截至2002年12月31日,我们拥有一份将2007年到期的3.75亿美元、利率为7.95%的固定利息收入,与按照6个月期伦敦银行间同业拆借利率(LIBOR)加415个基点的浮动利率计算的利息收入进行互换的衍生品合约。"公司已经发行了固定利率7.95%的半年期高级票据。

希尔顿希望在低利率环境下获益,并将固定利率支付替换为浮动利率支付。该互换交易是场外交易。在这个案例研究中,我们将只使用交易所交易合约复制这些场外交易。该互换如图13-1所示(在希尔顿进行对冲交易时,利率互换不是交易所交易。)

图13-1 2002年希尔顿利率互换示意图

13.3 欧洲美元期货替代互换交易

为了复制互换交易中的"浮动利率",希尔顿必须在欧洲美元期货合约中建立一份多头头寸,且该期货合约的到期期限应尽量接近互换合约的重置点。由于在 2002 年的 10-K 报告中首次披露了该互换合约,因此无法确定该互换的起始日期,我们假设该互换始于 2002 年 12 月 15 日(高级票据支付日期)。由于票据的期限为半年期,而期货合约期限为三个月,因此我们必须使用连续两期的期货合约去匹配该票据。表 13-1 显示了票据支付日期和期货合约的细节。欧洲美元期货数据来源于 DataStream。

表 13-1 复制互换合约的欧洲美元期货合约

对冲起始时间(2002-12-15)	
息票日期	期货到期日期
2003-06-15	2003-06-18
	2003-09-17
2003-12-15	2003-12-17
	2004-03-17
2004-06-15	2004-06-16
	2004-09-15
2004-12-15	2004-12-15
	2005-03-16
2005-06-15	2005-06-15
	2005-09-21
2005-12-15	2005-12-21
	2006-03-15
2006-06-15	2006-06-21
	2006-09-20
2006-12-15	2006-12-20
	2007-03-21
2007-06-15	2007-06-20
	2007-09-19
2007-12-14	2007-12-19
	2008-03-19

我们需要 20 张不同的欧洲美元期货合约来对冲全部的票据支付。我们使用了两个季度的利率，因为它们与六个月的利率联系更紧密。为了完成从固定到浮动的转换，即创造一个替代互换，我们需要计算与互换合约同一时期的欧洲美元期货的收益。

鉴于假定 2002 年 12 月 15 日为初始计息日，2003 年 6 月 15 日第一次重置，随后的重置日期则为 12 月 15 日和 6 月 15 日。为了计算所有风险敞口的期货套期保值率，使用了两种期货合约中对应计息日的期货价格。

表 13-2 显示了对冲计息日、期货合约选择、2002 年 12 月 15 日的期货价格、相应的期货利率、计算的期货套期保值率和票面收益率。

表 13-2　欧洲美元期货合约和期货价格

对冲计息日	期货合约时间	期货价格	期货利率 R_{i1}, R_{i2}（%）	天数 d_i	合成票据 R_i（%）	票面收益率
2002-12-15					1.41	—
2003-06-15	2003-06-18	98.44	1.560	180	1.70	
	2003-09-17	98.16	1.840	—		
2003-12-15	2003-12-17	97.795	2.205	180	2.41	
	2004-03-17	97.395	2.605	—		
2004-06-15	2004-06-16	97	3.000	180	3.19	
	2004-09-15	96.64	3.360	—		
2004-12-15	2004-12-15	96.375	3.625	180	3.74	
	2005-03-16	96.175	3.825	—		
2005-06-15	2005-06-15	95.995	4.005	180	4.10	
	2005-09-21	95.845	4.155	—		
2005-12-15	2005-12-21	95.68	4.320	180	4.41	
	2006-03-15	95.54	4.460	—		
2006-06-15	2006-06-21	95.4	4.600	180	4.69	
	2006-09-20	95.275	4.725	—		
2006-12-15	2006-12-20	95.135	4.865	180	4.96	
	2007-03-21	95.01	4.990	—		
2007-06-15	2007-06-20	94.89	5.110	179	5.20	
	2007-09-19	94.785	5.215	—	—	
2007-12-14	2007-12-19	94.655	5.345	180	5.44	
	2008-03-19	94.535	5.465	—	—	3.68

期货利率是由（100-期货价格）计算得出的。例如，2003年6月18日的利率为（100-98.44）/100 = 1.56%。为了获得2003年6月15日的合成票据（6个月货币市场收益率），我们使用了2003年6月18日和2003年9月17日的一对期货。计算公式如下：

$$\left(1+R_i\frac{d_i}{360}\right)=\left(1+R_{i1}\frac{0.5d_i}{360}\right)\left(1+R_{i2}\frac{0.5d_i}{360}\right) \quad (1)$$

式（1）中，R_i 用来对冲第 i 期利率重置的合成票据；d_i 是第 i 期重置相关的实际天数（即360-日历天数）；R_{i1} 是首期期货合约中与第 i 期风险敞口相关的利率；R_{i2} 是第二期期货合约中与第 i 期风险敞口相关的利率。

例如，在计算2003年6月15日的合成票据时，式（1）中各变量的值分别为 $d_i = 180$，$R_{i1} = 1.56\%$，$R_{i2} = 1.84\%$；计算得到 $R_i = 1.70\%$。我们可以由此公式得到所有半年期利率。

假设希尔顿决定进行这样的对冲交易。那么在此时，我们可以立即观察到发行的固定利率为7.95%的高级债券，与可从欧洲美元对冲合约中得到的3.68%的固定利率之间存在不匹配。然而，这是唯一可以通过交易所交易的对冲合约。在希尔顿的案例中，即使以今天交易所提供的对冲工具为基础，也难以找到一个与信用风险相关的特定固定利率。截至本文撰写之时，芝加哥商品交易所集团已经提供了期限为两年、五年、十年、三十年的互换期货合约。然而它们的利率水平都不超过3月期LIBOR利率。这意味着，如果对冲管理者正在寻找一种与欧洲美元期货合约所隐含的固定利率不同的固定利率，那么他们最终将遭遇与希尔顿所描述的类似的情况。

为了计算每个到期日所须购买的欧洲美元期货合约数量，我们必须记住，6个月期的风险敞口实际上是由两个3个月期的时间段构成的。在第一个3个月期我们认为资产的规模为3.75亿美元，但在第二个3个月期内必须考虑到利息收入而进行一些调整。调整的公式如下：

$$375\,000\,000\times\left(1+R_{i2}\frac{0.5d_i}{360}\right) \quad (2)$$

表13-3报告了计算到期日所需购买合约时的所有变量，计算结果在最后一列中报告。

为了获得每个到期日所须购买的期货合约数量，首先通过公式 $BPV_i = EXP_i \times 0.0001 \times (0.5d_i/360)$ 计算每个风险敞口（EXP_i）的基准点的值（BPV_i）。以2003年6月的期货合约为例，$BPV = 275M \times 0.0001 \times 90/360 = 9\,375$。鉴于欧洲美元期货合约的基准点价值为25美元，因此合约数量为9 375/

表 13-3 复制该对冲方案对欧洲美元期货合约的要求

对冲计息日	期货合约时间	期货利率 R_{i1}, R_{i2}（%）	天数 d_i	估值（美元）	BPV_i	期货合约数量（张）
2002-12-15						
2003-06-15	2003-06-18	1.560	180	375 000 000	9 375	375
	2003-09-17	1.840		376 462 500	9 412	376
2003-12-15	2003-12-17	2.205	180	375 000 000	9 375	375
	2004-03-17	2.605		377 067 188	9 427	377
2004-06-15	2004-06-16	3.000	180	375 000 000	9 375	375
	2004-09-15	3.360		377 812 500	9 445	378
2004-12-15	2004-12-15	3.625	180	375 000 000	9 375	375
	2005-03-16	3.825		378 398 438	9 460	378
2005-06-15	2005-06-15	4.005	180	375 000 000	9 375	375
	2005-09-21	4.155		378 754 688	9 469	379
2005-12-15	2005-12-21	4.320	180	375 000 000	9 375	375
	2006-03-15	4.460		379 050 000	9 476	379
2006-06-15	2006-06-21	4.600	180	375 000 000	9 375	375
	2006-9-20	4.725		379 312 500	9 483	379
2006-12-15	2006-12-20	4.865	180	375 000 000	9 375	375
	2007-03-21	4.990		379 560 938	9 489	380
2007-06-15	2007-06-20	5.110	179	375 000 000	9 323	373
	2007-09-19	5.215		379 764 010	9 441	378
2007-12-14	2007-12-19	5.345	180	375 000 000	9 375	375
	2008-03-19	5.465		380 010 938	9 500	380

25=375。即，为了复制希尔顿 2002 年 12 月 15 日在利率互换中所持有的头寸，该公司必须建立一份总计 7 532 份的欧洲美元期货合约的多头头寸。图 13-2 显示了自 2002 年 12 月 15 日后作为互换合约替代品的欧洲美元期货合约数量以及到期日。有关使用欧洲美元期货合约替代互换合约的更多信息，请参考卡瓦勒等（Kawaller, 1994, Kawaller, 1997）的相关文献。

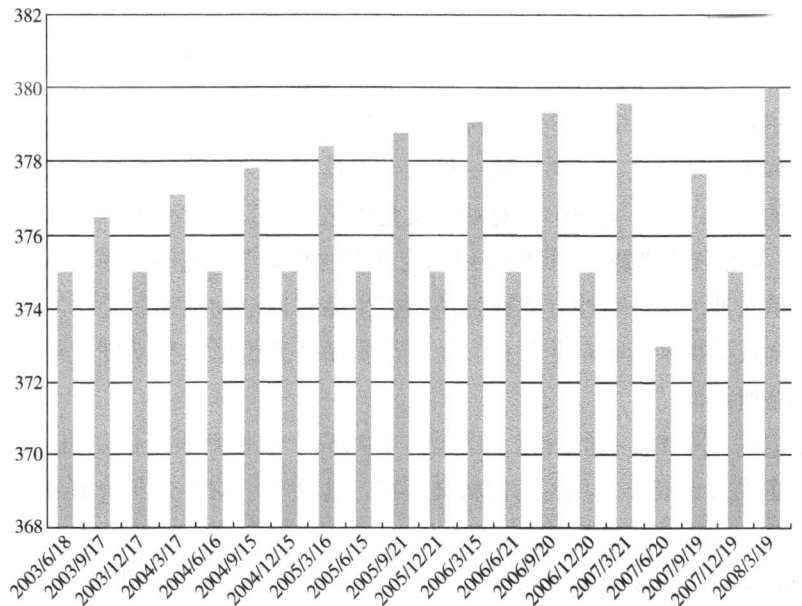

图 13-2 替代场外互换合约的欧洲美元期货合约

我们建立了包括 10 个到期时间的 7 532 个期货合约的头寸来复制场外交易利息互换合约。即使我们假设欧洲美元期货可以完美地复制互换合约，但实现这一过程必须有惊人的对冲合约数量以及追加保证金的数量。仅一个利率互换就需要 7 532 个期货合约。我们希望希尔顿的财政部门增加员工的数量以保证所有对冲合约的实施。此外，在这种条件下，员工的出错概率（不结束合约或不追加保证金）肯定会增加，并且出错导致的后果也将变得更严重。

13.4 欧洲美元期货合约的市值

期货合约市场价值的计算方法是将合同数量乘以期初和当前欧洲美元隐含利率之间的差额。在此将期货市值除以 500 万进行展示以使表格更加直观。每日的市值与每日的 3 个月期 LIBOR 利率之间的相关性为-77%。由于希尔顿使用期货合约的方式相当于支付浮动利息和获得固定收益，因此，当 LIBOR 下降时，希尔顿将从中获益；当 LIBOR 上升时，希尔顿将蒙受损失。这就是为什么希尔顿最初通过对冲获益，但在 2004 年后因对冲而受损的原因。

13.5 对收益的影响

希尔顿在10-K报告中称，利率互换是一种公允价值对冲。在公允价值对冲中，如第三节所述，公司使用一种衍生工具来对冲某些确定资产或负债的公允价值的变化。在本案例中，对冲工具是固定利率为7.95%的高级票据。希尔顿在10-K报告中披露："我们采用固定利率的高级票据进行利率互换，是一种公允价值对冲。这一对冲方案通过使用衍生品对冲浮动利率后导致实际利息费用的增加或减少来影响企业收益。而该衍生品公允价值的变动则被对冲票据价值的调整所抵消。"

根据这一陈述，我们可以认为互换合约只影响损益表上的利息支出项目。而其他净收入（损失）项目的值将会是零，这反映了债券公允价值和互换合约公允价值的差额。

净收益以及每股收益（EPS）都将随着我们选择欧洲美元期货合约而改变，因为我们将希尔顿本应支付的浮动利率变为长期持有一段欧洲美元期货的头寸。我们假设利息费用会发生变化，并将所有期货合约的市值计入利息费用中。

表13-4展示了希尔顿2002年至2006年的损益表。因为2007年10月贝莱德集团对希尔顿进行了收购，因此没有2007年的财务报表。

表13-4 2002—2006年希尔顿损益表　　　　（百万美元）

HLT　　432848109　　2428008　　纽约证券交易所　　股票（普通股）					
损益表——年度（工业）					
	2002年	2003年	2004年	2005年	2006年
净销售额	2 895.00	3 819.00	4 146.00	4 437.00	8 162.00
主营业务成本	1 563.00	2 566.00	2 722.00	2 770.00	5 597.00
总收入	1 332.00	1 253.00	1 424.00	1 667.00	2 565.00
其他业务支出	712.00	750.00	810.00	899.00	1 348.00
折旧后营业收入	620.00	503.00	614.00	768.00	1 217.00
利息支出	328.00	295.00	274.00	259.00	498.00
利息/投资收入	43.00	29.00	26.00	32.00	27.00
附属公司权益	-19.00	34.00	43.00	27.00	41.00
税前少数权益	—	—	—	—	45.00
税前调整		20.00	26.00	26.00	-24.00

续表

	2002 年	2003 年	2004 年	2005 年	2006 年
例外费用（贷方）	14.00	6.00	5.00	-103.00	-72.00
例外费用（贷方）—经营	17.00	22.00	5.00	7.00	—
税前收入	285.00	223.00	373.00	638.00	838.00
所得税	81.00	53.00	127.00	166.00	259.00
税后收入	204.00	170.00	246.00	472.00	579.00
税后调整	-6.00	-6.00	-8.00	-12.00	-7.00
每股收益	0.53	0.43	0.62	1.20	1.49

数据来源：FactSet 数据库。

注：除每股项目外，所有项目单位均为百万美元。

表 13-4 最后一行显示了实际的每股收益。我们将计算不含任何对冲交易的每股收益，包含高级票据利息支出的每股收益，以及用期货合约替代利率互换后的每股收益。为此，我们首先计算不包含高级票据利息支出和互换合约影响的其他因素导致的利息支出。计算方法如下所示：

Int. Exp. (a) = 实际利息支出；

Int. Exp. (e) = 提出债券和互换后的利息支出；

Int. Exp. (b) = 债券的利息支出（固定利率为 7.95% 的高级票据）；

据此，可以得出以下公式（百万美元）：

$$\text{Int. Exp. (a)} = \text{Int. Exp. (e)} + [6M\ LIBOR + 415bp] \times 375 \tag{3}$$

式（3）中最后一项反映了互换合约所带来的影响。据此，我们可以推导出：

$$\text{Int. Exp. (e)} = \text{Int. Exp. (a)} - [6M\ LIBOR + 415bp] \times 375 \tag{4}$$

表 13-5 显示了互换合约的实际收付率。

表 13-5　利率互换合约实际收付率

年份	2002	2003	2004	2005	2006
到期年限	5	4	3	2	1
估值	375	375	375	375	375
平均支付率（%）	5.50	5.30	6.90	8.90	9.50
平均收入率（%）	7.95	7.95	7.95	7.95	7.95
平均收付率（%）	2.45	2.65	1.05	-0.95	-1.55

以 2002 年为例，2002 年的利息支出为 3.28 亿美元（Int. Exp. (a)），平

均支付率（Avg. Pay）为 5.50%（6M LIBOR+415bp），因此，Int. Exp.（e）= 328-5.5%×375=307（百万美元）。此时，我们可以计算剔除对冲交易后的利息支出：

$$\text{Int. Exp.}(e) + \text{Int. Exp.}(b) = 307 + 7.95\% \times 375 = 337 \tag{5}$$

表 13-6 报告了依据式（5）计算调整利息费用、净收入和每股收益后的损益表。

表 13-6　2002—2006 年希尔顿调整后损益表

HLT　432848109　2428008　纽约证券交易所　股票（普通股） 损益表——年度（工业）					
	2002 年	2003 年	2004 年	2005 年	2006 年
净销售额	2 895.00	3 819.00	4 146.00	4 437.00	8 162.00
主营业务成本	1 563.00	2 566.00	2 722.00	2 770.00	5 597.00
总收入	1 332.00	1 253.00	1 424.00	1 667.00	2 565.00
其他业务支出	712.00	750.00	810.00	899.00	1 348.00
折旧后营业收入	620.00	503.00	614.00	768.00	1 217.00
利息支出（e）+（b）	337.19	304.94	277.94	255.44	492.19
利息/投资收入	43.00	29.00	26.00	32.00	27.00
附属公司权益	-19.00	34.00	43.00	27.00	41.00
税前少数权益	0.00	0.00	0.00	0.00	45.00
税前调整	0.00	20.00	26.00	26.00	-24.00
例外费用（贷方）	14.00	6.00	5.00	-103.00	-72.00
例外费用（贷方）—经营	17.00	22.00	5.00	7.00	0.00
税前收入	275.81	213.06	369.06	641.56	843.81
所得税	81.00	53.00	127.00	166.00	259.00
税后收入	194.81	160.06	242.06	475.56	584.81
税后调整	-6.00	-6.00	-8.00	-12.00	-7.00
每股收益	0.50	0.41	0.61	1.21	1.50

数据来源：FactSet 数据库。

注：除每股项目外，所有项目单位均为百万美元。

表 13-7 展示了实际每股收益和调整后每股收益的对比。

表13-7 实际每股收益与调整后每股收益

	实际每股收益（采用利率互换）	采用高级票据后的模拟每股收益
2002年12月	0.53	0.50
2003年12月	0.43	0.41
2004年12月	0.62	0.61
2005年12月	1.20	1.21
2006年12月	1.49	1.50
平均数	0.85	0.85
中位数	0.62	0.61
标准差	0.46	0.48

下一步是将每日的期货合约市值纳入收益表中。为此，我们必须在实际损益表中计入与特定付息日相关的期货合约的利息费用。表13-8显示了调整后的损益，其中的利息费用以高级票据的费率和每日期货合约市值为基础计算。

表13-8 希尔顿使用期货合约后的调整收益表

HLT 432848109 2428008 纽约证券交易价 股票（普通股）					
损益表——年度（工业）					
	2002年	2003年	2004年	2005年	2006年
净销售额	2 895.00	3 819.00	4 146.00	4 437.00	8 162.00
主营业务成本	1 563.00	2 566.00	2 722.00	2 770.00	5 597.00
总收入	1 332.00	1 253.00	1 424.00	1 667.00	2 565.00
其他业务支出	712.00	750.00	810.00	899.00	1 348.00
其他杂项业务支出	364.00	416.00	480.00	600.00	907.00
折旧和摊销	—	—	—	—	—
其他无形摊销	65.00	64.00	59.00	52.00	117.00
折旧	283.00	270.00	271.00	247.00	324.00
折旧后营业收入	620.00	503.00	614.00	768.00	1 217.00
利息支出 (e) + (b) + (f)	330.54	291.04	259.84	245.04	485.24
利息/投资收入	43.00	29.00	26.00	32.00	27.00
利息收入	43.00	29.00	26.00	32.00	27.00
投资收入	—	—	—	—	—
其他利息/投资收入	43.00	29.00	26.00	32.00	27.00

续表

	2002年	2003年	2004年	2005年	2006年
附属公司权益	-19.00	34.00	43.00	27.00	41.00
税前少数权益	0.00	0.00	0.00	0.00	45.00
税前调整	0.00	20.00	26.00	26.00	-24.00
例外费用（贷方）	14.00	6.00	5.00	-103.00	-72.00
金融资产注销	3.00	—	—	—	—
其他无形资产注销	—	4.00	5.00	—	—
例外费用（贷方）—经营	17.00	22.00	5.00	7.00	0.00
固定资产注销	21.00	5.00	—	—	—
并购整合成本	-4.00	—	—	—	—
税前收入	282.46	226.96	387.16	651.96	850.76
所得税	81.00	53.00	127.00	166.00	259.00
当期国内所得税	149.00	93.00	139.00	259.00	137.00
当期国外所得税	—	—	—	—	55.00
递延国内所得税	-68.00	-40.00	-12.00	-93.00	43.00
递延国外所得税	—	—	—	—	24.00
税后收入	201.46	173.96	260.16	485.96	591.76
税后调整	-6.00	-6.00	-8.00	-12.00	-7.00
非连续性经营收入	—	—	—	—	—
少数权益	6.00	6.00	8.00	12.00	7.00
每股收益	0.52	0.44	0.66	1.24	1.52

数据来源：FactSet 数据库。

注：除每股项目外，所有项目单位均为百万美元。

表13-9比较了实际每股收益与重新计算的每股收益。值得注意的是，利率互换对于降低每股收益波动率最为有效，其次是期货合约，最后是完全不使用对冲。利率互换合约有可能将每股收益的波动性从0.48降低到0.46（降低4.2%），高于期货合约的从0.47降低到0.46（减少2.1%）。这些重要的结果说明了场外交易衍生品相较于场内交易合约的优势，特别是当你考虑到这家公司2002年长期负债总额为45.54亿美元、总资产为83.48亿美元，而这笔债务融资仅为3.75亿美元时。场外交易衍生品对冲规模越大，收益波动率降低得越多。

表 13-9　希尔顿实际每股收益与调整后每股收益

	实际每股收益 （采用利率互换）	采用高级票据后 的模拟每股收益	采用高级票据和欧洲美元 期货合约后的模拟每股收益
2002 年 12 月	0.53	0.50	0.52
2003 年 12 月	0.43	0.41	0.44
2004 年 12 月	0.62	0.61	0.66
2005 年 12 月	1.20	1.21	1.24
2006 年 12 月	1.49	1.50	1.52
平均数	0.85	0.85	0.88
中位数	0.62	0.61	0.66
标准差	0.46	0.48	0.48

由于对冲交易对希尔顿有利，因此希尔顿的现金流也受益于每日的期货合约市值。这就是我们之所以观察到在每股收益上升的同时，收益波动性也在增加的原因。

参考文献：

Ivilina Popova, Betty Simkins. The value of OTC derivatives: case study analyses of hedges by publicly traded non-financial firms[R]. International Swaps and Derivatives Association, 2014.

14 知识问题服务有限公司外汇避险策略

14.1 引言

知识问题服务有限公司(KMKS)是一个成熟的知识流程外包公司,客户遍布全球。公司与客户在1月份开始签订合同,并与他们就每位全职员工的费率达成协议。该公司在每个月的第一天开始以新的汇率对上个月完成的工作进行收费。客户在收到账单后两个月付款(Clvara,2004)。

2010年2月1日,知识问题服务有限公司的首席财务官阿伦库马尔(Arunkumar)完成与海外客户的谈判,此次业务从2010年4月1日开始,为期12个月,每月500万美元。按照今天的汇率(1美元=46.375 0卢比),预计将实现30%的利润率。表14-1给出阿伦库马尔在敲定合同时所作的计算。

表14-1 合同协商(2010—2011年)

	每月(万美元)	每年(万美元)
美元业务	5	60
卢比业务	231.875	2 782.50
卢比成本	162.312 5	1 947.75
卢比收益	69.562 5	834.75
利润率(%)	30.00	30.00%

阿伦库马尔完全有理由对这一结果感到满意。在一个竞争非常激烈的市场环境中,他能够保持公司的利润率,如果一切按计划进行,阿伦库马尔预计KMKS将在2010年年底从这份合同中获得834.75亿卢比的可观利润。

14.2 货币问题

虽然阿伦库马尔对谈判的结果确实很满意,但他对外汇价格的变动可能会对这些利润预测产生不利影响表示严重担忧。在2009年,阿伦库马尔在谈判中取得了同样的结果（2009年2月1日的汇率是：1美元=48.8750卢比），并预测知识问题服务有限公司的利润将达到879.75亿卢比（见表14-2）。但2010年3月31日他公布的实际利润比预测值要低得多（见表14-3），而且由于汇率变动造成会计损失，让他面对董事会和知识问题服务有限公司股东时非常尴尬。

表14-2 合同协商（2009—2010年）

	每月（百万美元）	每年（百万美元）
美元业务	5.0000	60.0000
卢比业务	244.3750	2 932.5000
卢比成本	171.0625	2 052.7500
卢比收益	73.3125	879.7500
利润率（%）	30.00	30.00

表14-3 实际利润（2009—2010年）

日期	记账金额	汇率	实际收到金额	会计损失	未记账损失	对冲所有收入	保险@46.7624
	百万美元	百万卢比	百万卢比	百万卢比	百万卢比	百万卢比	百万卢比
2009-02-01	—	48.8750	—	—	—	—	—
2009-03-01	5	51.1612	—	—	—	—	—
2009-04-01	5	50.7300	—	—	—	—	—
2009-05-01	5	50.0925	250.4625	-5.3435	11.4310	1.2000	11.4310
2009-06-01	5	46.9475	234.7375	-18.9125	9.2750	1.2000	9.2750
2009-07-01	5	47.8925	239.4625	-11.0000	6.0875	1.2000	6.0875
2009-08-01	5	47.9350	239.6750	4.9375	-9.6375	1.2000	-9.6375
2009-09-01	5	49.0250	245.1250	5.6625	-4.9125	1.2000	-4.9125
2009-10-01	5	47.7550	238.7750	-0.9000	-4.7000	1.2000	-4.7000
2009-11-01	5	46.9750	234.8750	-10.2500	0.7500	1.2000	0.7500
2009-12-01	5	46.3175	231.5875	-7.1875	-5.6000	1.2000	-5.6000
2010-01-01	5	46.6200	233.1000	-1.7750	-9.5000	1.2000	-9.5000
2010-02-01	5	46.3750	231.8750	0.2875	-12.7875	1.2000	-10.5628
2010-03-01	—	46.0850	230.4250	-2.6750	-11.2750	1.2000	-10.5628
2010-04-01	—	44.9175	224.5875	-7.2875	-12.5000	1.2000	-10.5628
Total	—	—	2 834.6875	-54.4435	-43.3690	14.4000	-38.4949

从表 14-3 可以看出，相对于预期收入的 29.325 0 亿卢比知识问题服务有限公司只获得了 28.346 875 亿卢比的收入。利润减少了 0.978 125 亿卢比，还可能会进一步被分解成会计损失 0.544 435 亿卢比（记账和执行时的汇率差）和一个额外的经济损失 0.433 690 亿卢比（签订合同和记账时的汇率差）。

阿伦库马尔知道董事会和股东不知道的一些事情——他已经非常幸运，签合同那天汇率是 1 美元 = 48.875 0 卢比，不久后就升至 51.161 2，使他一开始获利颇丰，后来当汇率再次下跌至近 44.917 5 卢比时，减少了他的损失。他不敢去想，如果谈判进一步拖延至汇率为 51.161 2 美元时签署合同的话，将会发生什么。

14.3 前途未卜

对 2007—2010 年汇率变动的分析表明，汇率的月度波动幅度约为 2.5%。假设在接下来的一年，货币平均不升值或贬值，可以模拟汇率在未来 12 个月期的波动情况，计算隐含在这些模拟汇率变动的会计损失和经济损失或收益。图 14-1 给出了一个模拟结果，模拟 25 种可能的货币路径，并模拟计算了会计损失和经济损失的净结果。

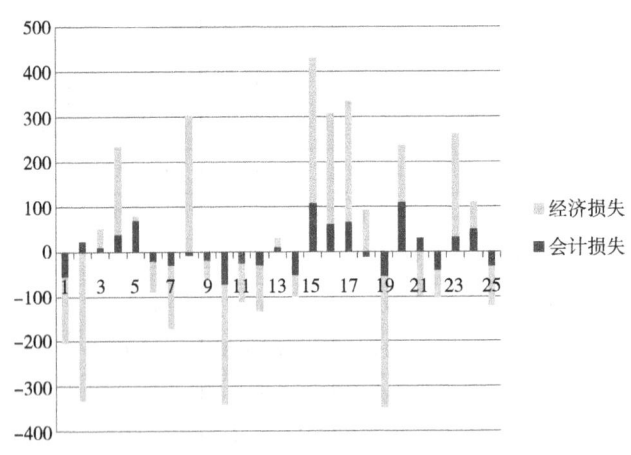

图 14-1 未对冲的经济和会计损失

可以看出，假设汇率变动有相对较高的波动性，经济损失值和公司的会计损失值都有很大的波动。模拟中平均会计损失 576.25 万卢比（标准差是 51.319 1 卢比），平均经济损失 532.2 万卢比（标准差是 184.128 5 卢比），造成平均损失 11.084 6 卢比和一个非常高的标准差 2.215 258 亿卢比。该公司可以获得额外的利润，但如果事情进展不顺利，知识问题服务有限公司的利润将会下降到 3.503 023 亿卢比，这对知识问题服务有限公司将是一场灾难。

14.4 对冲策略

根据以上分析，知识问题服务有限公司在管理其外汇敞口时，需要遵守以下规则：

（1）在记账日用远期合同的方式将所有的美元出售，并在收到国际客户的美元收入后将其交付。这种对冲策略将完全消除会计损失，并以适度的收益取而代之。还将消除任何大额会计收益的可能性，但由于该公司一直在向客户付款，如果卢比的价值长期贬值，将不会导致经济价值的损失。

（2）购买整个合同金额的货币保险，使用一系列的深度虚值看跌期权（灾难性的保险），将降低保险的成本，但允许知识问题服务有限公司即使在卢比未来 12 个月内大幅升值时保持最低的利润率。

从表 14-3 可以看出，如果公司在记账当天对冲了[①]所有会计账目金额，合同签署日期（2009 年 2 月 1 日）也买了 6 000 万美元保险[②]，净收入扣除购买货币保险的成本后会高 55.717 6 卢比，同时会计损失也没有了。

类似的，图 14-2 中显示了如果公司确实决定遵循这个策略并使用前面提到的模拟值时，被对冲和保险后的数字增量。

从图 14-2 中可以看出，由于同时用对冲和保险策略，虽然可能的最大收益已经从 4.313 54 亿卢比降到 3.194 805 亿卢比，但低点已大幅下降至 1.238 701 亿卢比。模拟中，对冲和保险平均会计收益在 0.144 亿卢比（无标准差），平均经济损失 0.207 858 亿卢比（标准差 1.439 572 亿卢比），总平均收入 0.351 858 亿卢比，相对于未对冲标准差降至 1.439 572 亿卢比。在这里，看跌期权再次以低得多的汇率，即 44.370 5（即期为 46.375 0），并以每年 1 800 万卢比的价格购买（期权的价格已经从图 14-2 中所示的收益/损失中扣除）。

[①] 通过预定一份远期合同，有权在需要的时候借美元，在该记账时出售记账美元，然后在实际收到账单金额时偿还贷款。在表 14-3 中，因卢比的利率高于美国的利率，所以假设 24 个点是对冲的收益。

[②] 通过购买美元的看跌期权，执行价格为 US $ 1 = Rs. 46.762 4，现今价格为 Rs. 0.30 million per US $ million。总共支付 0.18 亿卢比。

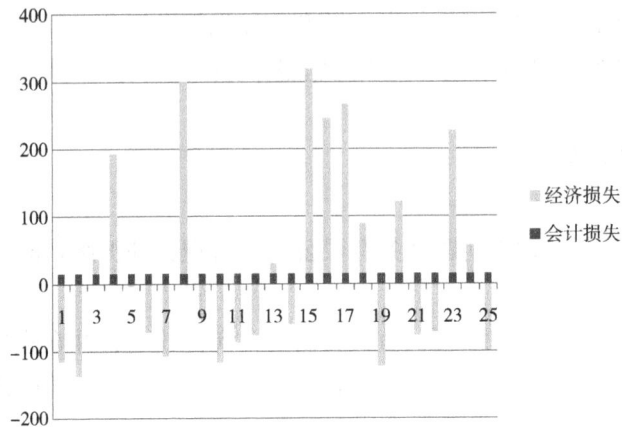

图 14-2 充分对冲和保险的经济和会计损失

参考文献：

Dvara Exporter Hedging Case Study：Knowledge matters KPO Services limited purchasing insurance against foreign exchange losses［OL］. https：//www.dvara.com/.../Exporter－Hedging－Strategy－Case-Study-on-the-Us，2014.

15 超越公司外汇避险策略

15.1 引言

超越公司是一家总部位于美国亚特兰大的公司,专门从事商务旅行服务。最近增加的产品线使该公司面临更大的外汇汇率风险。此外,超越商业模式的独特结构促使公司总裁迈克·特拉维斯(Mike Travis)考虑使用外汇期货合约,以及传统的远期外汇对冲合约。超越公司将在下次财报会议之前评估公司增加的外汇风险和策略建议,以消除不想要的汇率风险(Beujamin,2013)。

15.2 背景

在美国,从事企业销售的员工约占全职员工总数的12%。公司每年在销售人员支出上的花费超过1万亿美元,超过了他们在其他促销手段上的花费。考虑到个人销售功能的高成本和重要性,一个关键的管理问题是如何激励人们达到更高水平的绩效。销售竞赛等激励措施通常被视为激励销售人员实现超越与正常薪酬相关的目标、提高工作满意度、增加企业利润的重要工具。促销活动每年超过1 500亿美元,与销售竞赛相关的奖励通常分为三类:现金奖励、实物奖励和旅行奖励。在20世纪90年代,旅游奖项爆炸式增长,但在2000年科技产业崩溃和2001年的"911"恐怖袭击之后,旅游奖项的回报却没有那么大的吸引力。然而,为达到特定基准的员工支付的全费用带薪假期,正重新成为一种受欢迎的激励奖。激励营销协会估计,2011年,美国企业仅在旅游奖励上就花费了400亿美元。此外,人们激励旅行中的目的地和类型也发生了重大变化。这一行业的趋势正在转变为对更具冒险性的国际旅行选择的渴望。

超越公司的重点主要放在激励计划、客户忠诚度计划、会议和事件管理上。超越公司于1986年由迈克·特拉维斯创立,有企业活动组和激励旅游组两个主要部门。企业活动组是一个高交易量、低利润率的部门，专门从事大型团体旅游活动，如培训研讨会、会议和年会。激励旅游组是一个较低交易量、更高利润率的部门，它提供的旅行套餐主要与销售竞赛、客户忠诚度计划和其他基于奖励的促销活动有关。在一个典型的销售竞赛中，公司可以为其销售团队设定一个具体的目标。目标可能是增加销售、产生新用户、推出新产品、清算库存或扩张至新的领域。然后，该公司将精确地定义销售团队需要完成的任务，无论是百分比、单位数量、利润，还是其他具体的衡量标准，以及实现既定目标的员工将获得诸如旅行套餐等奖励。

15.3 现状

总的来说，超越公司的激励旅行部门可以完成一个目录业务。主目录每年出版两次（1月和7月），并允许客户从与员工激励计划相关的各种旅行奖励中进行选择。目的地旅行则为层次级，层次级的代金券从目录中以保证价格出售。例如，一级代金券目前的定价是每人 1 000 美元，包括奥兰多等热门国内目的地。拉斯维加斯和圣地亚哥，通常会有水疗或高尔夫球等活动。更高的层级，更高的价格，包括国内和国际旅游目的地，如纽约、夏威夷、欧洲和亚洲。在每个层级提供的不同目的地之间，当前目录包含超过 60 个目的地选项。

一个典型的超越公司的客户可能会设计一个销售激励计划，在这个项目中，为实现特定的销售目标而奖励积分。员工挣得积分越多，兑换券层级就越高。例如，一个超越客户可能拥有 100 名员工的销售团队。有 20%的人可以获得足够的分数，获得一级代金券的资格；10%的人会得到二级代金券，而 5%的人有资格获得三级代金券。然后，该公司将从超越公司购买 35 个旅行代金券（20 个一级，10 个二级和 5 个三级）。符合条件的员工在一年之内将代金券兑换成他们喜欢的目的地，并在一年内完成所有的旅行。

当一个新的目录被打印出来的时候，旅游部门不知道到底有多少代金券最终会被出售，也不知道人们最终会选择哪一种旅行。然而，超越公司会与市场营销和运营经理会面，讨论销售预测和可能影响销售的事件。此外，这些经理为每月的销售预测负责，这为预期的销售量提供了良好的估计。

超越公司的首席执行官迈克·特拉维斯每天都与旅游激励部门的副总裁阿曼达·马丁（Amanda Martin）交谈，讨论关于公司妥善管理较新的高层级的外国旅行套餐的选项，2012 年 1 月新目录发布。在 2012 年前的两个月里，马丁一直在与巴西酒店经营者和导游一起工作，为巴西里约热内卢狂欢节提供一个新的套餐。2006—2010年，巴西作为旅游目的地的受欢迎程度大幅上升，2010年有500多万游客。随着2014年世界杯和2016年巴西夏季奥运会的宣布，超越公司希望与巴西酒店服务公司建立关系，加入更多的旅游套餐。超越公司想要一个包含2013年巴西狂欢节的套餐，并在2014年加入世界杯的选项，并最终在2016年增加夏季奥运会的选项。超越公司主要的担忧之一是外汇汇率风险。选择巴西作为旅游目的地给代金券持有者，意味着超越公司将获得美元支付报酬，但成本却是巴西货币。如果巴西的旅行像马丁预想的那样受欢迎，那么如果巴西雷亚尔大幅升值，那么它将面临巨大的汇率风险和潜在的利润率侵蚀。

特拉维斯并不担心外币汇率风险本身，因为他熟悉企业事件部门经常使用的对冲技巧。例如，2011年，公司部门在巴黎为客户组织了400名参与者的年度会议。虽然客户支付的费用是美元，而超越公司的费用是以欧元支付的。由于欧洲的开支规模，公司部门在合同签订后，直接购买了相当于预期费用90%的欧元远期。由于需要提前10个月确定所需欧元的时点和大致数额，远期合约消除了欧元在这段时间内走强时可能出现的多数汇率风险。不幸的是，在首次提供一个新的目的地时，被对冲的货币风险敞口将不足以使用远期合约。然而，汇率风险足以影响激励旅行部门的利润率。超越公司通过一些简化的假设对马丁解释了差别。

超越公司的下一个目录于2012年1月1日出版。根据当时的汇率，马丁已经提供了3级以下巴西嘉年华。马丁团队将在接下来的几个月里把旅行代金券按目录出售。然而，直到2012年7月1日，才知道代金券的交易量。出售的所有代金券都以美元定价。然而，合格的员工将在2012年剩下的时间里将代金券兑换为各种旅行目的地。超越的狂欢节选项包括一个特殊条款规定，选择嘉年华选项必须在2012年10月15日，在2012年10月31日公司不得不支付大约一半的存款总额，剩余的在2013年1月31日支付。超越公司必须把价格定在2012年1月1日。出售的代金券总数在2012年7月1日公布。在2012年10月15日，可以知道嘉年华兑换的数量，而实际的存款在2012年10月3日支付，而最终在2013年1月1日以巴西雷亚尔支付（见表15-1）。

表 15-1 超越公司的外汇风险敞口

300 日外汇风险敞口				
				360 日外汇风险敞口
2012-01-01	2012-07-01	2012-10-15	2012-10-31	2012-12-31
目录	代金券售出	嘉年华总额	初始存款	最终付款
分发	收入美元	代金券赎回已知	巴西雷亚尔	巴西雷亚尔

15.4 特拉维斯的进一步解释

特拉维斯说："我们分析三级产品并做出一些简化的假设。现在的选择包括纽约、旧金山和巴西。在 2011 年 7 月的目录中，超越公司卖出了大约 2 000 个三级产品（在过去的 6 个月里，价格为 3 000 美元）。超越公司的平均成本是每趟国内旅行 2 300 美元，而超越公司巴西之旅的预期成本是 4 000 雷亚尔。如果超越公司假设在 2012 年 1 月的产品目录中有相同的销售水平，市场调查是正确的，那么我们就可以假定选择大约 400 次嘉年华会。

可以估计，明年，我们将需要购买 160 万雷亚尔的资金。到 2012 年 10 月 31 日，需要购买 80 万雷亚尔的资金，而剩下的 80 万雷亚尔需要在 2012 年 12 月 31 日购买。鉴于目前的汇率约为 0.53 美元/1BRL，巴西的利润率略高于国内市场。然而，如果雷亚尔升值到 52 周高点 0.65 美元/1BRL，我们每次旅行的成本将从 2 120 美元上升到 2 600 美元，毛利润率从 29% 下降到略高于 13%。在过程中，汇率风险是双向的，如果在未来 12 个月里雷亚尔走弱，利润率将会提高。然而，旅行激励部门需要的毛利率平均为 20%，而目标收入则需要达到你的部门预测。我建议你看一看使用外汇期货合约作为对冲汇率风险的手段。我并不是说我们必须对冲这种风险，但至少应该先确定风险敞口，然后再决定是否愿意将期货合约作为风险管理策略的一部分。"

在与特拉维斯的会面结束后，马丁考虑了包括巴西旅行在内的最佳行动路线。为了发展与巴西酒店服务供应商的关系，需要将嘉年华之旅纳入目录中。在为 2014 年世界杯和 2016 年巴西奥运会提供最佳方案时，发展关系应该带来丰厚的回报。如果她能使超越公司在这个领域区别于其他旅游提供商，那么超越公司就能在早已竞争化的环境中获得市场份额。马丁花了很多时间整理嘉年华的套餐，直觉让她相信，巴西的产品至少在未来 4 年里会推动收入增长。然而，马丁也知道，她的薪酬与利润底线相关，而非销售上限。在支付任何重大奖金之前，如果货币风险没有得到对冲，马丁将需要外币保持稳定或相对于美元贬值。营业收入增长是不错的，但不会以利润率压缩为代价。马丁将需要承受与巴西狂欢节相关的风险，如果需要的话，还将制定适当的对冲策略。

参考文献：

Benjamin L. Dow III, David A Kunz. Hedging with foreign currency futures at transcend inc[J]. Journal of the International Academy for Case Studies, 2013, 19(5).

16 西南航空燃料避险策略[①]

16.1 引言

西南航空公司是美国的一家低成本航空公司,是世界第三大航空公司,也是世界商用航空公司之一,在美国67个城市之间运营着超过540架波音737飞机。如今,西南航空每天运营大约3 300个航班,并自称是过去36年中唯一一家每年发布利润的大型航空公司。据称,它是美国最成功的低票价、高频率、点对点运营商。

考虑到这是一家没有过分自我美化的航空公司,它仍然领先于世界上其他低成本航空公司,而且在全球经济衰退的氛围中,几乎每一家航空公司都在裁减员工,减少租用飞机、起飞次数和可能造成损失的业务——很少进入警戒状态的事实是最令人印象深刻的。尽管在2008年的两个季度它历经了一个短暂的挫折——跌到水线以下,但仍值得研究一下其每年的盈利策略和战略。西南航空公司的飞机一天飞行超过12小时,精心挑选的目的地可以称为二级机场,这有助于平均不到15分钟的快速起降,并产生较低的管理费用。使用相同的逻辑,他们只使用一种飞机类型,波音737,其合理的乘客容量在125~150人。这些飞机配备了最节省燃料的发动机和空气阻力最低的拖曳湿翼。

16.2 成本节约战略

在研究西南航空公司燃料消耗成本方面的战略之前,需要列出一些事实。这些是从其2008年的一则说明中获取的。
- 公司机组的平均年龄约为10年。
- 西南航空的平均客机票价为113.97美元。

[①] 编译自 Southwest airlines fuel hedging and relations to profitability, a case study in cost-effective fuel management [OL]. https://financetrainingcourse.com/.../fuel_hedge-southwest-case-study.pdf.

- 飞机的平均行程长度为 1 021 公里，平均飞行时间为 1 小时 55 分钟。必须指出的是，这样大的平均值在北美洲是有可能的。
- 在关机后、起飞后的最低周转时间平均为 15 分钟。因此，飞机在地面上的时间被最小化。
- 2008 年，《福布斯》杂志评选出美国最可靠的前十大航空公司，西南航空位列第一。
- 在获得近 10 000 名游客的反馈后，精明旅行杂志（Smarter Travel）在 2008 秋季的读者调研中指出，西南航空公司拥有"最佳机票价格"。这意味着越来越多的乘客乘坐西南航空。

16.3　燃油对冲

喷气燃料是所有航空公司的关键费用类别，每家航空公司承担着自己的燃料成本，大多数航空公司承担至少 80% 的燃料成本。燃料一直是国内航空公司最大的开支类别之一，仅次于人员开支。在 2003 年，科布斯等（Richard Cobbs et al, 2004）研究的所有美国国内航空公司的平均运营费用超过 16%。此外，航空公司通常无法增加票价，以抵消燃料成本的显著增加。自 2001—2003 年以来，这些航空公司的喷气燃料成本每年增长 25.9%，而平均航空公司的价格下降了 0.1%，这是根据每英里的收入计算所得。航空燃料成本在过去几年大幅上升，给航空公司维持积极的现金流带来了持续的压力。任何燃料成本的节省都是为了赚取利润。

在燃料密集行业，如航空业，价格过高、波动过于剧烈的燃料价格会对成本的底线产生重大影响，更不用说给制定未来燃料支出预算增加难度。如果燃料成本没有得到积极管理，可能导致公司陷入亏损。航空公司可以通过对冲减轻面临的价格波动和潜在燃料成本上涨，同样包括天然气和电力成本。对冲使得燃料市场参与者（消耗大量燃料和其他能源商品的公司，如航空公司）提前锁定价格和利润，同时减少燃料价格波动的潜在影响（Corley, Rock Proolucts, 2008）。

"对冲"是所有涉及金融的行业标准做法，包括黄金、白银和铂金等贵金属的市场参与者。股票市场中的"期货""衍生品"等术语具有相似的内涵。科布斯等在白皮书中提到了"喷气燃料对冲策略：航空公司可供选择的方案和行业实践的调查（2004）"，他们说，虽然燃料成本可能被对冲，但在场外交易或交易所交易衍生品中没有完美的套期保值。飞机燃料的场外交易衍生品非常缺乏流动性，使得它们相当昂贵，而且数量不足，无法对冲航空公司所有的飞机燃油消耗。在美国，交易所衍生品种类中不包括喷气燃料，因此航空公司必须在与喷气燃料高度相关的大宗商品上使用期货合约，如原油和民用燃料油。

因此，航空公司采用多种策略，从非套期保值到完全套期保值使用组合产品。航空公司有多种套期保值策略。这些措施包括同时使用场外交易和交易所衍生品以及不对冲。

包括领式期权和掉期在内的期权是航空公司使用的主要衍生品。西南航空等航空公司表示，它们更喜欢场外衍生品（OTC），因为它们更具可定制性（Presentation by Southwest, Dallas, U.S.A., 2003）。场外衍生品直接在航空公司和投资银行之间进行交易，因此必须考虑对手方风险。所以，像西南航空公司宁愿与三家或四家不同的银行进行交易，以分散这种风险，同时也可以获得最佳的定价（同上）。在伊拉克和沙漠风暴把油价推高之前，西南航空公司显然已保持高度警觉，购买高价期货产品。西南航空公司在2004年、2005年和2006年初进行了更多的套期保值，预计油价将升至前所未有的水平。

16.4 公司年报分析（K-10）1999—2008年

本文针对1999年到2008年西南航空公司的年度报告进行研究。

2000年航空燃料：燃料成本显著影响公司的经营业绩。该公司在过去五年中平均每航程每加仑喷气燃料的成本见表16-1。

表16-1 航空燃料

年份	价格（美元/加仑）
1995	0.55
1996	0.65
1997	0.62
1998	0.46
1999	0.53
2000	0.79

在1999年之前，公司的主要套期保值计划以名义溢价购买原油看涨期权，购买量为其季度燃料需求量的30%。然而，为了提供更大的保护，以抵抗燃料成本增加的风险，该公司在1999年上半年大幅增加对冲活动。在1999年下半

年，该公司有相当一部分购买的燃料没有被对冲。截至 2000 年 2 月 24 日，在第一和第二季度，该公司对冲燃料价格上涨风险的比例分别达到 57% 和 85%；在第三和第四季度，该比例达到 100%。每一年的更多细节如表 16-2 所示。

表 16-2 费用、运营成本和燃料成本

年份	成本（万美元）	每加仑平均成本（美元）	占运营成本比例（%）
1998	388.3	0.46	11.2
1999	492.4	0.53	12.5
2000	804.4	0.79	17.4
2001	770.5	0.71	15.6
2002	762.1	0.68	14.9
2003	830	0.72	15.2
2004	1 106	0.92	18.1
2005	1 470	1.13	21.4
2006	2 284	1.64	28.0
2007	2 690	1.80	29.7

资料来源：sec.gov/edgar.shtml (2008)，buck.com

注：①喷气燃料的平均成本去除对冲损益，包括燃油税。
②从 2001 年 10 月 1 日到 2001 年 12 月 31 日，每加仑平均价格为 0.603 0 美元。
③从 2002 年 10 月 1 日至 2002 年 12 月 31 日，每加仑平均价格为 0.71 美元。
④从 2003 年 10 月 1 日到 2003 年 12 月 31 日，每加仑平均价格为 0.74 美元。
⑤西南航空公司在 2004—2007 年的燃油消费税从"其他经营费用"重新分类为"燃油和燃油费用"，以顺应当时年度报告的要求。每加仑汽油的平均燃料成本，以及运营费用所占的百分比，也已根据重述信息再次计算。

西南航空公司报告的利润为 2.35 亿美元，在 2005 年前六个月里节省了约 3.51 亿美元。如果西南航空公司没有对冲，将遭受 1.16 亿美元的利润损失，这是 57 个季度以来该公司第一次没有报告利润。

16.5 2008 年燃油价格的影响

2008 年，燃料价格波动很大，一桶原油价格从 2008 年 1 月的近 100 美元飙升到 2008 年 7 月的近 150 美元，然后在 2008 年第四季度暴跌至 35 美元以下。表 16-3 显示了过去五年和 2008 年每季度西南航空公司喷气燃料的平均成本，包含燃油税，不包含对冲损益。

表 16-3　2008 年各季度费用、运营成本和燃料成本

季度	成本（百万美元）	平均成本/加仑	占运营成本比例（%）
1	800	2.13	32.8
2	944	2.42	35.5
3	1 051	2.73	37.5
4	918	2.49	34.5

资料来源：sec.gov/edgar.shtml，buck.com

2008 年对航空业来说是糟糕的一年，但对西南航空公司来说不算太坏。燃料成本和螺旋式下降的国内经济对全行业产生影响。剧烈波动的原油价格给西南航空公司带来冲击，一桶原油价格从 2008 年 1—7 月的每桶约 100 美元至 150 美元，下降到 2008 第四季度的不到 35 美元。但西南航空公司的远见卓识使其高枕无忧，在 2008 年节省现金约 13 亿美元。由于燃料价格大幅下降，2009 年被证明是一个棘手的年份；西南航空公司已决定大幅减少对冲，但下年初才有成效。此外，未来价格的上涨将使它更容易遭受损失。航空公司 1999—2008 年的净收入见表 16-4。

表 16-4　西南航空公司 1999—2008 年净收入

年份	净收入（百万美元）
1999	0.474 378
2000	0.625 224
2001	511
2002	241
2003	442
2004	313
2005	548
2006	499
2007	645
2008	178

资料来源：sec.gov/edgar.shtml，buck.com

从表 16-5 可以清楚看出，西南航空对冲的燃油量是显而易见的。

表16-5 航空公司燃油费用和套期保值汇总表

公司名称	有效里程数（百万）	每座位里程数		2003年财务报表			对冲燃油年份	对冲燃油的最长期限	对冲燃油平均占比(%)	
		收入（美元）	燃油费（美元）	燃油费占运营费用比重(%)	流动比率				FY04	FY05
Airtran Holdings	10 046	0.091	0.018	21.5	2.61x	1999—2005	2.0	35.0	12.0
America West	23 373	0.096	0.016	16.4	1.21x	1997—2004	1.0	11.0	0.0
American	165 209	0.106	0.017	15.2	0.71x	1993—2005	2.0	12.0	4.0
Continental	78 385	0.113	0.016	14.5	0.90x	1996—2003	1.00	0.0	0.0
Delta	134 000	0.099	0.014	13.8	0.75x	1996—2004	3.0	32.0	0.0
Midwest Air	2 968	0.073	0.027	19.6	1.38x	1997—2003	1.0	0.0	0.0
Northwest	88 593	0.107	0.018	15.9	0.93x	1997—2004	1.5	0.0	0.0
Southwest	71 790	0.083	0.012	15.2	1.34x	1997—2007	4.0	82.0	60.0
United	136 630	0.100	0.015	13.7	0.66x	1995—2003	2.0	0.0	0.0
US Airways	58 106	0.118	0.014	11.7	0.80x	1994—1997 2000—2005	2.0	30.0	5.0

资料来源：Company SEC filings and Carter et al. 2002.

16.6 总结

大多数航空公司都在 2008 年的燃料价格恶性波动中蒙受损失，只有西南航空公司表现出色，尽管其利润率确有下降。除此之外，它是全世界唯一一家在 36 年内避免财政赤字的航空公司，并在 20 世纪 90 年代重新修订政策后进一步增强实力。客观地说，西南航空公司对冲燃料价格的策略与其他航空公司形成了鲜明的对比，为企业长期的成功和盈利做出不小的贡献。

参考文献：

［1］Corley M. Hedging fuel prices［B］. Rock Products, 2008, accessed on 25 November 2009.

［2］Cobbs R, Wolf A. Jet fuel hedging strategies: options available for airlines and a survey of industry practices［OL］. Finance 467, Spring 2004; accessed on 25 November 2009 at http://www.kellogg.northwestern.edu/research/fimrc/papers/jet_fuel.pdf .

［3］Cobbs R, Wolf A. Company SEC filings［OL］. Finance 467, Spring 2004; accessed on 25 November 2009.

［4］Fleming A. About.com guide: air travel-the world's biggest airlines, 2008［OL］. extracted from http://airtravel.about.com/od/airlines/a/bigair.htm on 25 November 2009.

［5］Samwick A. reported by David Grossman in USA Today［OL］. July 2005, accessed on 25 November 2009. http://voxbaby.blogspot.com/2005/09/should-airlines-hedge-fuel-costs.html

［6］Major Airlines of the World, accessed from major_airlines.htm, 24 July 2009. http://www.nationsonline.org/oneworld/

［7］Presentation by Southwest, Dallas, U.S.A., 2003［OL］. http://www.southwest.com, accessed on 25 November 2009.

［8］Southwest Airlines Factsheet 2008［OL］. extracted from http://www.southwest.com/about_swa/press/factsheet.html#Financial%20Statistics on 25 November 2009.

［9］UNITED STATES SECURITIES AND EXCHANGE COMMISSION, Washington, D.C. 20549 ［OL］. http://www.sec.gov/edgar.shtml, accessed on 25 November 2009.

［10］http://buck.com/annual _ report? idx = s&nam = DEMO&pw = DEMO, accessed on 25 November 2009.

［11］http://www.simviation.com/rinfo737.htm accessed on 25 November 2009.

17 能源公司原油避险策略

17.1 引言

2018年12月27日，中国石化A、H股盘中突然双杀，媒体传出与其全资子公司中国国际石油化工联合有限责任公司（以下简称"联合石化"）两高管被停职有关。两高管之所以被停职，是因为在原油交易上出现巨亏。12月27日晚间，中国石化发布澄清公告称[①]："公司了解到联合石化在某些原油交易过程中因油价下跌产生部分损失，本公司正在评估具体情况。联合石化总经理陈波和党委书记詹麒因工作原因停职，由副总经理陈岗主持行政工作。"此外，中国石化表示，"目前公司生产经营情况一切正常"。

市场传言，联合石化进行了零成本领口期权交易（Zero cost collar），即买入执行价在70美元/桶的原油看涨期权，同时卖出原油看跌期权（没有详细的执行价信息），数量在3 000万~7 000万桶。2017年中石化外购原油加工量为21 103万吨，约155 000万桶。那么联合石化交易的这个量级应该仅仅是母公司年外购原油量的5%。中石化的财务报表中并没有金融衍生品持仓方面的披露，所以也就无法了解到导致亏损的衍生品具体交易结构。不过，笔者查看了美国主要页岩油生产商的年报，发现领口期权是他们常用的避险交易策略。

17.2 美国主要页岩油生产商避险策略

美国前几大页岩油生产商包括依欧格资源公司（EOG resource）、先锋自然资源（Pioneer natural resources）、埃克森美孚（ExxonMobil）旗下的XTO energy、切萨皮克能源公司（Chesapeake Energy）、怀廷石油（Whiting Petroleum）、诺伯能源（Noble Energy）等。除了埃克森美孚旗下的XTO energy由于报表合并看不到相关原油衍生品头寸之外，其他公司都在三季度报中披露

---

① 中石化网站，http://www.sinopecgroup.com。

了使用原油衍生品进行油价锁定的情况。

表17-1是依欧格资源公司在2018年三季报中公布的原油互换合约头寸情况（所有基差互换合约折算过来）。可以看出依欧格2018年前三季度已经到期的衍生品互换是每天13.4万桶，占其每日原油产量40.9万桶的32%，锁定的价格是60.04美元/每桶。而公司仍按这个价格与数量进行了第四季度的油价对冲操作。并已经对2019年作了每天1.3万桶的对冲操作。

表17-1　依欧格资源公司持有原油互换合约头寸

原油价格互换	量（桶/天）	加权平均价格（美元/桶）
2018.1.1—2018.9.30（已经到期）	134 000	60.04
2018.10.1—2018.12.31	134 000	60.04

资料来源：公司2018年三季报。

表17-2显示的是先锋自然资源在2018年第四季度和2019年的衍生品头寸，我们可以看到，先锋自然资源利用大量三项式领口期权和少量领口期权进行套期保值。针对2018年四季度的产量，公司利用三项式领口期权，即买入NYMEX执行价在47.26美元/桶的原油看跌期权的同时，卖出执行价在57.62美元/桶的原油看涨期权与执行价在37.23美元/桶原油看跌期权，数量为159 000桶/天。另外，公司还利用领口期权，买入执行价45美元/桶的原油看跌期权，卖出执行价为58.05美元/桶的原油看涨期权，数量为3 000桶/天。总套保比例达到了86%（(159 000+3 000)/187 756）。对于2019年的产量，公司利用三项式领口期权，买入NYMEX执行价在52.57美元/桶的原油看跌期权的同时，卖出了执行价在60.13美元/桶的原油看涨期权与执行价在42.27美元/桶原油看跌期权，数量为55 000桶/天。同时，也利用三项式领口期权基于Brent原油作了类似的操作，价格分别为75美元/桶、89.9美元/桶、65美元/桶，数量为15 000桶。还做了10 000桶基于Brent价格的互换，锁定价格为70美元/桶。如按2018年的公司日产量水平计，公司已经对冲了42.6%的2019年产量。

表17-2　先锋自然资料持有的原油衍生品头寸

油	2018年第四季度	2019年
布伦特互换		10 000
布伦特价格（美元/桶）		70.00

续表

油	2018年第四季度	2019年
布伦特三项式领口期权		15 000
布伦特看涨期权价格（美元/桶）		89.90
布伦特看跌期权（多头）价格（美元/桶）		75.00
布伦特看跌期权（空头）价格（美元/桶）		65.00
纽约商品交易所领口期权	3 000	
纽约商品交易所看涨期权价格（美元/桶）	58.05	
纽约商品交易所看跌期权价格（美元/桶）	45.00	
纽约商品交易所三项式领口期权	159 000	55 000
纽约商品交易所看涨期权价格（美元/桶）	57.62	60.13
纽约商品交易所看跌期权价格（美元/桶）	47.26	52.27
纽约商品交易所看跌期权（空头）价格（美元/桶）	37.23	42.27

资料来源：公司 2018 年三季报。

表 17-3 显示了切萨皮克能源公司（Chesapeake Energy）2018 年第四季度以及 2019 年的衍生品头寸。2018 年四季度持有的衍生品包括以 54.09 美元/桶、价格锁定 700 万桶产量的互换合约；以三项式领口期权（买入 NYMEX 执行价为 47 美元/桶的原油看跌期权，同时卖出执行价为 55 美元/桶的原油看涨期权与执行价为 39.15 美元/桶的原油看跌期权）锁定 100 万桶产量；以及原油价差互换合约 400 万桶，锁定价差为 NYMEX 价格 3.52 美元。所有衍生品加在一起大约锁定了 2018 年 40%左右的产量。2019 年持有的衍生品包括以 59.44 美元/桶锁定 1 400 万桶产量的互换合约；700 万桶的价差互换合约，锁定价差为 NYMEX 价格 6.01 美元。2020—2022 年的产量公司也以 69.47 美元/桶锁定了 300 万桶。

表 17-3 切萨皮克能源公司持有原油衍生品头寸

衍生工具	时间	量（桶）	纽约商品交易所原油加权价格（美元/桶）
三项式领口期权	2018-10-12	1 000 000	39.15~47~55
互换	2018-10-12	7 000 000	54.09
	2019-01-12	14 000 000	59.44

续表

衍生工具	时间	量（桶）	纽约商品交易所原油加权价格（美元/桶）
	2020—2022	3 000 000	69.47
基差互换	2018-10-12	4 000 000	3.52
	2019-01-12	7 000 000	6.01

资料来源：公司2018年三季报。

表17-4显示了怀廷石油（Whiting Petroleum）2018年第四季度以及2019年的衍生品头寸。可以看到怀廷石油2018年四季度持有原油衍生品，包括三项式领口期权（买入NYMEX执行价47.07美元/桶的原油看跌期权，同时卖出执行价为57.30美元/桶的看涨期权以及37.07美元/桶的看跌期权）435万桶和120万桶锁定在61.74美元/桶的原油互换合约。对冲比例达到了70.2%（（4.35+1.2）/7.9）。另外，2019年持有990万桶的领口期权合约（买入NYMEX执行价为51.21美元/桶的原油看跌期权，同时卖出执行价为77.14美元/桶的原油看涨期权），几乎是全部对冲了2019年的产量。

表17-4 怀廷石油的衍生品头寸

衍生工具	期间	量（桶）	纽约商品交易所原油加权平均价格（美元/桶）
三项式领口期权	2018-10-12	4 350 000	37.07~47.07~57.30
互换	2018-10-12	1 200 000	61.74
领口期权	2019-01-12	9 900 000	51.21~77.14
	总量	15 450 000	

资料来源：公司2018年第三季度季报。

表17-5显示了诺伯能源（Noble Energy）2018年、2019年以及2020年部分衍生品头寸。诺伯能源运用衍生品种类较多，除了领口期权、三项式领口期权还用了基差互换和互换期权。其中标的物包括NYMEX WTI, ICE Brent和Dated Brent三种。2018年持有的衍生品有：锁定NYMEX价格为60.3美元/桶的互换合约，平均每天6.6万桶；领口期权（买入NYMEX平均执行价为50.42美元/桶的看跌期权，同时卖出执行价为58.82美元/桶的看涨期权）；三项式领口期权（买入NYMEX执行价为52.5美元/桶的看跌期权，同时卖出执行价为69.09美元/桶的看涨期权以及45.5美元/桶的看跌期权）等。公司2018年的产量基本上是完全对冲了。从公司持有的2019年衍生品看，相当于每天对冲了9万桶的产量，对冲比率约为74%。

表 17-5 诺伯能源持有的衍生品头寸

时间	合约类型	跟踪原油价格指数	桶/天	互换		加权平均看跌期权空头价格	领口期权	
				加权平均价格差	加权平均固定价格		加权平均下限价格	加权平均上限价格
2018	互换	NYMEX 价格	66 000	—	60.3	—	—	—
2018	领口期权	NYMEX 价格	18 000	—	—	—	50.42	58.82
2018	三项式领口期权	NYMEX 价格	10 000	—	—	45.5	52.5	69.09
2018	三项式领口期权	约定的布伦特价格	3 000	—	—	40	50	70.41
2018	互换	布伦特价格	2 000	—	59	—	—	—
2018	领口期权	布伦特价格	2 000	—	—	—	50	55.25
2018	三项式领口期权	布伦特价格	5 000	—	—	43	50	59.5
2018	基差互换	—	20 000	−2.3	—	—	—	—
2019	互换	NYMEX 价格	44 000	—	58.37	—	—	—
2019	三项式领口期权	NYMEX 价格	11 000	—	—	52.05	62.05	75.84
2019	互换	布伦特价格	5 000	—	57	—	—	—
2019	三项式领口期权	布伦特价格	3 000	—	—	43	50	64.07
2019	基差互换	—	27 000	−3.23	—	—	—	—
2020	互换期权	NYMEX 价格	5 000	—	61.79	—	—	—
2020	基差互换	—	15 000	−5.01	—	—	—	—

资料来源：公司 2018 年三季报。

17.3 印度石油公司避险策略

美国是发达市场经济国家，原油生产商使用领口期权策略进行避险也是情理之中。中石化是炼油企业，为了给中石化事件找一家对标公司进行研究，笔者找到了印度石油公司（IOC）。印度石油公司是印度最大的国有石油化工公司，拥有印度23个炼油厂中的11个，炼油能力占全印度的33%。2017年，进口原油5 801万吨。为了对冲原油价格的风险，印度石油公司自2002年开始进行油价对冲交易，主要对冲策略有炼油毛利对冲、库存对冲与原油价格对冲。对印度石油公司与中石化的原油对冲策略对比，笔者发现了一些有趣的现象。

17.3.1 政府及社会对国有石油公司采取原油对冲交易的态度有别

印度政府支持国有石油公司开展原油对冲交易。2014—2015年，由于国际油价大跌，导致印度国有石油公司的原油库存损失巨大，而印度一些私营石油公司如信实工业（Reliance Industries）和埃萨石油（Essar Oil）由于采取了积极的对冲策略而减少损失，但国有石油公司很少采取对冲措施而损失巨大。印度央行借此施压能源部，强烈要求能源部鼓励国有石油公司对冲20%的原油消费量。但印度国有石油公司却对此不积极，除了第一大石油公司印度石油公司进行了少量对冲之外，第二与第三大石油公司对此均采取了谨慎的态度。2016年1月，国际油价处于12年来的低位时，即30美元/桶，印度媒体又开始大声呼吁，这对于每年进口10亿桶原油的印度来说，是意料之财，应该在这个价格水平上长期锁定原油进口成本[1]。2018年9月，当国际油价大幅上涨导致印度卢比快速贬值的时候，印度政府又要求其国有炼油厂锁定未来原油采购成本[2]。但在中国，政府与社会鲜有旗帜鲜明支持国有石油公司锁定原油采购成本的观点，媒体更多关心"国企套保失败、如何被国际投行猎杀"的案例。但中国国有石油公司对此的态度似乎比印度国有石油公司积极得多。

17.3.2 信息披露制度有别

印度石油公司对于原油对冲操作进行了详细的信息披露，包括对冲的目的、条件、主要对冲工具、数量等。印度石油公司在其年报"商品价格风险或外汇

---

[1] https：//www.gatewayhouse.in/financial-hedge-for-indias-oil-risk.
[2] https：//oilprice.com 〉 Energy 〉 Energy-General.

风险及对冲活动"部分，明确说明了原油对冲策略。"印度石油公司原油采购成本与石化产品销售价格基于国际原油价格，这导致公司营收暴露在油价的波动风险之中。为了减少风险，公司采取政策进行风险管理活动，根据市场条件通过炼油毛利对冲、库存对冲与原油价格对冲。公司对市场进行日常监测，使得风险对冲策略与公司的风险管理政策相一致"。并且披露了持有各类对冲工具的数量情况。笔者整理了印度石油公司 2012 年以来的年报，把该公司原油对冲情况整理如图 17-1 所示。

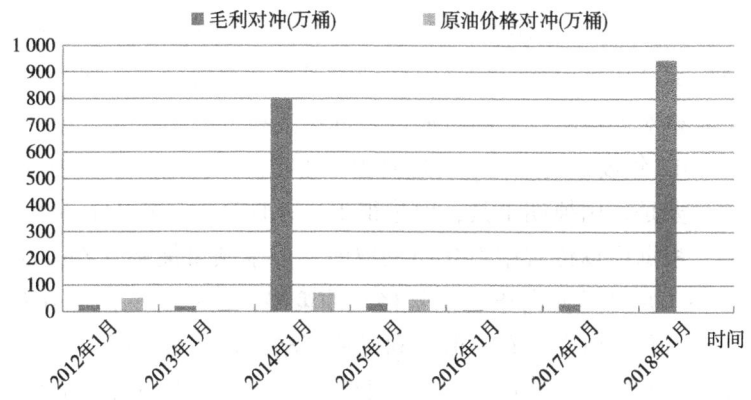

图 17-1　IOC 原油对冲数据，2012-2018

资料来源：https://www.iocl.com/

但中石化 2017 年年报中①，在商品价格风险部分显示："本集团从事石油及天然气经营，并使本集团面临与原油、成品油及其他化工产品价格相关的商品价格风险。原油、成品油及其他化工产品价格的波动可能对本集团造成重大影响。本集团使用包括商品期货和商品掉期在内的衍生金融工具以规避部分风险。于 2017 年 12 月 31 日，本集团持有若干指定为有效现金流量套期及经济套期的原油、成品油及其他化工产品商品合同。于 2017 年 12 月 3 日，本集团计入其他应收款的该等衍生金融资产公允价值为人民币 5.15 亿元（2016 年：人民币 3.12 亿元），计入其他应付款的该等衍生金融负债公允价值为人民币 26.24 亿元（2016 年：人民币 43.36 亿元）。于 2017 年 12 月 31 日，假设其他所有因素保持不变，衍生金融工具合同基础价格上升/下降 10 美元每桶，将导致衍生金融工具公允价值的变动使本集团的净利润减少/增加约人民币 40.49 亿

---

① 中石化网站，http://www.sinopecgroup.com

元（2016年：减少/增加人民币6.34亿元），并导致本集团的其他综合收益减少/增加约人民币7.01亿元（2016年：减少/增加人民币40.07亿元），此敏感性分析是假设价格变动于资产负债表日发生，并于该日作用于本集团具有商品价格风险的衍生金融工具所做出的。此分析与2016年的基础一致。"但笔者并没有找到具体原油衍生品相关的数据。2018年三季报中也没有披露原油衍生品交易相关数据。

17.3.3 具体对冲策略差异很大

从图17-1可以看出，印度石油公司主要的对冲策略是炼油毛利对冲策略，即一方面锁定原油成本价格；另一方面锁定成品油销售价格。除此之外，还有少量的原油价格对冲策略。毛利对冲策略每年交易量差别很大，2014—2015年度与2017—2018年度量大一些。可能是由于年初油价上涨太快的原因。原油价格对冲策略主要是采用掉期工具，但量很少，并且最近三年没有交易。相比印度石油公司，根据市场传言中石化所采取的零成本领口策略（Zero cost collar）更为时髦一些，并且是偏向于原油价格对冲策略，而不是炼油毛利对冲策略。笔者猜测，中石化之所以没有采取毛利对冲策略，是因为与国内成品油调价机制有关。根据一些咨询公司的调查[①]，目前能源公司所用的对冲工具相对于以前有很大的变化，那就是以期权为基础的策略类型更受欢迎（见表17-6）。

表17-6 能源公司采用的对冲工具

1992—1994年调查	%	2009年调查	%
掉期	50.80	掉期	63
固定价格合约	40.40	领口期权	62
期货/远期	37	看跌领口期权	37
期权	10.50	固定价格远期合约	22
批量生产付款	9.80	期货	15
		批量生产付款	11

与印度相比，中国国有企业如何有效进行对冲避险，还需要社会从系统上进行完善，仅靠各个交易所发展与完善避险工具市场还不够。当然，完善避险工具是基础，更重要的是促进全社会，尤其是政府与媒体要形成支持企业对冲避险的基本理念，对企业在生产经营过程中采取对冲避险措施要用平常心来看

---

① https://books.google.com/books?isbn=8120348990

待，不必再大惊小怪了。

17.4 坚守避险底线

使用衍生品对冲避险，最关键的一点是要坚守避险的底线，不能把避险交易变成投机交易。有些公司使用衍生品刚开始是出于避险目的，但衍生品的诱惑力实在太大，这些公司不小心就把避险变成投机了。其中有两种情形：一是公司管理层觉得衍生品交易能赚钱，变避险交易为投机交易。二是被投行忽悠，不了解复杂衍生品的结构，导致避险交易变成了投机交易。最典型的是中信泰富。从 2006 年开始，中信泰富涉足澳大利亚磁铁矿项目，需要大量澳元开支，除前期 16 亿澳元之外，在项目进行的 25 年期内，还将至少每年投入 10 亿澳元。为降低澳元升值的风险，中信泰富公司于 2008 年 7 月与包括花旗银行等在内的 13 家银行，共签订了 24 款外汇累计期权合约，但 2008 年澳元大跌 60% 以上，使其陷入巨额亏损。2008 年 10 月 20 日，中信泰富发布公告称因外汇交易产生 147 亿港元亏损。受此影响，中信泰富香港股价当日暴跌 55.1%，创 1990 年来最大单日跌幅。2008 年 11 月 14 日中信泰富发布公告，称中信集团将提供总额为 15 亿美元（约 116 亿港元）的备用信贷，以缓解当时的流动性风险。中信泰富的出发点是规避澳元升值的风险，但由于选择了复杂的衍生产品，结果使得避险交易结构变成投机交易结构，陷入巨额亏损的境地。如果传言所说中石化交易了 3 000 万~7 000 万桶，这个未超其实际外购原油量的需求，那么中石化不太可能从避险交易结构走向投机交易结构。

总之，衍生品是一把刀，公司只有坚守正确的避险理念，建立严格的操作流程与风控体系、良好的绩效评估体系、优秀的人才队伍，才能为公司的业务经营保驾护航。

第三篇　个人避险篇

> 从长远看，大约90%的投资收益都是来自成功的资产配置。
>
> ——"全球资产配置之父"加里·布林森

18　对冲基金与基金中的基金发展和个人避险选择

18.1　引言

1949年，美国学者阿尔弗雷德·温斯洛·琼斯（Alfred Winslow Jones）创立了第一支对冲基金，如今行业总资产达到3万亿美元以上，对冲基金早已不再是创始人琼斯隐藏长达17年的秘密，而是资本市场不容忽视的投资力量。近半个多世纪以来，随着经济的发展，国民财富不断积累，高净值人群规模逐渐扩大，他们持有大量闲置资金，风险承受能力强，正需要对冲基金这种高度专业化、高收益且更具私密性的投资方式，个人投资者避险的通道由此畅通。

对冲基金在激励机制、投资技巧方面的优越性有目共睹，也越来越受到学界研究的认可。与此同时，对冲基金也表现出一定的局限性。一方面，对冲基金对个人投资者的数目和金额都有限制，门槛很高。以美国为例，对于在岸对冲基金来说，美国证券交易委员会将对冲基金个人投资者数目限制在最多99人，参与者的条件是个人拥有价值500万美元以上的证券。对冲基金过高的门槛让风险承受能力相对较弱的个人投资者难以实现大类资产配置的"梦想"。另一方面，虽然对冲基金对投资金额要求很高，但由于人数限制，单个对冲基金的资金规模因此受限。在此背景下，更加有利于个人避险与保值增值的基金中的基金由此诞生。

"基金中的基金"（Fund of Funds，FOF）。基金为投资对象，凭借专业的投资机构和科学的基金分析及评价体系，更有效地从品种繁多、获利能力参差不齐的基金产品中找出优势品种，通过分散化配置帮助个人投资者有效规避风险，获取稳健收益。基金中的基金通过持有其他证券投资基金而间接持有股票、债券等证券资产，通过大类资产配置，有效降低资产的相关性，实现平滑风险和收益的目标，同时降低投资对冲基金的门槛。

基金中的基金的发展得益于对冲基金市场的快速成长。虽然有学者认为第一支基金中的基金诞生于1969年的英国，初衷是基金管理者希望打包出售旗下管理的基金，但在1954年，琼斯就通过雇佣多个独立的管理者负责不同部分的对冲基金，构建出了"基金中的基金"的雏形。20世纪80年代，美国政府推出可延迟赋税的养老金和企业年金政策，基金中的基金满足养老金的保值增值需求，且能平衡风险收益，从而成为养老金热门投资标的。

海外市场已经进入成熟平稳期，中国对冲基金刚刚声名鹊起。2014—2017年的井喷式增长让对冲基金（对应于中国私募证券投资基金或阳光私募基金）迅速成长为投资界的明星。无独有偶，国内对冲基金的快速发展也带领基金中的基金逐渐步入正轨。在国内，基金中的基金根据管理人的性质可以分为私募管理人管理的基金中的基金与公募管理人管理的基金中的基金；根据投资标的不同，可划分为私募股权基金中的基金和私募证券基金中的基金；其中，私募证券基金中的基金是由私募基金管理公司管理，投资标的是证券基金份额的基金中的基金。目前，私募证券基金中的基金也是海外对冲基金中的基金在中国本土最合适的对照。

2017年，党的十九大报告指出，中国社会主要矛盾已经转化为人民日益增长的美好生活需要和不平衡不充分的发展之间的矛盾。这说明在未来相当长的一段时间里，中国社会居民财富增长和理财需求乃是大势所趋，而对冲基金与基金中的基金因其灵活多样管理财富能力，势必会更多承担起增加居民收入和风险管理的重任（2017年见中国证券基金业年报）。

18.2 海外对冲基金发展回顾

18.2.1 对冲基金的定义及特点

对冲基金是指用期货或期权等衍生品结合传统金融工具进行风险规避交易的基金（程翼，2000）。与共同基金相比，对冲基金主要有三个特点。

18.2.1.1 门槛高

对冲基金对投资者的数量和投资金额都有严格的限制和要求。美国证券委员会规定，对冲基金（在岸）投资者数目不能超过99人，并且至少65人必须是有100万美元以上净资产的投资者。美国证券法规定，个人投资对冲基金，最近两年内个人年收入须在20万美元以上；以家庭名义参加，夫妻最近两年收入总和须在30万美元以上；以机构名义参加，净资产须在100万美元以上。由于有限合伙制在激励机制和税收方面比其他组织形式更加有优势，对冲基金管理人多为有限合伙企业。因此有关有限合伙企业的法律法规，对于对冲基金同样适用。

18.2.1.2 灵活度高

对冲基金可以自由运用各种投资技巧,如卖空、杠杆及期权、期货等金融衍生品;还可以选择多种投资策略,如股票多空、市场中性、宏观对冲等;同时,对冲基金可投资标的范围也比共同基金更加广泛。这些特点都给基金经理更大的空间,也给对冲基金盈利提供了更多的可能。

18.2.1.3 专业化程度高

已有海外研究表明,对冲基金行业的超额收益很大程度上取决于基金经理的管理水平更高。由于对冲基金行业报酬客观,发挥空间更大,吸引了大批精英投资人才的加入。事实证明,很多对冲基金合伙人曾经是共同基金经理中的佼佼者。

18.2.1.4 激励程度高

共同基金经理的收入主要来源于固定比例的管理费,而对冲基金经理的收入主要与所管理的基金绩效挂钩。最常见的收费标准是2/20:2%的管理费,20%的激励费,即利润的20%。如果对冲基金没有收益甚至亏损,对冲基金经理没有任何奖金。虽然目前有些地区的共同基金也会收取一定的"表现费",但是其基金经理的收入与所管理基金绩效的相关性还远不能与对冲基金相提并论。

18.2.1.5 隐蔽性高

对冲基金一般通过私募形式发起,美国证券法规定,对冲基金不允许利用任何媒介做广告,因此顾客获得有关对冲基金信息的途径相当有限。只能通过私人关系介绍或者专家顾问咨询。另外,对冲基金的大部分信息不公开,无须像共同基金那样每日公布净值等经营状况,因此公众一般很难了解对冲基金的详细信息。

18.2.2 对冲基金发展历程

18.2.2.1 萌芽时期(1967年以前)

凯恩斯被视作对冲基金的先锋,积极参与股票和投资交易,在一些金融机构担任要职负责投资管理,第一次世界大战后曾靠做空英镑大赚一笔。有数据表明,凯恩斯管理的基金和投资组合业绩明显高于同期指数和同类机构水平。

第一只对冲基金普遍认为是阿尔弗雷德·温斯洛·琼斯在1949年创立的。他通过卖空一篮子股票从而对冲掉整个市场下跌的风险,还运用资金杠杆放大了多头头寸所获得的利润。后来,琼斯创造性地将做空、杠杆和有限合伙所特有的激励机制结合起来,让自己的对冲基金取得了非凡的业绩。随着资金规模增加，琼斯意识到他需要吸纳更多的管理人才来运营基金，于是他雇用了多位在市场上表现卓著的基金经理，并且给予他们充分的自主权。到此为止，琼斯的对冲基金已经非常类似于现在的多元标基金经理（Manager of Managers，MOM，一种特殊的基金中的基金）。琼斯的对冲基金取得了巨大的成功，其业绩在1956—1965年，创造了高达670%的收益率，扣除20%的激励费后仍远超同期业绩最好的共同基金。虽然琼斯到底是不是第一个创立对冲基金的人尚存争议，但是毫无疑问"琼斯型对冲基金"对以后对冲基金的发展产生了深远的影响。

18.2.2.2 牛熊更迭（1967—1974年）

琼斯公开自己"赚钱的秘密"后，紧接着就是美国的一波牛市。彼时市场行情高涨，对冲基金经理更加大胆地使用资金杠杆，甚至放弃对冲，以期赚取巨额利润。但是这样的好日子仅持续了两年，市场热情就渐渐褪去。一些在牛市中顺势而起的年轻的对冲基金损失惨重，纷纷退出了这个行业，更多留下来的是相对成熟、资金规模较大的对冲基金，事实证明，这些幸存者也的确是后来表现最突出和著名的对冲基金管理者，例如，琼斯、乔治·索罗斯（George Soros）和迈克尔·斯坦哈特（Michael Steinhardt），后两位不仅成为对冲基金行业巨头，更是投资史上不可复制的传奇。

18.2.2.3 成长时期（1975—2000年）

经过熊市的洗礼和金融媒体的推波助澜，对冲基金"重出江湖"，步幅更加稳健，遍布世界各地寻找投资机会。而这时的对冲基金都独具特色，不再局限于老一辈的投资战略模型，衍生出多种多样的投资策略和投资模式。在大胆创新不断试错的同时，对冲基金行业也不断从历史经验中吸取教训，完善投资策略模型，实施更为严格的风险监管制度。例如，由华尔街传奇人物、诺贝尔奖得主和学术界权威人物共同组建的长期资本管理公司在1998年破产，这是对冲基金发展史上的里程碑，时刻警醒着对冲基金管理人要做好事前评估，做好风控，提高风险承受能力和应对极端情况的处理能力。

18.2.2.4 高速发展时期（2001—2011年）

在经济全球化的背景之下，随着科学技术的迅速发展、新兴市场和金融创新工具的大量出现，国际资本流动空间更加广阔，投资机会如雨后春笋一般出现在新市场环境中，对冲基金的数量、规模都成倍增加。与此同时，多样的金融工具使得"新型对冲"成为可能。对冲基金的管理者和投资者在原有基础上发明了很多新的对冲技巧和投资模型，使得对冲基金行业发展愈加成熟。2008年金融危机时期，全市场大幅震荡，对冲基金作为市场的一分子也遭受了严重打击。但是，由于对冲基金和市场的关联性不高，与其他投资项目相比，对冲基金在危机时期的表现已经相当不错了。于是在危机过后的复苏阶段，对冲基金大受欢迎，行业内部人才济济，银行等金融机构也模仿其投资方式进行资产管理。

18.2.2.5 发展现状（2012年至今）

由于受到欧债危机的影响，2012年以来，海外对冲基金的增速放缓。一方面，对冲基金不允许对外宣传，投资人数和金额都受到严格的限制，这些内在原因导致对冲基金的高速发展难以持续；另一方面，开放和监管是同步的。自金融危机以来，各地区不断加强对对冲基金的监管，美国通过颁布法案，明令禁止了投资银行参与对冲基金的投资业务。这些原因都限制了对冲基金的进一步增长，难以与2011年的顶峰时期相提并论；而投资需求却在国民财富积累的同时加速上升，新的投资模式呼之欲出

18.3 海外基金中的基金的发展回顾

18.3.1 海外基金中的基金的定义及特点

基金多以股票、债券、期权、股权等金融产品为投资对象，基金中的基金通过持有其他证券投资基金而间接持有股票、债券等资产，通过大类资产配置，有效降低资产的相关性，实现平滑风险和收益的目标，同时降低投资对冲基金的门槛。基金中的基金投资主要有四个特点。

18.3.1.1 门槛低

基金中的基金在丰富投资者选择的同时，还降低了成本。基金中的基金没有对冲基金对于人数和金额的硬性要求，中小投资者可以通过购买一揽子基金，参与到高净值人群的优质投资项目中，以较少的资金实现大类资产配置。

18.3.1.2 配置优

基金中的基金是通过持有其他证券投资基金而间接持有股票、债权等证券资产，相当于对最终标的资产进行二次筛选，精中选精。同时，基金中的基金可以涉及多种资产类别、投资策略，配置方式更加灵活、分散，可以进一步分散风险，平滑收益。此外，基金中的基金动作团队专业化水平高，能够代替投资者从众多的基金产品中挑选出潜力最大、最适合投资者的标的基金，为投资者节省了大量的时间和精力，进一步降低了参与理财投资的门槛。

18.3.1.3 影响深远

基金中的基金独特的风险收益特点使其成为资金体量较大、资金期限较长、风险偏好较低的机构投资者的理想选择。美国的401K计划和个人退休账户提供庞大稳定的资金来源，带动了基金中的基金规模和数量的增长，而基金中的基金反过来又促进了养老基金体系的发展，培养市场中长期投资力量，引导市场良性发展。基金中的基金投资结构使资产管理更加专业化，基金中的基金管理人主要负责筹集资金，而标的基金管理人则专注于投资研究。这样有助于行业内部进行公平竞争，使真正优秀的投资能力得以凸显。

18.3.1.4 基金中的基金的起源与对冲基金的发展密不可分

1954年，对冲基金的创始人琼斯通过雇佣多个独立的管理者负责不同部分的对冲基金，构建了"基金中的基金"的雏形。但是琼斯的初衷是分散风险，并未真正降低投资者门槛。直到20世纪70年代，真正现代意义的基金中的基金才诞生。基金中的基金的投资结构最早起源于美国，且目前产品仍集中在欧美地区。而美国的基金中的基金无论从资产规模、产品种类和市场成熟度的任何一个角度看，都在全球领先。20世纪80年代基金中的基金快速增长的直接原因是来源于美国政府出台的养老金计划和企业年金计划。

18.3.2　海外基金中的基金的产品分类

海外基金中的基金种类繁多，按资产类别可以分为配置型、股票型和固定收益型。配置型基金中的基金遵循最基本的资产配置原理，分散化投资组合，在不同风险收益水平的基金之间做资产配置。最基础的配置型基金中的基金就是使用股票型基金和债券型基金进行调整配置。股票占比重的基金中的基金更加激进，债权占比重的基金中的基金更加保守。股票型基金中的基金主要投资于股票（一般80%以上的基金资产）。固定收益型基金中的基金主要投资于债券型基金。投资于一些免税债券，如政府类债券的基金，被称为免税债券基金；其他多投资于中长期或高息债券的基金被称为收益型债券基金。相应的，基金中的基金也可就此分为免税型和收益型。

根据基金管理人是来自公司内部还是聘请的第三方投资顾问机构，基金中的基金可以分为内部管理基金中的基金和外部管理基金中的基金。根据基金中的基金只投资自家旗下的基金，还是可投资市场上所有的基金，又分为内部配置基金中的基金和全市场配置基金中的基金。两两组合，基金中的基金就有四种管理模式。全内部模式收费最低，节省研究和交易成本。但对基金管理人自家基金产品线的丰富程度要求较高；全外部模式收费最高，要额外支付三方投资顾问费用，摊薄了投资者权益。但是具有渠道优势的银行、保险公司等，愿意采用全外部模式，自己作为平台发挥行业整合的作用。

此外，根据管理模式、基金中的基金定位、投资策略等不同维度又可以将基金中的基金划分为很多不同的种类。基金中的基金种类的增多有助于行业内部的良性竞争。美国基金中的基金行业的集中度很高，前三大基金公司占据近50%的市场份额，前十大基金公司是占据70%以上的市场份额。近年来，随着新市场和金融创新工具的大量增加，新公司通过推出新的产品，走差异化战略，丰富了基金中的基金产品的种类和数量，打破了几家独大的局面，也吸引了一定数量的投资者。

18.3.3 海外基金中的基金发展历程

18.3.3.1 萌芽时期（1990年以前）

基金中的基金的最初形式为投资于一系列私募股权基金的基金组合。1969年，罗斯柴尔德家族创立了一只基金中的基金产品："杠杆资本控股"（Leveraged Capital Holdings），这是一只"对冲基金中基金"（Fund of Hedge Funds, FOHF），主要投资于长短仓策略的对冲基金。1985年，先锋基金（Vanguard）推出第一只共同基金基金中的基金，投资标的均为公司旗下的基金，70%投资于股票类基金，30%投资于债权类。该基金推出后大受欢迎，先锋公司名声大噪，旗下基金规模增长44.23%。但是由于当时社会财富积累不多，对冲基金门槛较高，而美国股市又处于漫长的动荡和整理阶段，对冲基金以及基金中的基金的发展相对缓慢。

18.3.3.2 快速成长时期（1990—2010年）

1987年，美股市场从顶峰跌落至谷底，投资者从亢奋的情绪中冷静下来，想要识别不同种类的基金，投资真正具有发展潜力的产品，由此产生了基金筛选的需求，客观上推动了基金中的基金的发展。美国基金业快速发展，基金的数量、种类、规模都增长迅速，充分给予基金中的基金灵活构建的可能。随着基金管理人的增多，行业内部竞争也日趋激烈。通过投资旗下基金组建内部基金中的基金，从而间接提高基金销售量，成为越来越多管理人的诉求。

从20世纪末到21世纪初，基金中的基金的数量从不满百只发展到4 000多只。直接的原因之一就是美国提出了新的养老金计划。按该计划，企业为员工设立专门的401K账户，员工每月从其工资中拿出一定比例的资金存入养老金账户，而企业一般也按一定的比例（不能超过员工存入的数额）往这一账户存入相应资金。企业向员工提供3~4种不同的证券组合投资计划。员工可任选一种进行投资。基金中的基金稳健的收益、平滑的风险特征正好迎合这些迫切的中长期投资需求,庞大的资金量也进一步带动了基金中的基金行业的发展。

2000—2002 年,美国互联网泡沫破灭,2008 年全球金融危机,传统的投资方式惨遭多次洗牌,在纳斯达克指数和标普指数均出现大幅下跌的情况下,对冲基金及基金中的基金表现超越市场平均水平,甚至取得了正收益,且基金中的基金可以同时解决筛选对冲基金和降低门槛两个问题,这让基金中的基金受到了更多投资者的追捧,基金中的基金由此快速成长。

18.3.3.3 发展停滞期(2011 年至今)

2008 年金融危机后,经济复苏回暖,美国股票市场持续向好。如前所述,对冲基金在这段时间也整装出发,但是基金中的基金增速却在下降。在整个市场行情较好的情况下,基金中的基金的风险收益特征并不占优势,被动管理型基金的表现可以很轻松地超过主动管理型基金,并且以更低的管理费用得到投资者的青睐。另外,基金中的基金风险收益低于对冲基金指数,使投资者投资基金中的基金的意愿开始下降。

18.4 中国私募证券基金中的基金的发展机遇和挑战

海外对冲基金和基金中的基金已经历了半个多世纪的风雨,市场成熟度高,目前基本进入平稳发展的阶段,而中国对冲基金刚刚起步。2010 年 4 月 16 日,中国金融期货交易所首次推出沪深 300 股指期货,才真正使对冲成为可能。2014—2017 年,中国对冲基金(对应于中国私募证券投资基金或阳光私募基金)实现井喷式增长,迅速成长为投资界的明星,国内对冲基金的迅速增长也带动了基金中的基金的发展。

目前,中国基金中的基金发展尚处于一个萌芽的探索阶段,规模在整个基金行业中占比较小,按管理人的性质分类主要分为私募基金中的基金与公募基金中的基金;根据投资标的不同,私募基金中的基金可分为私募股权基金中的基金和私募证券基金中的基金。2014 年以前,私募机构由于不能发行监管认可的私募产品,处于灰色地带,只能借助信托发行阳光私募基金,因此大部分采用的是信托的形式。2014 年后,监管部门承认了私募基金的法律地位并出台《私募投资基金监督管理暂行办法》,明确规定了私募基金财产的投资范围。私募基金的政策支持是基金中的基金发展的一大利好,使得私募证券基金中的基金成为私募基金中的基金中的主流,借助 2015 年上半年的一波牛市行情而数量倍增。相比之下,公募基金中的基金的发展更晚。2017 年中国第一批公募基金中的基金正式发行。2018年9月，私募资产配置基金正式诞生，标志着私募基金中的基金即将迎来大发展时期（贾红波和王群航，2017）。

18.4.1 中国私募证券基金中的基金的分类

按投资对象的归属可以分为内部基金中的基金、外部基金中的基金、混合基金中的基金。公募基金中的基金的发行人只能是公募基金公司，所以公募基金中的基金都是内部管理，不存在内部基金中的基金只投资自己的基金，目的是进行资产配置，在不同的市场环境下调整客户的投资组合，或满足客户需求的变动。内部型基金中的基金的好处是能够充分利用已有资源维系现有客户，同时内部型基金中的基金只收取标的基金的管理费，从而可以吸引新的投资者。外部型基金中的基金只投资其他公司的基金。其中股票型基金中的基金的比例相对较高，目的就在于基金的二次筛选。在基金公司本身产品不够丰富但是想要扩增规模时，发行外部基金中的基金不失为一个好的选择。

按投资对象的种类可以分为股票型基金中的基金、债券型基金中的基金、货币型基金中的基金和混合型基金中的基金。股票型基金中的基金主要投资于股票（一般80%以上的基金资产）。混合型基金中的基金可投资于股票型基金份额、债券型基金份额、货币市场基金份额以及其他基金份额，且不符合股票型基金中基金、债券型基金中基金、货币型基金中基金等相关要求。

按标的基金使用的投资风格可分为保守型、策略型、分散型和防御型四种。保守型基金中的基金以维持稳定收益为目标，主要投资于一些使用保守策略的基金，例如市场中性和各种套利手段。策略型基金中的基金追求相对较高的回报，投资于投机成分更大的基金。分散型基金中的基金主要侧重于风险的分散，倾向于被动管理。因此绩效表现可能和对冲基金指数基金中的基金高度相关。防御型基金中的基金主要适用于牛市，通过选择和市场表现的相关系数为负的基金，在市场下跌时获取正收益。

18.4.2 中国私募证券基金中的基金发展前景

私募证券基金中的基金结合了对冲基金和基金中的基金的优势，具备私募基金灵活的投资方式，也可以如普通基金中的基金产品一般，降低个人投资者实现大类资产配置的门槛，同时平滑风险和收益，具有广阔的发展空间，更好地实现避险功能。

（1）私募证券基金中的基金管理人一般都是单独设立，与投资对象的管理人一般不会有利益冲突。所以投资时受到的限制较小，不会有同业竞争之嫌，更多的是一种客户和经理之间的关系。基金中的基金管理人可以充分对拟投资对象进行尽职调查，甚至和投资对象成为战略合作伙伴。

（2）私募证券基金中的基金可以更好地进行资产配置。对于公募基金中的基金禁止投资的一些标的，如成立时间不足 1 年的标的、资产规模小于 1 亿元的标的基金、复杂的和具有衍生品性质的标的基金，私募证券基金中的基金可以投资。私募基金本身可以灵活运用多种投资技巧和金融工具，采取不同风险收益特征的投资策略，为基金中的基金提供了丰富的标的。丰富的投资选择给了私募证券基金中的基金天然的优势。

从国际经验看，欧美等发达国家投资的大部分资金都是由专业机构通过基金中的基金的形式实现配置，基金中的基金是市场成熟的标志。大力发展私募证券基金中的基金，一方面可以形成资产管理行业多层级的架构体系，引导资本市场投资理念走向成熟；另一方面有助于满足个人投资者大类资产配置的现实需求或其他个性化需求，而个人投资者在选择基金中的基金时，可以基于基金管理人特征和基金公司治理结构的视角加以辅助决策。

随着中国居民生活水平的提高，国民财富不断积累，国内高净值人群迅猛增长，也意识到大类资产配置的重要性，不能停留在固定收益和房地产，应该分散化投资，合理配置资产；而对冲基金与基金中的基金因其灵活多样的管理财富能力，势必会更多承担起增加居民收入和风险管理的重任。

参考文献：

[1]程翼．对冲基金研究[D]．中国社会科学院研究生院,2000:186.
[2]贾红波,王群航．私募证券 FOF:大资管时代下的基金中基金[M]．北京:中信出版社, 2017:193.

19 中国对冲基金行业发展现状与国际比较

19.1 引言

伴随资本市场的蓬勃发展,中国的对冲基金(对应于中国的私募证券投资基金或阳光私募基金)自2014年起呈现井喷式增长(陈道轮等,2014;Sun. et al,2011)。然而,与成熟资本市场相比,中国对冲基金行业的运行效率、市场结构和法律规范都存在一定差异。及时了解中国对冲基金行业发展现状和对标全球对冲基金行业标准成为当务之急。本文首次整合多家国内外主流商用对冲基金数据库,对中外对冲基金行业进行详尽且细致的梳理,以期通过对比中外对冲基金的行业规模、产品特征和绩效表现,更加精准地把握全球对冲基金行业发展脉络,为中国对冲基金行业健康发展提供政策建议。

19.2 中外对冲基金行业规模比较

本文所研究的国内对冲基金数据主要来自上海交通大学上海高级金融学院中国私募证券投资研究中心数据库、WIND数据库、朝阳永续数据库、私募云通数据库、私募排排网和大智慧等国内主流商用私募基金数据库,并结合中国证券投资基金业协会公开数据。全球对冲基金数据来自TASS数据库。

中国的对冲基金早期以阳光私募的形式运作,由于做空限制,投资策略基本都是股票多头。直到2010年4月16日,中国金融期货交易所正式推出沪深300指数期货,使得投资者在容量有限的融资融券之外,拥有了覆盖面更广、更加灵活的风险对冲工具,也标志着中国对冲基金进入新的发展阶段。考虑到业绩的可比性和准确性,本文选取2010年4月16日至2017年12月31日作为样本区间。但是鉴于海外对冲基金起步早,为提高样本的完整性,在对冲基金行业规模和产品特征方面,全球的样本区间为1982年01月01日至2017年12月31日。

19.2.1 中国对冲基金产品的数量与规模

2017年私募基金登记备案情况显示，截至2017年12月底，中国证券投资基金业协会已登记的机构类型为私募证券投资基金的私募基金管理人8 467家，管理正在运作的基金32 216只，管理基金规模2.29万亿元。本文所采用的上海交通大学上海高级金融学院中国私募证券投资研究中心数据库显示，有净值数据的对冲基金产品数量为36 793只，初始募集产品规模均值为2.08亿元，25%分位数为0.40亿元，50%分位数为0.97亿元，75%分位数为2.22亿元，95%分位数为7亿元。

19.2.2 全球对冲基金产品的数量与规模

由TASS数据库整理得出，全球有净值数据的对冲基金产品数量为11 057只，初始募集产品规模均值为17.54亿美元，25%分位数为1亿美元，50%分位数为1.17亿美元，95%分位数为10亿美元。此外，国际证监会组织（IOSCO）发布的第四次对冲基金调查报告对拥有至少5亿美元净资产的对冲基金进行了整理，报告显示，截至2016年9月，在全球范围内共有1 971只合格对冲基金，对冲基金净资产管理规模约为3.2万亿美元，较2014年9月的2.6万亿美元增长24%，较2012年增长73%，年增长率的平均值为14.7%，对冲基金产品规模均值为16.24亿美元。

19.2.3 行业规模比较

从上述对比可以看出，中国对冲基金产品数量接近全球对冲基金产品的2倍，但是对冲基金产品规模却相距甚远，初始募集产品规模均值仅占全球产品规模均值的1/60，而规模均值居全球后1/4的基金产品也已超过五成的中国对冲基金产品规模。由此可得，中国对冲基金产品具有数量庞大但规模较小的特点（见图19-1）。

19.3 中外对冲基金产品特征比较

作为一类重要的机构投资者，对冲基金在管理模式、激励机制等方面存在诸多特性。本文基于基金年龄（Fund Age）、高水位线（High Water Mark）、业绩分成（Incentive Fee）、基金锁定期（Lockup Period）、基金管理费用（Management Fee）、基金赎回频率（Redemption Frequency）等特征，对中外对

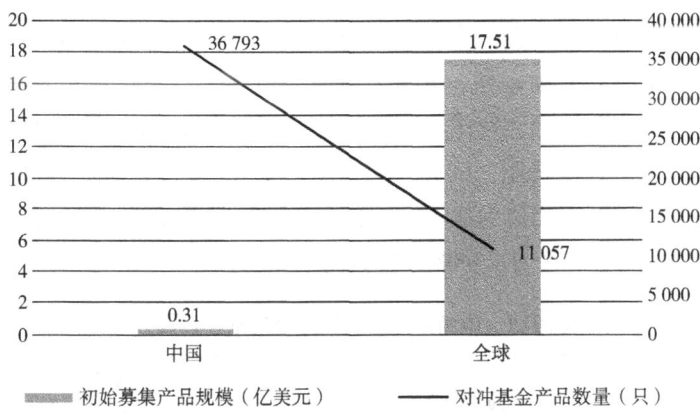

图 19-1 中外对冲基金产品数量和规模对比图

冲基金产品进行比较（见表 19-1）。

表 19-1 对冲基金产品特征指标定义表

对冲基金产品特征指标	指标定义
基金年龄	产品年龄：基金产品募集运行至今的月份数
高水位线	对冲基金经理仅在产品绩效超过历史最优绩效后计提绩效报酬，0-1变量
业绩分成	按照约定预期收益，对冲基金经理从超额收益中提取的比例；存在多级绩效报酬规则时，取第一级
基金锁定期	基金产品募集成功开始运行后，禁止转让或赎回的时间长度，单位为月
基金管理费用	基金产品正常运行收取的固定管理费用，包括管理费、投顾管理费、托管费等
基金赎回频率	基金产品运行锁定期结束后，赎回或转让基金份额的时间；取两次赎回时间间隔（月）

19.3.1 中国对冲基金产品特征

由表 19-2 可以看出，中国对冲基金产品年龄均值为 14.96 个月，其中 5% 分位数为 2 个月，25% 分位数为 6 个月，50% 分位数为 11 个月，95% 分位数为 41 个月。中国约有 64.4% 的对冲基金产品存在高水位线。从业绩分成看，中国对冲基金产品提取的比例均值为 20.2%，同样有近 1/4 的对冲基金产品无业绩分成，50%分位数为20%，业绩分成的95%分位数为100%，即业绩分成为全部超额收益。从基金锁定期看，中国对冲基金产品锁定期均值为5.04个月，1/4左右的对冲基金产品无锁定期，50%分位数为6个月，95%分位数为12个月。中国对冲基金管理费偏低，费用收取比例的均值仅为0.6%，接近1/4的对冲基金产品不收取基金管理费用，50%分位数为0.3%，95%分位数为2%。中国对冲基金产品的赎回频率均值为2.17个月，其中5%分位数为0.25个月，即每周赎回，50%分位数为1个月，95%分位数为12个月。

表 19-2　中国对冲基金产品特征描述性统计

变量	基金年龄（月）	高水位线	业绩分成（%）	基金锁定期（月）	基金管理费用（%）	基金赎回频率（月）
均值	14.96	0.64	20.20	5.04	0.60	2.17
标准差	14.03	0.48	25.30	6.86	0.80	2.94
5%分位数	2	0	0.00	0	0.00	0.250
25%分位数	6	0	0.00	0	0.00	1
50%分位数	11	1	20.00	6	0.30	1
75%分位数	19	1	20.00	6	1.00	3
95%分位数	41	1	100.00	12	2.00	12

19.3.2　全球对冲基金产品特征

由表19-33可知，全球对冲基金产品年龄均值为49.16个月，其中5%分位数为6个月，25%分位数为23个月，50%分位数为45个月，95%分位数为90个月。全球约有53.53%的对冲基金产品存在高水位线。从业绩分成看，提取的比例均值为13.4%，同样存在无业绩分成的对冲基金产品，25%分位数为6%，50%分位数和95%分位数均为20%。从基金锁定期看，全球对冲基金产品锁定期均值为2.19个月，但值得一提的是，3/4左右的对冲基金产品无锁定期，基金锁定期的95%分位数为12个月。全球对冲基金管理费用收取比例的均值为1.40%，25%分位数为1%，50%分位数为1.5%，95%分位数为2.2%。全球对冲基金产品的赎回频率均值为1.96个月，其中5%分位数为0.25个月，25%分位数和50%分位数均为1个月，95%分位数为3个月。

表 19-3 全球对冲基金产品特征描述性统计

变量	基金年龄（月）	高水位线	业绩分成（%）	基金锁定期（月）	基金管理费用（%）	基金赎回频率（月）
均值	49.16	0.54	13.40	2.19	1.40	1.96
标准差	29.98	0.50	8.60	6.05	0.70	2.28
5%分位数	6	0	0.00	0	0.10	0.25
25%分位数	23	0	6.00	0	1.00	1
50%分位数	45	1	20.00	0	1.50	1
75%分位数	83	1	20.00	0	2.00	3
95%分位数	90	1	20.00	12	2.20	3

19.3.3 产品特征对比

由上述分析可知，中国对冲基金产品存续期更短，仅为全球对冲基金产品存续期的30.44%；中外存在高水位线的对冲基金产品均超过五成，其中高水位线在中国对冲基金产品中更为普遍；中国对冲基金存在业绩分成的产品占比低于全球，业绩分成提取比例整体与全球对冲基金相似，但中国有一小部分对冲基金（特别是债券基金）收取很高比例的业绩分成，是由于同时伴随较高的门槛收益（hurdle rate）要求，而在门槛收益之下没有业绩分成，这样导致名义业绩分成比例高于实际业绩分成；中国对冲基金产品的锁定期更长，约为全球基金产品锁定期的2.3倍，且存在基金锁定期的产品占比远高于全球；中国对冲基金产品管理费用提取比例不到全球的1/2，且收取基金管理费用的产品占比低于全球；在赎回频率方面，中外对冲基金产品较为相似。

19.4 中外对冲基金产品绩效比较

在中外对冲基金产品绩效比较方面，本文选取对冲基金产品年化收益率、年化超额收益率、年化标准差、年化夏普比率四个指标进行分析，涵盖超额回报、整体风险、单位风险报酬多个维度，各绩效指标定义见表19-4。

表 19-4 对冲基金产品绩效指标定义表

基金产品绩效指标	指标定义
年化收益率（Raw Return）	年化收益率 $R_i = (1+\bar{r}_i)^N$，$\bar{r}_i$ 为基金产品区间平均收益率

续表

基金产品绩效指标	指标定义
年化超额收益率（Excess Return）	本文采用主流市场指数收益作为基准收益，相减得出超额收益
年化标准差（Total Risk）	年化标准差 $S_i = \sqrt{N} \times \sqrt{\sum_{t=1}^{T}(r_{it} - \bar{r_i})^2}$
年化夏普比率（Sharpe Ratio）	年化夏普比率 $SR_i = (R_i - R_f)/S_i$

19.4.1 中国对冲基金产品绩效表现

由表 19-5 可知，中国对冲基金产品年化收益率均值为 10.19%，标准差为 33.18%，25%分位数为-2.67%，表明超过 1/4 的中国对冲基金产品在存续期内整体亏损，50%分位数为 4.08%，75%分位数为 12.59%，年化收益率最大值为 211.91%。从年化超额收益率看，产品均值为 5.69%，虽然 50%分位数为负，但 75%分位数为 13.66%，年化超额收益率最高值为 187.71%，说明部分中国对冲基金经理的个人能力能够带来超过市场基准的正收益。中国对冲基金产品年化标准差均值为 19.58%，表明对冲基金产品整体风险水平偏高，50%分位数为 13.95%，75%分位数为 26.56%，最大值高达 108.31%。从单位风险报酬看，年化夏普比率均值和 50%分位数分别为 1.27 和 0.38，75%分位数为 1.24，最大值为 28.8。

19.4.2 全球对冲基金产品绩效表现

通过比较可知，全球对冲基金产品绩效整体表现弱于中国。全球对冲基金产品年化收益率均值为 3.08%，最小值为-31.69%，25%分位数为-0.68%，50%分位数为 3.16%，表明超过 1/4 的全球对冲基金产品在存续期间整体亏损。从年化超额收益率看，全球对冲基金产品没有取得正的年化超额收益，整体绩效尚未跑赢标准普尔 500 指数，存续期间跑赢基准的比例较低（少于 25%）。全球对冲基金产品年化标准差均值和 50%分位数分别为 8.92%和 6.32%，最大值为 46.29%，表明全球对冲基金产品收益波动性较小。风险调整后的年化夏普比率均值为 1.18，25%分位数为-0.09，50%分位数为 0.48，最大值高达 16.04。

19.4.3 绩效表现对比

从对冲基金产品绩效看，中国绩效表现整体优于全球。具体而言，中国对冲基金产品年化收益率、年化超额收益率、年化标准差和年化夏普比率均值均超过全球，分别高出7.11%，14.99%，10.66%和0.95。但如果以中位数衡量，虽然中国对冲基金的年化收益和超额收益高于全球对冲基金，但由于波动大，两极分化严重，因此风险调整后收益略逊于全球对冲基金。

中外对冲基金产品绩效指标见表19-5。

表19-5 中外对冲基金产品绩效指标描述性统计

描述性统计	年化收益		年化超额收益		年化标准差		年化夏普比率	
	中国	全球	中国	全球	中国	全球	中国	全球
均值	0.102	0.031	0.057	-0.093	0.196	0.089	1.276	1.181
标准差	0.332	0.090	0.338	0.083	0.299	0.080	4.221	2.735
最小值	-0.423	-0.317	-0.554	-0.377	0.002	0.006	-2.623	-1.877
25%分位数	-0.037	-0.007	-0.111	-0.129	0.054	0.038	-0.245	-0.090
50%分位数	0.041	0.032	-0.004	-0.095	0.140	0.063	0.385	0.484
75%分位数	0.126	0.082	0.137	-0.050	0.266	0.113	1.243	1.244
最大值	2.119	0.327	1.877	0.180	1.083	0.463	28.772	16.035

19.5 中外对冲基金产品策略比较

19.5.1 中外对冲基金产品分策略样本分布

对冲基金产品的策略分类有多种方法。中国的对冲基金行业历史较短，目前还没有统一权威的策略分类方法。本文采用私募云通数据库中的策略分类方法。如图19-2所示，在中国对冲基金产品中，以产品数量计算，股票策略是运用最为广泛的投资策略，占比高达59%，主要以股票多头/多空策略为主，占比为55%，而市场中性策略产品较少，占比仅为4%。随后是债券策略，占比为12%，管理期货策略和多策略占比相近，运用最少的是宏观策略和相对价值策略，占比仅为1%。

在全球对冲基金产品中，本文采用TASS数据库中的策略分类方法。由图19-3可知，以产品数量计算，基金中的基金策略的运用最为广泛，占比高达34%，紧随其后的是股票策略，占比为22%，包括股票多空策略（Long/Short Equity Hedge）和市场中性策略（Equity Market Neutral），多策略（Multi-Strategy）的运用也不在少数，占比12%，运用最少的是债券策略（Fixed

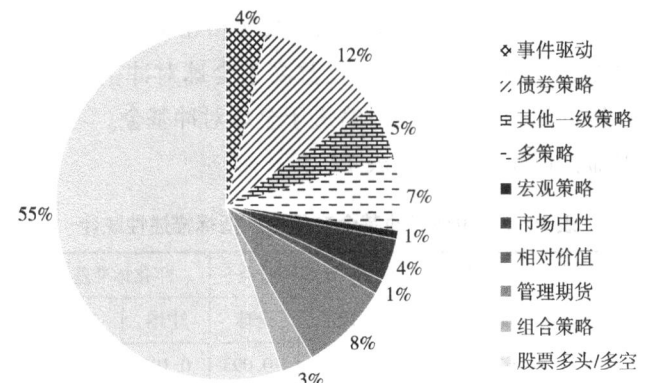

图 19-2 中国对冲基金产品分策略样本分布

Income Arbitrage），占比仅为 2%，此外，大约有 11% 的基金产品不归属于任何投资策略。

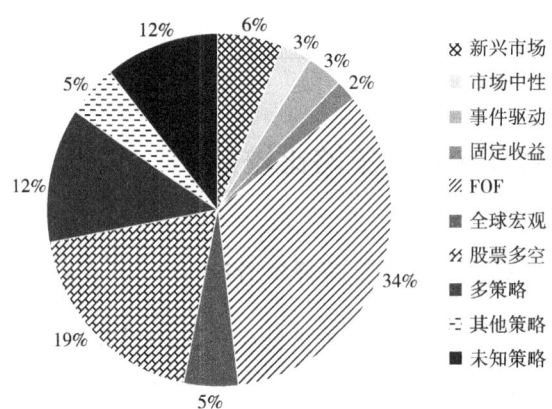

图 19-3 全球对冲基金产品分策略样本分布

19.5.2 中国对冲基金产品分策略绩效表现

表 19-6 报告了中国对冲基金产品 2010 年 4 月 16 日至 2017 年 12 月 31 日分策略绩效均值和中值分布情况。从年化收益率看，所有策略均取得正收益，其中表现最为突出的是管理期货策略，年化收益率均值和中位数分别为 21.6% 和 6.4%，事件驱动策略和宏观策略的业绩表现紧随其后，年化收益率均值约为 16%。在年化超额收益率方面，为了更好地进行中美比较，中国对冲基金产品各策略的年化超额收益率均以沪深 300 指数作为基准收益计算得出。从年化超

额收益率看，除债券策略外，其他投资策略的绩效表现整体上优于市场，管理期货策略表现尤为突出，均值和中位数分别为 16.6% 和 2.8%，其他一级策略和宏观策略也取得不俗的绩效表现。股票多头/多空策略年化超额收益率的中值约为 0，表明约有 1/2 的股票多头/多空型对冲基金产品绩效尚未超过市场。多策略和组合策略的年化超额收益率的中值均为负数，同样表明有超过五成的产品没有取得正的超额收益。

仅从风险方面看，事件驱动和管理期货策略的风险水平整体偏高，表明其绩效的稳定性欠佳。从调整风险后的年化夏普比率看，债券策略的表现远优于其他投资策略，年化夏普比率均值和中位数高达 4.49 和 1.31，而股票多头/多空策略和管理期货策略表现欠佳，均值分别为 0.53 和 0.77。

表 19-6 中国对冲基金产品分策略绩效描述性统计

投资策略	年化收益		年化超额收益		年化标准差		年化夏普比率	
	均值	中位数	均值	中位数	均值	中位数	均值	中位数
股票多头/多空	0.094	0.034	0.047	0.003	0.238	0.200	0.526	0.214
市场中性	0.070	0.044	0.012	-0.034	0.105	0.074	0.738	0.606
管理期货	0.216	0.064	0.166	0.028	0.232	0.146	0.765	0.616
债券策略	0.065	0.049	-0.011	-0.047	0.065	0.029	4.492	1.305
宏观策略	0.154	0.0768	0.117	0.042	0.186	0.132	1.221	0.721
相对价值	0.120	0.060	0.109	0.032	0.104	0.070	1.694	1.088
事件驱动	0.163	0.041	0.119	0.012	0.242	0.159	1.359	0.360
组合策略	0.041	0.032	0.016	-0.006	0.114	0.080	1.618	0.450
多策略	0.085	0.032	0.056	-0.023	0.145	0.080	1.4546	0.530
其他一级策略	0.108	0.039	0.123	0.029	0.170	0.077	2.532	0.549

19.5.3 全球对冲基金产品分策略绩效表现

表 19-7 报告了全球对冲基金产品 2010 年 4 月 16 日至 2017 年 12 月 31 日分策略绩效均值和中值分布情况。从年化收益率看，所有策略均取得正收益，其中表现最优的是未知策略和其他策略，事件驱动策略和债券策略的绩效表现紧随其后，占比最高的基金中的基金策略绩效表现最差，年化收益率均值和中值仅为 0.1% 和 1.3%。从年化超额收益率看，为了更好地进行中美比较，全球对冲基金产品各策略的年化超额收益率均以标普 500 指数作为基准收益计算得出。所有策略的绩效表现整体上均弱于市场，没有取得正的超额收益。仅从风险方

面看，新兴市场策略风险水平整体偏高，年化标准差均值和中位数分别为14.1%和12.3%，股票多空策略紧随其后，均值和中位数分别为12%和10.1%，表明其绩效的波动性较大。从调整风险后的年化夏普比率看，未知策略、债券策略和多策略的表现优于其他投资策略，基金中的基金策略表现最差，年化夏普比率均值和中位数分别为0.42和0.25，而股票多空策略表现平平，均值和中位数分别为0.50和0.45。

表19-7 全球对冲基金产品分策略绩效描述性统计

投资策略	年化收益		年化超额收益		年化标准差		年化夏普比率	
	均值	中位数	均值	中位数	均值	中位数	均值	中位数
股票多空	0.039	0.041	-0.084	-0.088	0.120	0.101	0.495	0.452
新兴市场	0.012	0.023	-0.111	-0.106	0.141	0.123	0.467	0.208
债券策略	0.048	0.050	-0.081	-0.085	0.054	0.042	2.250	1.053
宏观策略	0.019	0.013	-0.101	-0.104	0.102	0.076	1.102	0.141
市场中性	0.028	0.032	-0.094	-0.970	0.082	0.068	0.695	0.458
事件驱动	0.053	0.047	-0.070	-0.079	0.093	0.069	0.774	0.661
基金中的基金	0.001	0.013	-0.117	-0.112	0.075	0.056	0.417	0.249
多策略	0.043	0.055	-0.088	-0.081	0.085	0.059	2.205	0.864
其他策略	0.066	0.06	-0.058	-0.067	0.078	0.050	1.907	1.281
未知策略	0.086	0.11	-0.481	-0.033	0.054	0.035	3.895	2.753

19.6 研究结论

19.6.1 中国对冲基金产品数量庞大但规模较小

中国对冲基金产品数量约为全球对冲基金产品的2倍，但是初始募集产品规模均值仅占全球产品规模均值的1/60。由此可见，中国对冲基金产品具有数量庞大但规模较小的特点。造成这一现象的主要原因是对冲基金融资能力有限，需要与多个融资渠道合作提升管理规模，而每个融资渠道根据自身利益诉求都希望设立新产品；另一个原因是部分基金产品业绩长期低迷或因单位净值跌破止损线而被动清盘，基金公司只能依靠不断发行新产品来达到融资目的。

基金产品数量多且单产品规模小会带来诸多弊端：首先，一家基金公司拥有多只基金产品，而且要面对多个渠道及托管方的要求，产生较高的运营成本，加大了基金公司的生存压力，目前，在国内大部分对冲基金经理又是公司的创始人和管理者，势必会分散基金经理的精力，从而影响投资业绩，最终受害的是投资者。其次，一家公司管理的多只同策略产品可能存在业绩不一致的现象，基金管理难以做到相互独立，极易成为利益输送的掩体，蕴藏较高的道德风险。最后，不容忽视的是，繁杂的基金产品会极大地提高监管成本，为监管机构管理带来不便，进而降低整个对冲基金行业的运行效率。

从产品策略类型分析，中国对冲基金与全球对冲基金尚存明显差异。中国市场以股票策略为主，而股票策略中又以股票多头策略为主，使得对冲基金与公募基金的差异性不大；而海外对冲基金由于对冲工具丰富，较多运用了市场中性、股票多空等通过对冲交易实现的投资策略，体现了对冲基金与共同基金的明显差异。这意味着中国的对冲基金发展成真正的对冲基金还有较长的路要走，需要市场提供更多可以对冲的金融工具和产品。值得一提的是，海外对冲基金基金中的基金投资策略占比最大，而中国对冲基金的基金中的基金投资策略刚刚起步，在未来居民收入增加和风险管理需求旺盛的背景下，基金中的基金投资策略以其多样性、灵活性和容纳资金规模较大等优势会得到长足发展。

19.6.2 中国对冲基金产品存续期短、产品锁定期长、管理费用少

中国对冲基金产品存续期短，仅为全球对冲基金产品存续期的30.44%；中国对冲基金产品的锁定期长，约为全球基金产品锁定期的2.3倍，且存在基金锁定期的产品占比远高于全球；中国对冲基金产品管理费用提取比例不到全球的1/2，且收取基金管理费用的产品占比低于全球。

与全球相比，中国对冲基金产品的存续期短，这与产品发行通道有关。从细分产品通道看，通过不同融资渠道发行的基金产品的存续期存在显著差别。财产信托和单一信托渠道发行的产品存续期均值较小，均在10个月以下，通过私募自主发行、券商通道和基金公司通道发行的产品存续期均值皆在14个月以上。可能的原因为大多数信托产品有既定的存续期限，特别是非结构化产品，存续期一般为1~3年，在期满后如果业绩不尽如人意，则续期的可能性很低。相较于集合信托，单一信托的投资风险较大，增加了持有人赎回产品的可能性。此外，基金公司为降低发行新的信托产品的账户成本，会选择将一些资金管理规模较小、绩效平平的老产品清盘，利用老产品的证券信托账户重新发行新产品，从而使信托产品存续期普遍偏低。这种现象的弊端主要有两点，首先期限短的产品会使基金经理追求短期利益，更倾向于采取高风险的投资策略，同时每个产品开始建仓和清盘都会在短期内集中交易，增加交易成本，加大了市场的波动；其次不利于跟踪对冲基金经理的长期业绩，加大了基金业绩评价的难

度，对投资者不利。

与全球相比，中国对冲基金收取的管理费用低。一方面是因为中国某些策略的基金产品不收取管理费用，比如债券型基金产品，由于投资者对债券型基金产品的收益率要求不高，因此部分债券型对冲基金不收取或者只收取较低的管理费，但要求有较高的业绩分成。另一方面是由于信托通道的存在，相较于自主发行，扣除托管费后归属于基金公司的管理费用较低。从细分发行通道看，通过集合信托、单一信托和财产信托等信托通道发行的基金产品，管理费用普遍低于其他融资渠道发行的产品，而通过基金子公司、券商通道以及私募自主发行的基金产品管理费用偏高。这要求基金经理提高投资水平和研究能力，更多地从业绩分成中获得盈利而非依靠收取管理费用来分担运行成本。

19.6.3 中国对冲基金产品绩效表现好但波动大

从对冲基金产品绩效看，中国绩效表现整体优于全球，各投资策略的对冲基金产品绩效表现也与整体一致，但与全球其他国家相比，中国对冲基金产品收益的稳定性欠佳，说明中国对冲基金产品高绩效的背后伴随着高风险，体现在基金产品收益的波动性较大，稳定性欠佳。

究其原因有两点：一方面与全球市场相比，中国市场本身具有较大的波动性，在2010年4月16日至2017年12月31日，标普500指数的年化标准差为0.122，而沪深300指数的年化标准差高达0.255，约为前者的2倍；另一方面中国对冲基金产品绩效对市场波动的敏感性较强，本文运用CAPM模型，以沪深300指数作为基准指数收益率，发现超过1/3基金产品的回归结果在5%的置信水平上显著，其中调整后R^2的最大值为0.988。这说明由于缺乏有效的对冲交易机制，市场整体收益和对冲基金产品收益的波动性均较高。此外，正如前文所述，中国对冲基金产品规模小、期限短等特征会促使基金经理一味追求短期利益，加剧市场波动。反观海外市场，对冲基金产品规模大且期限长，市场波动也较为稳定。

参考文献：

[1] 陈道轮,陈强,徐信喆,等.融资融券和股指期货催生了中国真正的"对冲基金"吗？[J].财经研究,2004(9)：73-85.

[2] Sun Z, Wang A, Zheng L. The road less traveled: Strategy distinctiveness and hedge fund performance[J]. The Review of Financial Studies, 2011, 25(1): 96-143,196.

20 中国对冲基金经理个人特征与基金产品绩效

20.1 引言

在海外金融市场,对冲基金(对应于中国的私募证券投资基金)是与共同基金(对应于中国的公募基金)旗鼓相当的一类重要机构投资者(Stulz,2007),其特点在于灵活的投资策略和多样的风险管理模式(Switzer and Omelchak,2011)。对冲基金经理作为其中的灵魂人物,其个人特征也被证明对基金产品绩效有显著影响(艾洪德,刘聪,2008;Li Zhang,Zhao,2011)。

与国内已有基金经理研究基于共同基金不同,本章聚焦对冲基金研究领域,从对冲基金经理的个人特征出发,分析其学历层级、本科毕业院校、专业背景、研究履历以及从业经历等对基金产品绩效的影响,研究结论既可以拓展国内外对冲基金经理个人特征领域的实证文献,又可以基于中国制度特色和本土金融市场,为金融监管机构防范金融风险提供启发性的政策建议。

20.2 对冲基金经理个人特征分析

本章研究的国内对冲基金数据主要来自上海交通大学上海高级金融学院中国私募证券投资研究中心数据库、WIND 数据库、朝阳永续数据库、私募云通数据库、私募排排网和大智慧等国内主流商用私募基金数据库,并结合中国证券投资基金业协会公开数据整理得到。

中国金融期货交易所于 2010 年 4 月 16 日推出沪深 300 股指期货,标志着中国对冲基金的诞生,本章选取 2010 年 4 月 16 日至 2017 年 12 月 31 日作为样本区间;鉴于不同策略的对冲基金经理隶属不同"圈子",本文选取数量最多、影响最大的股票型基金产品为研究对象。从有净值的 37 428 只基金产品出发,剔除样本期内公布月频净值少于 6 次和产品特征有信息缺失的基金产品,最终得到 4 388 只基金产品,涉及 950 位对冲基金经理和 466 家对冲基金公司。从对冲基金经理的学历层级、本科毕业院校、专业背景、研究履历、从业经历等角度分析,发现如下特征。

20.2.1 对冲基金经理为高学历群体

在股票型对冲基金中,拥有硕士学历的对冲基金经理管理着63.68%的基金产品,其次是拥有本科和博士学历的对冲基金经理,仅有0.43%的基金产品由专科学历的对冲基金经理管理。股票策略可细分为股票多头、股票多空和市场中性三个子策略,其中股票多头策略占比最高,高达样本的76.01%;股票多空策略中,博士学历的对冲基金经理占比最高,达到22.91%;市场中性策略中,对冲基金经理学历皆为本科及以上,无专科学历(见表20-1)。

表 12-1 对冲基金经理的学历分布情况

学历层级	股票策略		股票多头		股票多空		市场中性	
	样本数	百分比(%)	样本数	百分比(%)	样本数	百分比(%)	样本数	百分比(%)
专科	19	0.43	18	0.53	1	0.19	0	0.00
本科	917	20.91	681	20.43	114	22.14	122	22.72
硕士	2 793	63.68	2 193	65.78	282	54.76	318	59.22
博士	657	14.98	442	13.26	118	22.91	97	18.06

20.2.2 对冲基金经理本科生多出身名校

在股票型对冲基金中,本科毕业于清华大学、北京大学、复旦大学、上海交通大学四所院校之一的对冲基金经理管理着22.51%的基金产品,接近1/4;本科毕业于985工程院校的对冲基金经理管理着71.67%的基金产品;本科毕业于211工程院校的对冲基金经理管理着89.74%的基金产品;仅有10.26%的基金产品由本科毕业于非211工程院校的对冲基金经理管理。在股票子策略中,绝大多数对冲基金经理也出身名校(见表20-2)。

表 20-2 对冲基金经理的本科学校层级分布情况

本科学校层级	股票策略		股票多头		股票多空		市场中性	
	样本数	百分比(%)	样本数	百分比(%)	样本数	百分比(%)	样本数	百分比(%)
清北复交[①]	360	22.51	245	22.13	59	26.58	56	20.74
非清北复交	1 239	77.49	862	77.87	163	73.42	214	79.26
985工程	1 146	71.67	814	73.53	184	82.88	148	54.81
非985工程	453	28.33	293	26.47	38	17.12	122	45.19

续表

本科学校层级	股票策略		股票多头		股票多空		市场中性	
	样本数	百分比(%)	样本数	百分比(%)	样本数	百分比(%)	样本数	百分比(%)
211工程	1 435	89.74	969	87.53	206	92.79	260	96.30
非211工程	164	10.26	138	12.47	16	7.21	10	3.70

①清华大学、北京大学、复旦大学、上海交通大学。

20.2.3 对冲基金经理多为经管专业背景

在股票型对冲基金中,对冲基金经理的学科背景表现出明显的专业倾向,高达93.75%的基金产品由经管专业的对冲基金经理管理。此外,拥有理工科背景的对冲基金经理不在少数,有64.54%的基金产品由理工科的对冲基金经理管理,这一比例在股票多头策略中有所下降,但在股票多空和市场中性策略中均保持较高占比。同时,拥有经管专业、理工科复合背景的对冲基金经理较为常见,在股票以及各子策略中,复合背景的对冲基金经理所管理的基金产品占比均在40%左右(见表20-3)。

表20-3 对冲基金经理的专业分布情况

本科学校层级	股票策略		股票多头		股票多空		市场中性	
	样本数	百分比(%)	样本数	百分比(%)	样本数	百分比(%)	样本数	百分比(%)
经管	2 732	93.75	2 141	95.33	326	90.81	265	85.76
非经管	182	6.25	105	4.67	33	9.19	44	14.24
理工	1 070	64.54	671	60.83	147	65.63	252	76.13
非理工	588	35.46	432	39.17	77	34.38	79	23.87
复合背景	634	45.71	454	46.47	73	39.89	107	47.14
非复合背景	753	54.29	523	53.53	110	60.11	120	52.86

20.2.4 股票多头策略中拥有研究员经历的对冲基金经理较多

在股票型对冲基金中,具有证券公司或基金公司研究员经历的对冲基金经理管理的产品占比为26.84%。股票多头策略中,这一比例高于平均值,占比31.14%;在股票多空和市场中性策略中,比例低于样本平均值,分别占比14.19%和7.03%。在股票多头策略中,对冲基金经理持股时间较长,因此拥有基本面选股的研究积淀尤为重要,而在需要灵活运用对冲工具的股票多空和市场中性策略中无明显优势(见表20-4)。

表20-4 对冲基金经理的研究员工作经历分布

投资策略	包含对冲基金经理人数	具有研究员工作经历		不具有研究员工作经历	
		样本数	百分比(%)	样本数	百分比(%)
股票策略	2 567	689	26.84	1 878	73.16
股票多头	2 023	630	31.14	1 393	68.86
股票多空	288	41	14.19	247	85.76
市场中性	256	18	7.03	238	92.97

20.2.5 对冲基金经理的从业经历集中在金融领域

从业经历是代表对冲基金经理个人能力的重要变量,深刻影响其知识技能、投资风格、决策水平乃至基金产品绩效。本章对样本中对冲基金经理的从业经历进行梳理后发现,在其从事过的所有行业中,排名靠前的行业为对冲基金业和金融业,分别占比35.67%和32.90%。在金融业子行业中,证券市场业的工作样本占比最多,约占金融业的1/2。值得一提的是,样本中拥有共同基金工作经历的对冲基金经理占比不高,仅为8.54%,表明对冲基金和共同基金在管理模式、激励机制、面临监管限制等方面存在显著差异。此外,从地理位置看,对冲基金经理的工作区域主要位于中国经济发达的长三角、珠三角与环渤海三大经济圈;从具体城市看,所供职公司主要位于北京、上海、广州和深圳等一线发达城市(见表20-5)。

表20-5 对冲基金经理的从业经历分布情况

行业类型	样本数	百分比(%)
对冲基金	706	35.67
共同基金	169	8.54
金融业(上述除外)	651	32.90
—货币金融服务	67	3.39
—资本市场服务	508	25.67
证券市场	373	18.85
期货市场	48	2.43
证券期货监管	8	0.40

续表

行业类型	样本数	百分比(%)
其他资本市场服务	79	3.99
—保险业	20	1.01
—其他金融业	56	2.83
信托与管理	43	2.17
其他未列明金融业	13	0.66
实体资本集团	30	1.52
其他行业	423	21.37
—信息传输、软件和信息技术服务业	131	6.62
—文化、体育和娱乐业	23	1.16
—教育	17	0.86
—其他	252	12.73
全样本	1979	100.0

20.3 对冲基金产品特征与绩效分析

20.3.1 对冲基金产品绩效

本章全样本包括4 388只基金产品,涉及950位对冲基金经理和466家对冲基金公司。表20-6报告全样本中不同策略的基金产品分布以及绩效。从表20-6中可以得出:在全样本期,股票型对冲基金产品年化收益率均值和中位数分别为8%和6.4%,超额年化收益率均值和中位数为3.9%和2.4%,说明中国对冲基金经理的个人能力能够带来超过市场基准的正收益,年化标准差的均值和中位数分别为21.2%和20.5%,调整风险后的年化夏普比率均值和中位数为0.087和0.149。股票策略又可细分为股票多头、股票多空和市场中性三个子策略,其中股票多头占比最大,达到76%,股票多空和市场中性策略占比各为12%左右。在子策略中,股票多头的绩效优于其他策略,超额年化收益率均值和中位数为4.4%和3.1%。

表 20-6　股票全样本及其子策略基金产品绩效描述性统计

投资策略	样本数	百分比（%）	年化收益		超额年化收益		年化标准差		年化夏普比率	
			均值	中位数	均值	中位数	均值	中位数	均值	中位数
股票策略	4 388	100	0.08	0.06	0.04	0.02	0.21	0.21	0.089	0.15
股票多头	3 335	76.00	0.08	0.07	0.04	0.03	0.23	0.22	0.08	0.13
股票多空	515	11.74	0.09	0.06	0.03	0.02	0.19	0.18	0.10	0.19
市场中性	538	12.26	0.07	0.05	0.02	0.01	0.10	0.08	0.15	0.18

20.3.2　对冲基金产品特征

从对冲基金产品特征看,基金产品平均年龄为 37.15 个月,56.4% 的对冲基金产品采用高水位法提取绩效报酬,管理费用和业绩分成均值为 1.2% 和 16.8%,产品锁定期的平均值为 3.87 个月,赎回期的平均值为 1.95 个月(见表 20-7)。

表 20-7　对冲基金产品特征的描述性统计

对冲基金产品特征	均值	标准差	25%分位点	中位数	75%分位点
基金年龄	37.15	23.62	24.00	27.00	39.00
高水位线	0.56	0.50	0.00	1.00	1.00
业绩分成	0.17	0.08	0.20	0.20	0.20
基金锁定期	3.87	4.35	0.00	3.00	6.00
基金管理费用	0.01	0.01	0.00	0.02	0.02
基金赎回频率	1.95	1.39	1.00	1.00	3.00

20.3.3　对冲基金产品绩效比较

在此基础上,本章根据学历层级、本科毕业院校、专业背景、研究履历,对比不同背景的对冲基金经理管理基金产品的绩效差异。

在学历方面,本章发现对冲基金经理学历水平越高,其管理的基金产品绩效越差。本科学位的对冲基金经理管理基金产品的年化收益率、超额年化收益率和年化夏普比率等指标均高于拥有硕士和博士学历的对冲基金经理。但从年化标准差指标看,对冲基金经理学历水平越高,其管理的基金产品年化标准差越低,反映出高学历的对冲基金经理风险管理能力较强。

在本科毕业院校方面,本科毕业于清华大学、北京大学、复旦大学、上海交通大学的对冲基金经理管理的基金产品绩效更好,超额年化收益率指标均值高达

6.2%,比本科毕业于其他院校的对冲基金经理高出3.5%,且本科毕业于清华大学、北京大学、复旦大学、上海交通大学的对冲基金经理风险控制能力更强,能够将基金产品的年化标准差控制在相对较低的水平。

在专业背景方面,经管专业的对冲基金经理管理的产品绩效略优于非经管专业的基金经理,超额年化收益率和年化夏普比率指标为3.5%和0.076,分别较非经管专业对冲基金经理高出1.3%和0.062;年化标准差指标为21.2%,比非经管专业对冲基金经理高出5.2%。与经管专业不同,拥有理工科背景的对冲基金经理管理产品绩效没有明显优势,但从年化标准差指标看,理工科的对冲基金经理管理的基金产品风险更低。对学科背景进一步细分发现,与非复合背景的对冲基金经理相比,拥有经管和理工专业复合背景的对冲基金经理所管理的产品绩效较差,总体而言并没有体现出交叉学科的背景优势。

在研究员履历方面,有证券公司或基金公司研究员经历的对冲基金经理管理的产品超额年化收益率和年化夏普比率均值更高,分别比无研究员经历的对冲基金经理高出1.6%和0.11(见表20-8)。

表20-8 对冲基金产品绩效均值比较(不同背景)

不同背景	年化收益	超额年化收益	年化标准差	年化夏普比率
专科	0.16	0.13	0.33	0.08
本科	0.11	0.06	0.24	0.17
硕士	0.08	0.04	0.21	0.14
博士	0.03	0.00	0.16	-0.27
本科清北复交	0.11	0.06	0.18	0.25
本科非清北复交	0.07	0.03	0.20	0.03
经管科	0.08	0.04	0.21	0.08
非经管科	0.07	0.02	0.16	0.01
理工科	0.07	0.03	0.18	0.00
非理工科	0.09	0.05	0.21	0.18
复合背景	0.07	0.03	0.19	0.00
非复合背景	0.09	0.04	0.20	0.13
有研究经历	0.09	0.04	0.22	0.12
无研究经历	0.07	0.03	0.21	0.01

20.4 对冲基金经理个人特征对基金产品绩效的影响

20.4.1 检验方法与模型

为考察对冲基金经理个人特征对基金产品绩效的影响,本文构建回归模型进行检验:

$$Performance = \alpha_0 + \alpha_i \cdot PC + \sum \beta_i \cdot FundCharacteristics + \varepsilon$$

在回归模型中,本文控制基金年龄、高水位线、业绩分成、基金锁定期、基金管理费用、基金赎回频率(Redemption Frequency)等基金产品特征因素,此外还控制异方差和自相关。所有连续变量都 Winsorize 上下 1%。PC 表示对冲基金经理个人特征,ε 表示随机干扰项,各变量定义见表 20-9。

本章根据市场周期进行样本细分,将 2010 年 4 月 16 日至 2014 年 6 月 30 日、2015 年 7 月 1 日至 2017 年 12 月 31 日划分为股票市场熊市时期,2014 年 7 月 1 日至 2015 年 6 月 30 日划分为股票市场牛市时期。

表 20-9 主要变量定义表

变量符号	变量定义
主要变量	
学历层级(EDU)	本科以下,赋值为 1;本科,赋值为 2;硕士,赋值为 3;博士,赋值为 4
院校特征(QBFJ)	本科毕业院校为清北复交中的一所,取值 1,否则为 0
经管专业背景(E&F)	对冲基金经理有经管专业背景,赋值为 1,否则赋值为 0
理工科背景(S&E)	对冲基金经理有理工科背景,赋值为 1,否则赋值为 0
研究员履历(RE)	证券/基金公司研究员工作经历,以中国证券投资基金业协会网站中公示的对冲基金经理工作履历为主要判断依据。若该对冲基金经理曾在证券/基金公司担任研究员一职,则变量赋值为 1;若无相关工作经历,则赋值为 0
从业经历(ID)	行业相关系数以各种经济活动的同质性为判断依据,赋予 0,1,2,3,4,5 六个行业相关系数,基金经理从业后一直供职于一家公司并从事对冲基金相关工作的为 0;基金经理从事过对冲基金相关工作的为 1;基金经理从事过共同基金相关工作的为 2;基金经理从事过金融业相关工作的为 3;基金经理在资本集团工作过的为 4;基金经理从事过其他行业相关工作的为 5。行业相关程度越弱,系数越大;行业相关程度越强,系数越小

变量符号	变量定义
基金产品绩效指标(年化收益)	年化收益率 $R_i = (1+\bar{r}_i)^N$，$\bar{r}_i$ 为基金产品区间平均收益率
超额收益	本文采用卡哈特(Carhart,1997)四因子模型收益作为基准收益,计算得出超额收益
标准差	年化标准差 $S_i = \dfrac{\sqrt{N} \times \sqrt{\sum_{t=1}^{T}(r_{it}-\bar{r}_i)^2}}{T-1}$
夏普比率	年化夏普比率 $SR_i = (R_i - R_f)/S_i$
控制变量	
基金年龄	产品年龄:基金产品募集运行至今的月份数
高水位线	对冲基金经理仅在产品绩效超过历史最优绩效后计提绩效报酬,0-1变量
业绩分成	按照约定预期收益,对冲基金经理从超额收益中提取的比例;存在多级绩效报酬规则时,取第一级
基金锁定期	基金产品募集成功开始运行后,禁止转让或赎回的时间长度,单位为月
基金管理费用	基金产品正常运行收取的固定管理费用,包括管理费,投顾管理费,托管费等
基金赎回频率	基金产品运行锁定期结束后,赎回或转让基金份额的时间;取两次赎回时间间隔(月)

20.4.2 基本回归分析[①]

20.4.2.1 对冲基金经理的学历对基金产品绩效存在负向影响

回归结果显示,对冲基金经理的学历对基金产品绩效有显著负向影响。可能的理论解释为:在对冲基金领域,投资策略的独特性会给其带来基金产品绩效的正向提升(Sun et al.,2012),这要求对冲基金经理拥有独立思考能力。而对冲基金经理的学历越高,接受学科专业同质性训练的时间越长,相对而言使对冲基金经理容易形成思维定式。无论细分子策略还是市场周期,对冲基金经理学历对基金产品绩效都存在显著负向影响。

20.4.2.2 本科毕业于名校的对冲基金经理,基金产品绩效更好

回归结果显示,对冲基金经理的本科名校(清华大学、北京大学、复旦大学、上海交通大学)背景对基金产品绩效有显著的正向影响。可能的理论解释为:能进入顶尖名校学习本身就是基金经理能力的体现;同时名校的培养和熏陶使对冲基金经理的个人能力得到进一步提升。细分市场周期后发现:在牛市中,对冲基金

---

① 鉴于篇幅限制,没有报告回归结果表格,直接总结了研究发现,如有需要可与作者联系。

经理的本科毕业院校层次对基金产品绩效无显著影响;但在熊市中,对冲基金经理的本科名校背景对基金产品绩效有显著的正向影响,侧面说明其风险管理和超越市场基准的能力。

20.4.2.3 经管专业背景的对冲基金经理,基金产品风险高

对冲基金经理经管专业背景对基金产品年化收益率、超额年化收益率和年化夏普比率没有显著影响,但其管理的基金产品风险更高。细分市场周期后发现:在牛市和熊市中,对冲基金经理的经管专业背景对基金产品绩效的影响存在显著差异;在牛市中,经管专业背景的对冲基金经理,基金产品绩效更好;在熊市中,经管专业背景的对冲基金经理,基金产品绩效更差。

20.4.2.4 理工科背景的对冲基金经理,基金产品风险低

当对冲基金经理具有理工科背景时,其管理的基金产品风险更小;但理工科背景对基金年化收益率、超额年化收益率和年化夏普比率没有显著影响。细分子策略后发现:股票多头策略中,理工科背景的对冲基金经理管理基金产品绩效更差;股票多空策略中,理工科对冲基金经理管理基金产品的绩效更好;在市场中性策略中,理工科背景对基金产品绩效没有显著影响。

20.4.2.5 有研究员履历的对冲基金经理,基金产品绩效好

回归结果显示对冲基金经理的研究员履历对基金产品绩效有显著的正向影响。可能的理论解释是:研究员从业经历有助于提升对冲基金经理对股票市场信息的理解能力(胡奕明,2005)。无论细分子策略还是市场周期,研究员履历有助于对冲基金经理获得更高的绩效回报。

20.4.2.6 对冲基金经理的从业经历与对冲基金领域差异越小,基金产品绩效越好

回归结果显示,对冲基金经理的从业经历相关程度对基金产品业绩有显著负向影响,表明行业相关系数越大暨行业相关程度越低,基金产品业绩越差。细分市场周期后发现:市场处于熊市时,行业相关程度对基金产品绩效指标的回归系数为负;市场处于牛市时,行业相关程度对基金产品绩效无显著影响。可能的理论解释是:熊市期间,从业相关程度较高的对冲基金经理基于之前的行业经验,可能会提前感知风险并及时采取相应的风险规避措施以保全收益。

20.5 研究结论

20.5.1 对冲基金经理个人特征

中国对冲基金经理为高学历群体且多出身名校,本科毕业于清华大学、北京

大学、复旦大学、上海交通大学的约占样本数的1/4；对冲基金经理多有经管专业背景，拥有理工科背景的对冲基金经理也较为常见，复合背景的对冲基金经理不在少数；具有研究员工作经历的对冲基金经理凭借在选股方面的优势更加倾向于使用股票多头策略；对冲基金经理从业经历主要集中在金融领域，但由于对冲基金和共同基金在诸多方面存在的显著差异，使得样本中拥有共同基金工作经历的对冲基金经理占比不高。

20.5.2 对冲基金产品绩效

本章研究得出股票型对冲基金产品年化收益率均值和中位数分别为8%和6.4%，超额年化收益率均值和中位数为3.9%和2.4%，说明中国对冲基金经理的个人能力能够带来超过市场基准的正收益。

20.5.3 对冲基金经理个人特征对基金产品绩效的影响

从本章研究结果看，对冲基金经理学历越高，基金产品绩效越差；本科毕业于清华大学、北京大学、复旦大学、上海交通大学的对冲基金经理，基金产品绩效更好；经管专业的对冲基金经理管理的基金产品风险显著升高，而理工科背景的对冲基金经理管理的基金产品风险显著降低；有研究员履历的对冲基金经理，基金产品绩效更好；对冲基金经理之前的从业经历与对冲基金领域差异越小，其管理的基金产品绩效越好。

参考文献：

[1] Stulz R M. Hedge funds: past, present, and future[J]. Journal of Economic Perspectives, 2007, 21(2):175-194.

[2] Switzer L N, Omelchak A. Are there benefits from dynamic asset allocation strategies across hedge funds? [J]. Journal of Portfolio Management, 2011, 37(3): 116-120.

[3] 艾洪德,刘聪. 基金经理个人特征与基金投资风格[J]. 财贸经济,2008(12):26-31.

[4] Hai tao Li, Xiaoyan Zhang, Rui Zhao. Investing in talents: manager characteristics and hedge fund performances[J]. Journal of Financial and Quantitative Analysis, 2011, 46(1):59-82.

[5] 胡奕明,林文雄. 信息关注深度、分析能力与分析质量——对中国证券分析师的调查分析[J]. 金融研究,2005(2):46-58.

后　记

愚者千虑,必有一得。编者结合在上海期货交易所、中国金融期货交易所从事避险工具研发设计、市场推广、企业应用等过程中的观察与思考,以及后来从事对冲基金管理实务与行业研究的经验,深深体会到,在中国,无论是政府、企业还是个人,对避险理念的认识、避险工具的了解、实践中的应用都处于初级阶段,从而,使他们的业务发展受制于复杂多变的金融市场。基于此,编者克服了各种困难,在多年研究、跟踪的基础上,花费了近半年的时间,编写了这本书,今天终于付样,甚为欣慰!

衷心感谢原中国证监会副主席姜洋先生在百忙之中为本书作序。姜洋先生从事中国期货市场发展与监管近二十年,亲自领导与指导了中国股指期货、国债期货、原油期货等重大期货品种从无到有的发展,确立了多个商品期货成为国际大宗商品定价的核心环节,树立了中国的定价权与话语权,使中国期货市场成为境内外各类经济主体风险管理的重要场所。他为本书所作的序言是他关于中国期货市场发展与监管思想的部分精华,弥足珍贵。

上海外国语大学国际金融贸易学院、同济大学经济与管理学院的硕士研究生和本科生参与了本书部分章节的翻译与编写工作,他们是:许颖(第7章、第8章、第16章)、陈素、王一卿(第9章)、葛泳琪(第11章、第13章)、戚舒(第15章)、张芯瑜、王雪丁(第19章、第20章)、丁媛媛(第10章)、王辰烨(第10章、第12章、18章)、钟翰墨(第7章),柳宇阳(第17章),编者对他们辛苦而认真的工作表示感谢!

感谢中国金融期货交易所的支持,本书是中国金融期货交易所计划课题"金融期货服务实体经济的路径和案例研究"的阶段性研究成果。

感谢上海淞银财富管理有限公司马兴松先生在本书写作过程中提出的建议,并大力资助本书的出版。马兴松先生多年的实体企业经营管理经验,为本书的案例编写如何进一步贴近企业需求提供了诸多借鉴。

本书成稿仓促,疏漏之处在所难免,敬请批评指正,我们将在后续版本中不断完善改进。

编者
2018 年 9 月